樂活在天地節奏中

過好日的二十四節氣生活美學

韓良露

獻給與我相伴過好日的夫婿全斌

推薦序

歲月無驚．江山共老——讀良露寫節氣有感

奚淞

個把月前，接到韓良露電話。她說即將偕夫婿全斌赴歐度假，計劃要到中秋前才返台。季節入於酷暑，伉儷二人卻如候鳥般鴻飛去歐陸享受涼爽、美食、自然兼文藝，真令人羨慕。

電話線彼端，良露說到她整理多年積存箱底的文稿，已出版《台北回味》、《文化小露台》二書，往後還準備推出有關節氣的作品集。「節氣？」我一時摸不著頭腦。「就是傳統二十四節氣。」良露解釋道：「中國人以農立國，古老黃曆節氣主宰數千年農業文明，也深入到人們生活細節……」

良露侃侃從古老天文曆法轉入傳統文化思維，她說：「我在想——孔夫子怎麼會著《春秋》而非《夏冬》呢？可能就是因為太陽曆中春分與秋分日照均等，合於中庸之道，才成為聖人用以譬喻理想政治的書名罷。再看做為儒家哲學核心的『仁』字，不正是春秋二季均長的兩橫日影與『人』的結合嗎？『天人合一』理想盡在其中。」

大自然歲時節氣與人文哲理互動共生，太有意思了，這便是自稱「非典型知識分子」韓良露靈感飛躍之處，就連我這久住都市之人，也被她引動對節氣的興趣。未

久，有鹿文化便寄來良露關於節氣的校稿，讓我先睹為快。

「立春、雨水、驚蟄、春分、清明、穀雨……」一連串久違了的名詞來到眼前，忽然都成了詩情畫意。確實，書中節氣不只說明季候冷暖、生態現象、人們順應歲時的飲食、醫藥、生活習俗，還貫穿多少歷代文人詩詞。試看在「雨水」節氣段落收錄的杜甫〈春夜喜雨〉詩：

好雨知時節，當春乃發生；
隨風潛入夜，潤物細無聲。

詩中春雨已化為蘊藉人情，可以隨順時序而與天地同壽。這必然是以農立國、安土重遷，華夏民族歷經數千年農耕文明孕育出來的人文風貌。

讀良露文稿至「驚蟄」，我憶及多年前奇特經驗。記得那日正是春困懨懨三月天，忽然平地一聲雷，嚇得我跳了起來。緊接著，彷彿有小蟲在衣內流竄叮咬，害得我到處搔癢。此時轉頭、剛好瞥見桌上月曆，清清楚楚註明當日是「驚蟄」，我覺得好笑……即便是躲在重重水泥建築包裹、玻璃帷幕密封的世界，人只像冬眠小蟲。雷聲驚好夢，也驚覺到面對大自然，現代科技文明所能給予人類的庇護其實是非常脆弱、不可靠的。

相對於近代化學農藥帶來水土破壞和糧食汙染，良露對「驚蟄」節氣的描寫很動人：

> 驚蟄常常伴隨著這個年度第一次的雷鳴，稱之春雷一聲鳴……春雷響，不只是聲音而已，也會引發空氣中的電子物理化學變化，每一聲雷都會讓天際產生幾萬噸的有機氮肥灑落大地，剛好為準備春耕的大地所用……從天上灑下自然肥，土中的冬蟲也相繼破土爬出，這些蟲兒等於是大地免費的鬆土工，不只讓自然的肥隨之運動而深入土中，也使大地的土質變得更鬆軟。驚蟄是天地為春耕布置的一個舞臺，難怪農諺有云：「過了驚蟄節，春耕不停歇。」

「春耕、夏耘、秋收、冬藏」由華夏民族搖籃——黃河流域地區所發展出依節氣而運作的農業，順天應人，可以七千年而未耗竭地力。然而到了二十世紀中期後人類工業生產加速飆進，導致環境汙染、水土破壞、氣候極端化，人類文明嚴重干擾自然環境，農業也就變成可疑慮的了。再想想「民以食為天」，現代都會人，難道就能夠無限制只顧工商利益而踐踏農業嗎？今日文明的危機其實是很明顯的，端看二十一世紀人要如何來應對了。

「傾聽祖先的腳步聲。」這是俞大綱先生愛說的一句話。當年向俞師學詩詞時，年輕的我尚不能十分會意。

現在漸漸明白，文化乃是點滴演進的。先祖在漫長奮鬥求存乃至與大自然協調的生活實驗中，結晶成豐富的智慧。譬如二十四節氣，便就是先祖上觀天文、下看地理，洞燭幽明的智慧累積。聖人由自然遷演而知人情冷暖，孔夫子著《春秋》，立《中庸》；教導仁愛禮節。誠如良露所言，歲時節氣啟導華夏子民天人合一的生命態度。現代人若能靜下心來，便也能從自然、從人文中體驗得到：古聖其實不遠。

多年前，我在朋友收藏的古董中，迷上一只醬菜老甕，忍不住把它搬回家，放置客廳一角，見著總忍不住摩挲幾回。渾厚、粗樸，觸手彷彿猶帶百年前陶匠體溫。特別令我感動的，是老甕散發沉沉幽光的褐釉表面，用白泥塑飾了四個微凸的大字：「江・山・共・老」。

乍讀只覺溫馨，再玩味，便要驚動。

何等的江山？文依據什麼樣的文化傳遞，一份順天應人的情懷得以深入民間、使一介做醬菜的草民也相信歲月安好、生息無盡而得偕江山共老？

把耳朵靠近黝暗甕口，便彷彿可以聽見俞師所說祖先的腳步聲了。

這些日子閱讀良露的二十四節氣文稿，喚起我一份對傳統文化的感觸。中秋將至，也想對如大雁雙雙由歐陸歸來的良露伉儷說一聲：「多好的季節，歡迎回家。」

推薦序

日月光華——為良露新書序

劉君祖

我與韓良露認識早在三十多年前，當時青春年少，辭掉了工程師的職務，自己在麗水街開家名為「星宿海」的書坊交友讀書，頗有些憧憧往來的夢想。某夜看店快打烊時良露來逛書店，然後攀談起來，品評時事人物，還帶她上樓參觀我們「夏學會」的讀書會場。良露健談也愛談，陌路相逢的邂逅全無生分之感，凌晨一起豆漿早點，才知她家就在附近。

後來可能還見過幾次面，印象有些模糊了。幾年後書坊結束，我不意闖進出版界歷練，少年子弟江湖老。再逢良露已是多年後她返台出書，邀我參加新書發表會，同時應邀推薦的還有胡茵夢。良露當時已以星象專學及美食出名，故人重逢感受良深，遂又作英式下午茶之約，切磋彼此的專業心得，探討宇宙人生定數與變數間的微妙關係。她指著我的星盤仍是滔滔江水般敘說，而我傾聽之餘鮮有回應，她惱了：「怎麼好像跟牆壁講話？」

再往後就是幾年前她主持的南村落活動，在孔廟裡學周易，徐州路市長官邸論易卦與干支裡的漢字等，於我亦有整理思維教學相長之益。前年深秋，幾位在富邦習易十多年的老學生招待我們夫婦同遊日月潭，名義是慶賀老師六十生辰，歲月悠悠，一則感念一則心驚。當晚在雲品酒店頂樓飽覽湖山秀色，又與良露伉儷巧遇，舊雨新知招呼笑談間，我心想三十多年過去，其實我和良露通共僅數面之緣啊！

本書談二十四節氣的生活美學，時值浮囂亂世，天災人禍不斷，殺機凜冽令人心驚，細品此書的詩文圖片，遙想古人當下即是、日日是好日的渡世情懷，讀者當有淡定歡喜。中國自古為陰陽合曆，天人陰陽之際的互蘊激盪，變幻多端，其中又有至簡至易之理則存焉。於變易見不易，於不易悟簡易，所煉成的太極時中的高智思維，讓這個民族對天道人事有殊異於其他族類的機敏與豁達。沒有真正末世的觀點，不需宗教的慈悲救贖，華夏文明浩蕩推衍，雖歷千驚萬險而始終不絕。孤陰閉陋生吝，亢陽張狂成悔，一陰一陽之謂道，陰陽不測之謂神，陰陽合德方能剛柔有體。今世之人更需善體斯義，方能超拔於劫波業障之中，而獲心安，真生法喜，不憂不懼，坦蕩前行。

中國曆法又稱夏曆，夏非夏朝，而是華夏之意。《尚書・堯典》明文記載，堯命羲、和二氏領軍制定曆法，讓民生有所依循，政事順利推展，當時中國已稱華夏，《舜典》中即言「蠻夷猾夏」。許慎的《說文解字》解釋夏為中國之人，是明白根源之論。夏朝曆法只是延續堯舜時的曆法而已，堯舜禪讓天下為公，夏朝起改為家天下的壟斷體制，大同小康截然易軌，孟子時還有「自禹而德衰」的批判，可見公道自在人心，不可不辨。

易經為群經之首，華夏文化之源，用五十根蓍草分合演算的大衍之數的占法，即由模擬曆法而來，《繫辭傳》中有專章清楚說明。宇宙間天地人時的互動變化，息息相關，絲絲入扣。夏曆可精密測定節氣物候的變遷，指導人因時養生順序工作，易占神機妙算未來發展的大小趨勢，億則屢中亦屬當然，實無足怪。

依易修行的終極境界稱為大人，《文言傳》釋云：「大人者與天地合其德，與日月合其明，與四時合其序，與鬼神合其吉凶，先天而天弗違，後天而奉天時。天且弗違，而況於人乎？況於鬼神乎？」離卦象徵文明的繼往開來，《大象傳》稱：「大人以繼明照於四方。」恆卦演示天長地久的不易之理，《彖傳》稱：「日月得天而能久照，四時變化而能久成，聖人久於其道而天下化成。」我與良露交遇多年，高興看到她日新又新，再出新書。《尚書大傳・虞夏傳》的絕美謳歌：「日月光華，旦復旦兮。」亂世中同聲相應，同氣相求，願與良露及天下仁人志士互勉之。

劉君祖　謹序於甲午歲運夏曆七月

節氣的饗宴

劉克襄

在策劃南村落的各種藝文活動裡，良露把食材風俗、文化歷史和自然節氣結合，嘗試將過往老祖宗對待食物的尊敬，逐一給予新的視野和生命。這一樁轉化各種不可能為可能的精緻飲食儀式，不僅讓我大開眼界，也覺得深具挑戰性。很高興自己也曾經參與其中幾回活動，體驗這等饗宴的美好。如今她再把這多年持續的活動轉化為文字，應該會給讀者更多豐厚的啟發吧。

一年打二十四個結，記號

王浩一

我曾經大量閱讀古人有關節氣的詩詞，那真是龐大的工程，我卻「樂」在其中，看著他們的人生慨喟或是情緒起伏跌宕，在節氣當下，情感抒發有特別的能量引發。詩句中描述大地四季的春風秋月，或是夏熱冬寒，因為是詩人，他們顯得與節氣的輪替有著更敏感地感受，或是感動。而好的作品裡，總在文字之間多了個人生命的「時間體悟」，那是美的，那是生命裡最珍貴的「珍珠」，晶瑩，而且溫潤。

研究二十四節氣與文化的關係，我已經浸淫十多年了。先從一些老廟門板上的彩繪開始，瘦長對開的側門或是邊門，左右共四片，每個門板底色打紅，四季分別畫在四個門板上，一季有六個節氣，每個節氣都有代言的神祇，文官武將，羅剎儒生都有，每尊都神奇地傳達了每個節氣的特質，你可以不認識驚蟄、處暑、芒種等等這些字義，但是看繪圖看神祇的氣質，就可以明白現在是何節氣？下個節氣天候會怎麼？廟旁的老嫗都識得，那是不識字老翁的年曆，古代，這個節氣神明系統真是神奇了……。

學問走得久也走得深，更覺古人對大地與季節關係的智慧，更加折服，也更加明白這個帶有浪漫的二十四節氣，其實是博大精深，並非僅僅賺得詩人們的幾滴清淚而已，它還幽微地告訴人們天地人三者之間的關係，也告誡「人」在天地之間自處的律動。

看了良露的書稿，訝異她的廣博知識與生活經驗，文字間梳理古人的傳承，生活間體認的纖細紀錄。像是節氣的大辭典，又像是文人的四季頌，可是細細咀嚼之後，書香裡竟然有飯菜香。我不知她這本書寫了多久，但我確信，她每天日子的流動都是在寫著這本書，或者在準備中。

良露是雜學家，我也是雜食性的書寫者，在寫作的這條路徑，我們都非少林派、武當派的傳人，不是那些大門派的基本動作者，如果要戲稱，應該比較像是古墓派的，而且是棄徒！認識良露多年，每次看著她的著作總能會心一笑，也衷心暗暗叫好。黠慧中有關懷，博學中有自己的思想體系，節氣，剛好讓她如魚得水可以暢談。

而我，在書本外，也能更剴切地在每個節氣，打上一個結，當是自己生命中有風有雨的記號。

自序　豐美的二十四節氣曆法

我從小是個好閱讀、好雜知的人；父母給的零用錢大多拿去買書，每次買書都是一疊疊地買，什麼種類的書都看，從文學、歷史、哲學到玄學等等。

早年讀雜書，文學、歷史較易理解，書看多了，自然會下筆寫自己的感想，十五歲起寫現代詩、散文；十六歲起寫書評、影評、雜文，曾經在十七歲於《中國時報》人間副刊發表過一篇書評，被稱為下筆老練不似少女，就跟讀書讀多了有關，尤其在我們那年代，好讀書自然會讀老書和古書。

在雜草眾多的廣泛閱讀中，也許是天性使然，和一般知識分子的閱讀傾向有所不同之處，在於我會亂讀很多的玄書，像中國的紫微、八字、陰陽、五行等書，從二十歲左右又開始閱讀希臘占星學、靈數學、印度占星學、塔羅學等等，原本這些閱讀都是出於好奇，但在二十四歲時因家中發生經濟變故，讓我從象牙塔的知識熱情走入世間求生存的知識運用，我除了開始閱讀大量有實用價值的理財經世之書外，也因感受命運無常而認真地研讀起東西方的玄數人生之書，尤其是三十初去了倫敦後，更是狂熱地投入西方占星學的學習與研究。

我研究東西方玄學，起初是為了解惑，十多年的苦讀，讓我能在《論語》云四十而不惑之年，的確略懂了自己人生的脈絡，之後我也寫了五本嚴肅的西方占星學理論書來分享我的知識，但因為我對占星學的態度有如純文學，不肯做任何流俗之事，也無法忍受許多人用星座胡說，使得占星之學在台灣顯得既汙名又愚蠢，我決定表面上自廢武功，不再寫作發表占星書，但同時仍繼續深入默默研究各種古老的東西方玄理。

從千禧年起，我對古老的華夏節氣曆法產生了極大的興趣，也發現這是一套可以整合我過去多元知識的系統之學，從天文到地理、從陰陽到五行、從八字到星座、從詩詞到《論語》、從時令到食物、從氣候到旅行等等，我在二十四節氣知識系統中，發現整套華夏文化和生活的密碼，更可貴的是這不只是古老知識，而是至今仍可活用的天地人之學。

二十四節氣曆法，一直是華夏文明的聚寶盆，其中蘊藏太多的知識寶典，但奇怪的是，雖然每年光台灣出版的上百萬冊黃曆中就有二十四節氣的標記，我卻發現知識界對節氣之學大多知其然卻不知其所然，我常常隨機問身邊知識圈的友朋，問節氣是根據什麼樣的天文曆，幾乎所有人的回答都是陰曆，問為什麼？答案都是節氣是古老的學問，一定和陰曆有關，再問黃曆是用什麼曆法，答案也是一樣，以為古老的中國只用陰曆，而不知華夏的曆法一直是世上獨特的陰陽合曆（這套學問真應該去申請非物質的世界文化遺產）。二十四節氣是地球公轉的陽曆，天干地支是月亮運行的陰曆。

大多數人不知二十四節氣的天文之理，農人也不再學節氣的地象之理，連教唐宋詩詞的中文系老師，也少知古典詩人留下了許多應節氣而寫的詩詞，如不懂節氣之理會少看懂很多意義的。為什麼我們從小到大的教育體系如此忽略博大精深的節氣文明學問呢？我只能想到的解釋是，要學會節氣學說，不能不碰陰陽學、八字學、五行學等等知識，而這些玄學一向是正統學界不想碰之學，廢百家之學獨尊儒學早已深入中國正統知識界，在儒學啟蒙時期和百家學說交流的燦爛年代，孔子恐怕都想不到後人會借他的名義壓制百家之學。

在研究節氣理論時，因我非正統知識分子，無傳統包袱，可以異想天開（或說忽然領悟）某些道理，我就對孔子為何作《春秋》，而不作夏冬，有了孔子作《春秋》是用周代的新興天文科學悟得的春分秋分日夜等長之天文現象，延伸成政事之道，所謂天道不仁，天道是不會公平的，天道運行有其日夜等長也有不等長之道，但仁道卻可取春分秋分（仔細看看仁這個字，人旁的兩橫，不正像春分秋分等長的標記）的公平之道而一視同仁，孔子真是浪漫無比的思想家啊！

從小學起，我就一直聽儒家的仁，但聽了一輩子都沒搞懂仁到底是什麼，仁不是愛；不是慈，不是善，不是義，到底仁是什麼？在想到仁會不會是孔子從天文哲學演義成人君行仁道（平等）之學後，我買了七八本關於孔子、儒家的書，看看其中究竟有沒有人能簡單扼要地告訴我仁是什麼？什麼是仁道？沒有一本書提到春分秋分，似乎大家都不能想像孔子也會對天文現象有興趣？否則他為何要作《春秋》？什麼又是《春秋》大義呢？春秋大義是不是平等、中庸之道呢？

多年來一個人默默地研究二十四節氣之學，這套知識帶給我很多的樂趣，喜歡旅行的我，加上又曾在寒溫帶氣候的英國居住五年多，讓我可以觀察到不同於亞熱帶台灣的二十四節氣的天氣物候現象，因為心中有節氣變化，我常常可以通天人之際，在宇宙之中一點也不會寂寞，總是可以和天地對話，在同樣的節氣中讀唐宋的節氣詩詞，更有一種和千古詩人詞人同在天地一氣的共鳴感。喜愛食物的我，二十四節氣也讓我對節令、時令有了更深刻的體會，也因為研究節氣，我也開始對民俗慶典產生了興趣，節氣不僅關乎農事之學，亦是古代天子行政事的經緯，民間百姓的喜慶喪葬、神明崇拜、生命禮俗、衣食住行等等都和二十四節氣之道互有關聯，民間亦將節氣神格化，有的廟宇還會把二十四節氣的名詞當成門神崇拜。

在過去七年中，我在南村落的講堂中，上了近四年的二十四節氣生活美學課程，也舉辦過近百場和二十四節氣有關的活動（從清明的潤餅文化節，到立冬的薑宴等等），曾經有位撰寫節氣旅行的作者告訴我，他就是因為上我的課而對節氣產生興趣，我也很高興自己拋出去的一些麥籽，讓台灣文化圈在過去幾年有了小小的節氣火花，然而我期待的是更大的華夏節氣文藝復興，於是我整理出過去幾年大多早已寫好但許多不曾發表過的文章，以節氣文化抒發理論思緒，節氣民俗探討節慶節日的關聯、節氣餐桌演義食物的時令滋味、節氣旅行傳達我在世界各地行走所感受的天地之美，其中又以我覺得最能反映節氣美學的京都旅次為主。

《樂活在天地節奏中：過好日的二十四節氣生活美學》，對我是一本極為特別的書，這本書與其說是寫出來的，不如說是生活出來的，書中聚集我雜學數十年的知識熱情，也有不少我深信學而不思則罔的獨立思考與領悟，更有我在日常生活中的觀察與實踐，尤其過去七年我從事南村落文化活動，我自己成為最大的受益人，讓我能接地氣般深入台灣的民俗生活。我很感激這套深入華夏文明的二十四節氣曆法，讓我可以生活得如此豐美，也期望能和大眾一起分享豐潤的生活，更期望如此豐厚的華夏文明傳統能夠復興燦爛！

處暑
立秋
秋分
白露
霜降
寒露

目錄

春—節氣1—**立春**—2月3日～2月5日 028
春—節氣2—**雨水**—2月18日～2月20日 042
春—節氣3—**驚蟄**—3月5日～3月7日 054
春—節氣4—**春分**—3月20日～3月22日 066
春—節氣5—**清明**—4月4日～4月6日 078
春—節氣6—**穀雨**—4月19日～4月21日 092

夏—節氣7—**立夏**—5月5日～5月7日 102
夏—節氣8—**小滿**—5月20日～5月22日 118
夏—節氣9—**芒種**—6月5日～6月7日 128
夏—節氣10—**夏至**—6月20日～6月22日 140
夏—節氣11—**小暑**—7月6日～7月8日 154
夏—節氣12—**大暑**—7月22日～7月24日 168

秋—節氣13—**立秋**—8月7日～8月9日 182
秋—節氣14—**處暑**—8月22日～8月24日 198
秋—節氣15—**白露**—9月7日～9月9日 210
秋—節氣16—**秋分**—9月22日～9月24日 224
秋—節氣17—**寒露**—10月7日～10月9日 240
秋—節氣18—**霜降**—10月23日～10月24日 254

冬—節氣19—**立冬**—11月7日～11月8日 268
冬—節氣20—**小雪**—11月21日～11月23日 284
冬—節氣21—**大雪**—12月6日～12月8日 298
冬—節氣22—**冬至**—12月21日～12月23日 312
冬—節氣23—**小寒**—1月5日～1月7日 330
冬—節氣24—**大寒**—1月19日～1月21日 342

前言

節氣中的華夏文化符碼

中國的黃曆是陰陽合曆，以地球每年繞著太陽公轉的黃道，配合著月亮每月繞著地球轉的盈虧週期，如同一個金包銀的日月曆書，同時顯現了地球和太陽的日照長短關係與地球和月亮的朔望潮汐關係。

現今世界通行的三大曆法，一是從希臘羅馬至今仍為世界主流的太陽曆，像日本人本來也用中國的陰陽合曆，卻因明治時期脫亞入歐，廢除了陰曆而採用陽曆。新的曆法並未影響日人使用二十四節氣，因節氣曆本來就是依太陽曆法制定，卻大大地扭曲了日本人的傳統節慶，例如原本是陰曆八月十五日的中秋節，改成了陽曆八月十五日成了沒有月圓的中秋，而每年陰曆正月初一改成了陽曆的一月一日，也見不到一年第一個新月了。

伊斯蘭文明，則從穆罕默德時代開始用陰曆計算，由於陰曆與陽曆的每年時間差異，每年舉辦的陰曆齋戒月都在不同的陽曆月分。

在三大曆法中，只有華夏文明用的是陰陽合曆，這是一套獨特的天地曆書，從夏代以來就成為中國農民與天子奉行的農事與政事的準則，也因此，黃曆又稱夏曆又稱農民曆，華夏子民真應當為之申請世界非物質文化遺產。

黃曆中的陽曆，以二十四節氣為中軸，二十四節氣標記了地球繞著太陽公轉的黃道圖中，地球受日照所呈現出的陰陽變化，例如北半球的冬至，指的是北半球日照最短的一天。

依中國的陰陽思想來看，冬至最陰（陽光最少），但陰極而返，一過冬至點，陽光就逐日增加，古人才有「冬至一陽生」之說。

在周代，冬至代表一年之終與一年之始，周代正月大過年是從冬至開始，因此周代開始的十二地支記月，才會把冬至的當月（現在的陰曆十一月）記為子月，但後來漢朝把正月改回夏朝的立春，因今日我們用的黃曆即漢朝採用的夏曆，也以立春過年，但因子月已經周代的冬至標記，反而現在的陰曆正月不能從子月只能從寅月起算，如今民間還有冬至大過年之說，即對遠古冬至過年的隱藏記憶，而周朝、漢朝選擇冬至或立春為一年之始，也反映兩種文明價值，周朝重視祭祀禮樂，冬至後農事已終，農民可投入各式禮儀，漢朝則追隨夏朝的以立春開始的農事立國。

古人有食俗冬至吃餛飩（代表天地渾沌日光短短），夏至吃長麵（代表天地分明日光長長），由四大節氣至八大節氣再到二十四節氣都有陰陽卦象，亦有五行五色五方五臟五味思想含蘊其間，春季的節氣是屬木的，主東方色青，代表人體中的肝臟主辛味；夏季的節氣屬火，主南方色赤，代表人體中的心臟主苦味；秋季的節氣屬金，主西方色白，代表人體中的肺臟主酸味；冬季的節氣屬水，主北方色黑，代表人體中的腎臟主鹹味。

在中國五行思想中，金生水，水生木，木生火，火生土，土生金，但四季算下來，夏火生不了秋金反而剋金，因此四季之外就有了另一「長夏」屬土，主中方色黃，代表人體中的脾臟主甘味。中方即中原，是五行中最重要的方位，而中國的黃帝之所以叫黃帝，絕不是因為姓黃，而是代表中原，在閩南和台灣有許多黃姓大族，本家都和五行中的河洛中土有關。

節氣不僅和陰陽、五行相關，也和中國人的虛實思想有關，虛是中國人獨特的宇宙觀，虛當然不是實，但也不等於無，你看不到摸不到卻不等於不存在。在中國的節氣中，代表實相的春天是春分，但代表虛狀的春天卻是立春，中國人有兩個春天，先立春再春分，有兩個夏天，先立夏再夏至，有兩個秋天，先立秋再秋分，有兩個冬天，先立冬再冬至。這點和西方人只有一個春夏秋冬，至多只分季節的早中晚的意象區分不同。

何謂虛的春天？最簡單的解釋：中國人把嬰兒從受精卵到出生呱呱落地前的受孕階段算成虛歲，表示嬰兒看不到卻不代表不存在（現在的超音波攝影早已看得到嬰兒了），西方人所堅持的嬰兒落地才算的實歲反而虛實不分。

節氣不只是中國人對應天地的季節符號，還包含了中國的陰陽、五行、虛實的核心思想，真是一套既日常又深奧的文化符碼，不了解節氣，怎能深入了解華夏文化？

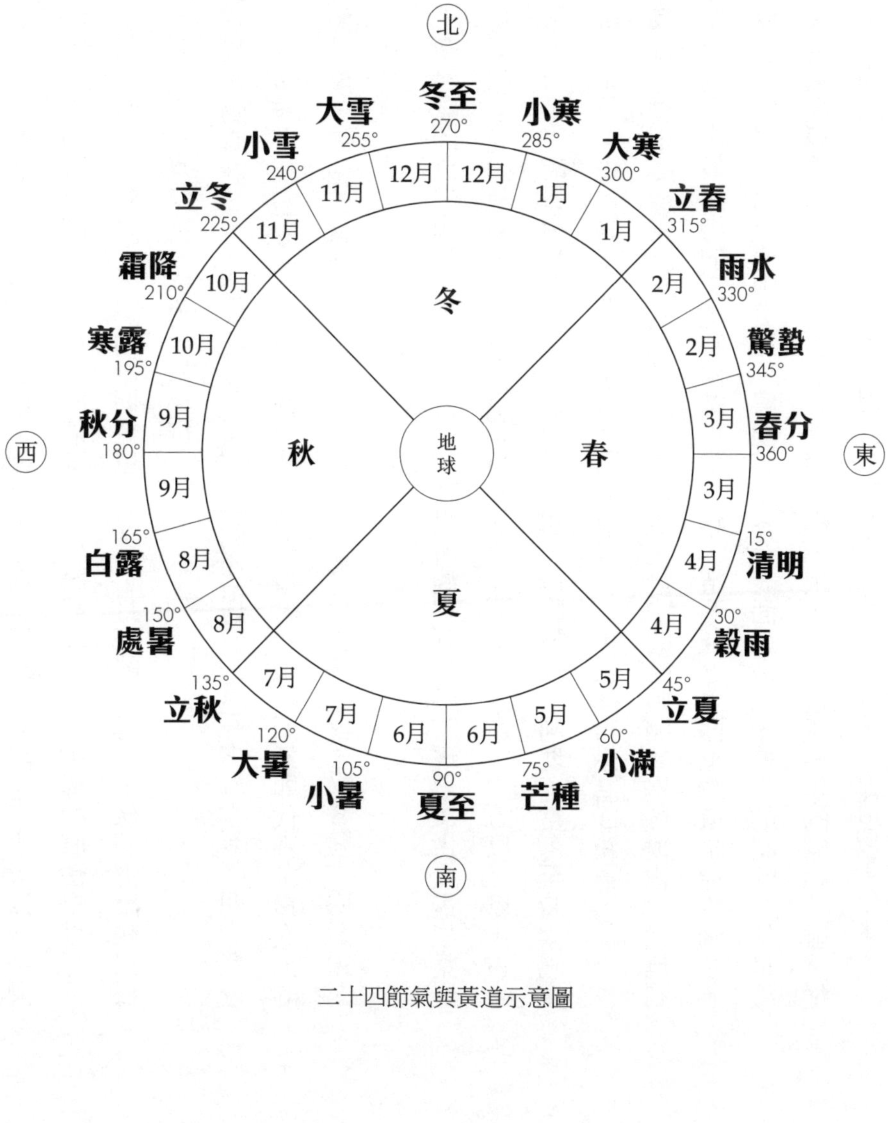

二十四節氣與黃道示意圖

中國古代將一年分成二十四個節氣，節氣是如何計算出來的呢？不少人以為中國的舊曆法，都和陰曆有關，於是以為節氣是依據陰曆計算，其實中國的曆法是世界上獨特的陰陽合曆，既計算了太陽的週期，也計算到了月亮的運行，不像西方曆法只根據太陽週期，而回教曆法只依照月亮運行。

節氣是以陽曆計算，地球圍繞著太陽公轉的途徑的三百六十五天五時四十八分四十六秒的回歸年當成黃道，黃道就像一個鐘面一樣，二十四節氣即代表了鐘面上的二十四個刻度，每個節氣持續約十五天，每一天約行黃道一度，立春時太陽黃道為三百一十五度刻。

二十四節氣源自中國古人從天人合一的基礎所觀察到的四時現象，古人最早察覺到的是夏至和冬至的現象，夏至是太陽直射在北半球北緯二十三・五度之處，古人發現到這一天中午的日影最短，太陽也最早升起，最晚隱沒。同理，當冬至時太陽直射在南緯二十三・五度時，北半球中午的日影最長，一天中的日照時間也最少。

中國周代曾把冬至當一年的開始，一年從陽光最少的時候開始慢慢變化，從無到有，從冬至到陽光最滿溢的夏至時候結束了一年，這個觀念表面上看來是從少到多，但卻又反映了中國陰陽哲學中更深一層涵義，冬至表面上是陽光最少的時候，卻是陰氣極旺，陽氣反轉之際，冬至代表八卦黃鐘一陽初生，因此也是一年的開始。雖然從漢代起，中國的年不再以冬至為始，但冬至大過年這樣的觀念卻一直流傳了下來。

中國一直到漢代才有二十四節氣的觀念，之前歷經過八節的概念，即立春、立夏、立秋、立冬的節分與春分、夏至、秋分、冬至的節中；之後才有觀察天氣變化的小暑、大暑、處暑、小寒、大寒的節氣，與觀察氣候景象的雨水、穀雨、白露、寒露、霜降、小雪、大雪的節氣，以及觀察物候現象的驚蟄、清明、小滿、芒種節氣。

春

節氣1

立春

陽曆2月3日~2月5日交節

立春節氣文化

西漢〈淮南子・天文訓〉中，定立春為正月節，為一年的開始，時間始於每年陽曆的二月三日至二月五日之間（二〇二五年為二月三日），也在地球公轉太陽運行至黃道三百一十五度時。

西方人一年的開始，也是從春天開始，卻是從牡羊星座（陽曆三月二十日前後）起的春分開始計算，比中國的立春晚了四十五天。

西方人的春天（春分），已是春光明媚鳥語花香的日子，但中國的立春，卻常是天寒地凍的日子，就像中國人過陰曆新年，明明景象像冬天，卻總說在過春節，但何春之有呢？

中國人以立春為春始，和西方人以春分為春始，充分反映了東西方對待生命的思想差異。若舉個最淺顯的例子來說明，中國人看待春天的開始，比較像生命的受精卵在母親的子宮中著床，中國人認為春之氣立於立春，就像春天的受精卵進入了地球的子宮，但這時候世人是看不到春天的，就像人們也看不到在母親胎中受精的生命，雖然無形，只是人眼見不到，並不代表不存在。等到春天的生命在地球子宮中過了四十五天，就像胎兒在母親子宮中懷胎十月後，嬰兒呱呱落地了，世人才看到了嬰兒，也像春分時春天真的現身了。

中國人計算年齡，有所謂的虛歲，即在母親胎中的歲月也得算，但西方人卻只把嬰兒落地後的日子才當年齡，西方人認為母親胎中看不到的嬰兒是沒年齡的，但誰都知道母親懷孕時的狀態是會影響到胎兒的，胎兒也會影響母親，為什麼那個胎兒不作數呢？

中國人以立春為春天之始，因為中國人懂得陰陽之道、虛實之分、無有之際，中國人感受得到萬物正在復甦。《月令七十二候集解》便留下了立春十五日三候「東風解凍、蟄蟲始振、魚陟負冰」，也就是大地雖然看似天寒地凍，但溫暖的東風已經開始吹起；地洞中冬眠的蟲兒也彷彿聽見了東風起床號，開始翻動了身子；凍湖下的魚兒也開始破冰游出水面。

中國古代很看重四大節分，在立春時，天子要帶著三公九卿，到宮廷地社所在的東門外八里處迎東風，感謝春神降臨人間，四十五天後的春分日，再率文武百官到中土地社處祭拜春神。

台南是一個曾受明末遺臣的影響的古都，過去每年立春日，都會由市長領市府人員在迎春門（大東門城）舉辦迎春古禮（此古禮已停辦多年了）。除了迎春古禮外，台南人還有打春牛（提醒牛要準備做翻土犁田的春耕工作了）、喝春酒、吃春餅的習俗。台南人立春吃的春餅就是「潤餅」，延襲著古代立春吃五辛春盤的傳統。

節氣和天地變化有關，詩人本來就是最能感應天地之人，也因此中國古代亦盛行詠節氣詩，節氣詩具有博物記事的功能，從這些古詩中可以看到詩人所記錄的自然、氣象、祭典、民俗的活動。

唐代詩人杜甫留下了一首〈立春〉詩：

春日春盤細生菜，忽憶兩京梅發時。
盤出高門行白玉，菜傳纖手送青絲。
巫峽寒江那對眼，杜陵遠客不勝悲。
此身未知歸定處，呼兒覓紙一題詩。

詩人的敏感，因季節的起始更替，寫下了對家國山河的變遷與個人身世流蕩的感懷與傷悲。在這首詩中，我們也看到吃春盤是在立春節氣，和後來清明節氣吃春餅之風有所不同。

還有一首唐代詩人曹松的〈立春〉詩：

春日一杯酒，便吟春日詩，
木梢寒未覺，地脈暖先知。
鳥囀星沉後，山分雪薄時，
寧無剪花手，贈與最芳枝。

這首詩寫出了詩人對立春景物的敏感，如地脈知暖，但寒木未覺，又寫出了春花未開，猶見芳枝，來表明詩人的先覺與孤挺。

立春節氣，不只代表季節與自然的一年之始，也代表人與社會活動的開始，立春時有吃五辛春盤的習俗，所謂五辛即蔥、蒜、蕎、蕗、韮，都是可以幫助身體起陽的天然威而鋼食材，所謂出家人不吃五辛，亦是怕身體起陽，但凡人身體講究陰陽協調，當天地進入三陽開泰，人體也要順應三陽交合，因此必須多吃春天的起陽食材。

春天最早生長的食物就是春天的野草與蔬菜，春天多吃春蔬，不只是中國人的養生之道，日本人、希臘人、拉丁人（義大利、西班牙、法國等民族）也都認為春蔬有助於血液的淨化，可以排除冬日鬱積的濁氣（即中國人說的陰氣太旺）。

立春節氣民俗——好好過年

今年春節，給自己訂了個約，要好好過一回年。

過年，有這麼難嗎？很多人都糊里糊塗過了，在家睡大頭覺、上網、看小說、看電視、看DVD，東混西混。年，只不過成了個較長的假期，吃過除夕團圓飯後，就不知年假和平常的長假有何不同。

身旁不在台北過年，外出避年的人愈來愈多，去東京、巴黎、雪梨、吳哥窟的人有，過年成了旅行假，所有年節的禮俗都可以免之，尤其年紀稍長的人，不用到處發送紅包了。

年，過至此，真是生活的悲涼。所有生活中美好的儀式，都不再為大多數人珍惜，比較起日本人過陽曆新年重視年菜料理、年節祭典，我們真是禮失。

今年，遠方、近處的家人都要來我家過年，我思量著要過個像樣的年。所謂像樣，至少要有點小時候過年的樣子。

首先要準備紅紙，農曆十二月二十四日寫幾幅春聯，不能像住平房在大門口外張貼供路過行人看，至少要貼在公寓門口給對門鄰居瞧瞧；還要好好準備年夜飯，從過年前兩個禮拜，就不時去逛傳統市場，一點一點地買年貨，買火腿、家鄉肉、臘肉、臘腸、寧波年糕、糖年糕、髮菜、竹笙等等；也訂定了今年要遵守古禮，年菜從除夕團圓飯要吃到開市。

年夜飯中一定要有十樣菜，紅蘿蔔、蓮藕、木耳、筍、豆乾、香菇、慈菇、黃豆芽、生薑、蔥切絲炒好，夾在春餅中來吃，象徵十全十美的春盤。

也要準備杭州魚圓燉湯，吃個團圓意，自己包蛋餃，象徵金元寶，取財氣。另外，準備一對元蹄和全魚，既可成雙成對，又有頭有尾年年有餘。

還要做個全家福，有福壽雙全的髮菜、金絲冬粉、節節高升的竹筍、生生不息的竹笙、如意吉祥的黃豆芽，加上團圓魚丸與元寶蛋餃。

大年初一當天，要準備個傳統的五辛盤，蕎、蕗、韮、蔥、蒜等五辛同煮，有去邪吉祥之意，另外要煮個元寶茶，用紅棗桂圓煮糖水，初一大早還沒刷牙前先喝一小碗，取一早得貴之意。

今年要在家中備個小時候的果盒，要有代表長生的花生、吉利的橘子、蓮子、瓜子、栗子、松子、杏仁等等。

初一還要吃年糕及發糕，祝發達與高昇；初二要吃餃子，是吃財神大元寶之意；

初三要吃餛飩，吃的是小元寶；初四要吃麵，既可綿綿長命又可免除災難；初五要吃饅頭，象徵福德圓滿；初六迎財神，要吃元寶鯉魚湯，有利有餘，傍晚還要喝財神酒，古代中國人喝的是屠蘇酒，現在只有日本人會這麼喝了。

今年我打算好好過年，直到初七立春才去京都旅行，家裡早買好的寒梅及水仙盆景，那時已開得粉白豔紅好不熱鬧了。

好好過年，是要用點心思的，這樣的年，也許會留下一點特別的回憶，讓時光又重回童年的歡喜過年吧！

立春節氣餐桌——年菜文化生活

立春前後，就是陰曆年節之時，這也是為什麼過年會稱春節。前一陣子傳出有的飯店賣的昂貴年菜並非大飯店廚師親製，而是代工食品，讓消費者失望了，覺得花了冤枉錢，其實這些飯店年菜賣的本來就是招牌及食譜，和服飾香水精品業者找代工是類似之事，消費者買的是面子多於裡子，但這件事情剛好讓我們來想想年菜這件事。

很多人把年菜當大餐，但年菜不只是大餐，普通一頓大餐可以沒有文化意義，但年菜卻是中華傳統飲食文化中富有節氣、節慶內涵的食俗。

年菜起於農業社會中一年之終祭天地送灶神拜祖先的祭品，也是家族團圓的年夜飯，準備的都是有吉祥意義的食物，如什錦如意菜、年年有魚（餘）、雞（吉）湯、紅燒蹄膀（元寶）、髮菜（發財）羹等等，都是一些高熱量、高膽固醇、高蛋白質的食物，剛好供農業時代一年吃不到多少油水的農民在年終大補之用。

但年菜卻不只是除夕的那頓年菜大餐，年菜是貫穿整個春節的料理，這才是年菜文化的精髓所在，年菜文化正可顯示出常民豐富的飲食生活的面貌。

在四十幾年前，台灣還過著有年菜文化的生活，從正月春節前的陰曆臘月（十二月），我還住在新北投溫泉路有前後院的平房家裡就開始醃肉做臘味，吊掛在簷角風乾，年糕則是拿自家的米與糖到北投小鎮的農家，由他們用石磨碾米漿加糖再蒸成甜粿年糕。父母會帶著我們上街買南北貨，除了自己用，也會準備一些送長輩親友的，因此從臘月起，親友就會互相走動，爸媽給陸家奶奶送去紅棗、蓮子、桂圓，夏伯伯送自家製的香腸來。隨著年節近了，家裡的廚房也愈來愈忙碌，要自己製好守夜用的甜酒釀、露天用柴火爐灶燻雞、燻魚，廚房旁的水缸養了幾條活魚吐沙、耐擺耐放的大白菜、白蘿蔔、胡蘿蔔、芥菜（長命菜）等堆成一堆，家裡每天都有不同的香味飄盪著，我們這些小孩子隨時跑進廚房去偷吃，滷成一大鍋的五香豆腐乾、海帶、雞翅、雞腿、牛腱、牛肚用容器分批裝好放在冰箱中供過年期間當零食吃。什錦如意菜要花上一整天炒好、晾冷，除了供自家用一整個春節，還要分送鄰居親友。

到了年夜飯那一天，桌上當然是盛宴，但年菜絕非只吃一餐一晚，年菜好吃的味道反而是在後面，年夜飯喝不完的雞湯，第二、三天加香腸、芥菜、切片的寧波年糕煮成雜煮年糕湯往往更好吃、吃剩的蹄膀肉加白蘿蔔熬更入味、年年有餘剩下的魚做成魚凍沾老醋吃、天天吃都吃不膩的什錦如意菜可配白粥吃、吃剩下的臘肉炒大白菜又是一餐好菜。

年菜的意義就在雜煮、混搭、變換出不同的料理，是家庭廚藝的美好表現，懂得用吃剩下的好料搭配常見的食材再創精華，是年夜飯的高潮後平民百姓過普通日子的智慧。不管年夜飯多豐富，大年初一北方人想吃的只是簡單的餃子，南方人則是炒年糕、煮年糕，客家人吃粄條、閩南人吃粿條。

今年家中準備了什麼樣的年菜？最重要的是要懂得年菜不只是年夜飯而已，花點心思在春節期間，利用年夜飯吃剩的食物下廚來雜煮吧！今年春節，讓我們重溫有盛有剩又有餘的年菜文化生活。

立春節氣旅行——節分祭除厄

由於立春節氣常常適逢春節假期，我與夫婿全斌因之得空出遊，寒假較短，不能赴歐暢遊，去日本或中國就成了經常的選項，有一回算了一算，竟然發現在過去三十年間，多達十回在日本過立春，也因此立春前一天的「節分祭」，成了我印象最深刻的日本祭典了。

日本像中國古代人，很重視節分，節分指的是季節分隔的時日，每一年季節交替指的是立春、立夏、立秋、立冬，四大節分日即這四節氣前一日，如立春若在二月四日，節分日就在二月三日。雖然一年有四大節分日，但立春是一年之始，又是冬季陰藏結束之時，因此特別重視立春前的節分日，本來古代在四季的節分都會有祭典，時至今日節分祭大都在立春前的節分舉辦，由於立春節分祭是一年第一個祭典，也成為特別重要的節慶。

我在日本各地參加過幾回節分祭，其中印象最深刻的是在京都參加過五回的八坂神社和兩回在東京下町根津神社的節分祭。節分祭一定是在神社舉行，因為節分祭非佛事，依據的是原始的天地人萬物有靈信仰，日本古代的「社」指的是在聚落中心的土地上用一條紅繩環繞結界在中央放置了石頭之處，後來把天皇當成神道信仰中的天神崇拜，再結合原始的社信仰，才成為今日的神社。

日本人節分祭典舉辦之地，一定在當地最重要的神社舉行（古代社之所在即當地權力中心），節分祭典有個重要的功能即「厄除」，在這一天把冬日積聚的陰氣全數掃盡，讓大地回復一元復始萬象更新的明亮清淨。

節分祭會在神社入門的中央大殿上演儺戲，儺戲是中國古代百戲的前身，如今中國雲貴一帶少數民族仍會舉辦此種原始祭典，儺戲用來祭神驅鬼，演員（在古代指的是

立春

陽曆2月3日~2月5日交節

祭師、巫師）會戴上幾種鬼怪面具，在舞台上大叫大跳有若歌唱與舞蹈，同時還會灑青紅黃白黑的五色豆，五色豆象徵天地五行的五色土，五色土有鎮邪的作用，人當然無法食用五色土，灑五色豆是讓人可以把豆子帶回家吃，吃了有除厄之用。豆子亦是春回大地後，土地第一個栽培的植物（豆子可沃田，古代農人會先種豆布田再種五穀）。

記得第一次參加京都的節分祭，站在遠處的人，根本搶不到五色豆的袋子，但很幸運地，我竟然被兩包五色豆從天而降砸中，讓我和全斌都有豆子可吃了，其實節分祭期間，京都各地和菓子鋪都會賣五色豆，但當然在神社節分祭取得的才被認為最有神力。

除了吃五色豆外，節分祭當日也有吃「惠方卷」的食俗，惠方卷即日人平日常吃的太卷，惠方指的是依據陰陽學，用當年天干計算出福德神所在的吉利方向，往惠方的寺社詣拜、在家用惠方卷拜七福神，然後在節分日當天，把惠方卷吃了，就可求到一年的吉利。

我不知道吃惠方卷到底會不會增福，但我平常就很愛吃太卷，節分日時好吃又好運何樂不為？

立春節氣詩詞

〈立春〉南梁・徐陵

風光今旦動，雪色故年殘，
薄夜迎新節，當鑪卻晚寒。
奇香分細霧，石炭擣輕紈，
竹葉裁衣帶，梅花奠酒盤。
年芳袖裏出。春色黛中安。
欲知迷下蔡。先將過上蘭。

〈立春日晨起對積雪〉唐・張九齡

忽對林亭雪，瑤華處處開。
今年迎氣始，昨夜伴春回。
玉潤窗前竹，花繁院裏梅。
東郊齋祭所，應見五神來。

〈立春後五日〉唐・白居易

立春後五日，春態紛婀娜。
白日斜漸長，碧雲低欲墮。
殘冰坼玉片，新萼排紅顆。
遇物盡欣欣，愛春非獨我。
迎芳後園立，就暖前檐坐。
還有惆悵心，欲別紅爐火。

〈雨〉唐・杜甫

冥冥甲子雨，已度立春時。
輕箑煩相向，纖絺恐自疑。
煙添纔有色，風引更如絲。
直覺巫山暮，兼催宋玉悲。

〈立春日遊苑迎春〉唐・李顯（中宗）

神皋福地三秦邑，玉臺金闕九仙家，
寒光猶戀甘泉樹，淑景偏臨建始花。
綵蝶黃鶯未歌舞，梅香柳色已矜誇，
迎春正啟流霞席，暫囑曦輪勿遽斜。

〈立春古律〉宋・朱淑真

停杯不飲待春來，和氣先春動六街。
生菜乍挑宜捲餅，羅幡旋剪稱聯釵。
休論殘臘千重恨，管入新年百事諧。
從此對花並對景，盡拘風月入詩懷。

〈立春日郊行〉宋・范成大

竹擁溪橋麥蓋坡，土牛行處亦笙歌，
麴塵欲暗垂垂柳，醅面初明淺淺波。
日滿縣前春市合，潮平浦口暮帆多，
春來不飲兼無句，奈此金旛綵勝何。

〈立春日〉元・柳貫

江上迎春春日稀，跨鞍真似早朝歸，
飲釐夢惜紅螺小，霑賜心驚綵燕飛。
沐罷為誰慚鏡鑷，宴回容我從旌旗，
東風若也勤披拂，莫遣寒梅一點飛。

〈立春日車駕詣南郊〉明・李東陽

暖香和露繞蓬萊，彩仗迎春曉殿開，
北斗舊杓依歲轉，南郊佳氣隔城來。
雲行複道龍隨輦，霧散仙壇日滿臺，
不似漢家還五時，甘泉誰羨校書才。

春

節氣2

雨水

陽曆2月18日～2月20日交節

雨水節氣文化

陰曆正月中的第二個節氣雨水，剛好是地球公轉運行至黃道三百三十刻度時，始於陽曆二月十八日至二月二十日之間（二〇二五年為二月十八日）。

雨水在立春東風解凍後，溫暖的春風溶化了山頂的積雪，空氣的濕度增加，降雨的機會也增多了，天降甘霖，正可滋潤農田大地。

在中國的五行觀念中，春季屬木，雨水降下，五行中水生木，春木在立春後大地解凍又加上雨水潤澤才得以生長。

古人觀察雨水節氣，觀察到三候現象，《月令七十二候集解》因此留下了雨水十五日三候「獺祭魚、候鴈北、草木萌動」。首先，水獺開始出來活動捕魚了，把抓到的魚擺在岸邊，有如正在祭拜一樣；飛去了南方的大雁此時也開始北返；經雨水滋潤的植物開始生長，充滿了萌動的韻律。

雨水節氣也是古代龍抬頭祭雨神的時節，因天上降細雨，古人認為此雨乃天上龍的口水，天龍睡醒了，打了個大呵欠，流下來的口水就成了天降甘霖。

由於早春天氣的溫度仍低，再加上雨水帶來的濕氣，雖然有助於農事，但體寒的人卻受不了倒春寒的現象，所謂「春寒凍死牛」，陽氣不夠的人此時還要小心春寒傷骨的症狀。

古人常說的「春捂」，即指春日早寒時要穿得住衣服，不可隨便脫衣以免受寒，但也不可穿著過多的衣服，以免身體的內熱無法外散。早春最容易感冒，古代的春蘊就以雨水時節最易發生。

雨水前後正值陰曆正月十五日的元宵節，也稱上元節（一年中第一個月圓之夜），亦是整個正月年節結束的時候。元宵節點燈亦有以火克過多的雨水的用途，有水火相濟之理。台南鹽水在過元宵時會放蜂炮，幾千幾萬支沖天炮一飛沖天，此風俗起於逐春蘊，亦有以火光攻春寒之理。

杜甫曾寫過一首節氣詩〈春夜喜雨〉：

好雨知時節，當春乃發生。
隨風潛入夜，潤物細無聲。
野徑雲俱黑，江船火獨明。
曉看紅濕處，花重錦官城。

好一個潤物細無聲，早春下的是細雨紛飛，因為新生的嫩芽不容大雨摧殘。細雨無聲亦是敏感詩人觀察自然的心得，也暗指詩人期待花重錦官城處能知遇好雨象徵的好人。

雨水節氣是重要的農作時節，沒有雨水就無法播種，有一首〈雨水農業詩〉就寫道：

雨水春雨貴如油，頂凌耙耘防墒流，
多種肥料多打糧，精選良種奪豐收。

依據自然農法的農作，要依據時節，節即節氣，但現代人不遵守節氣耕作，全賴化學肥料，不僅壞了自然倫理，更影響了人體的章法。如今生態大亂、自然失調、人類受苦，節氣正是人類的警示鐘，讓人們了解天地的狀況。

中國人有云飲食有節，不只在說飲食要有節度，亦是在說飲食要依據節氣，即所謂的調節。

雨水時節，雖已入春，天地猶寒，水氣旺盛又多風，此時飲食養生要兼顧多重之理，春季雖要補肝，但不宜多服補品，要以天然生長之春物來補肝，因此多吃時令的豌豆苗，薺菜、春筍、香椿為宜，春天吃薺菜飯，香椿豆腐、涼拌春筍，炒豌豆百合等等春令菜，不僅飽口福，亦調養身心。

除了春蔬當令，正月宜食粥，亦可化解體內水氣過旺，像日本人迄今仍有春日食七草粥的傳統，春季煲粥，素菜粥最佳，如枸杞菜粥、菠菜粥等等。

雨水有雨莊稼好，大春小春一片寶，天地人三合一，老子所云，「人法地、地法天、天法道、道法自然」。自然是萬物生命的最高準則。

過完了立春，雨水的正月前後，時序進入陽曆三月，即陰曆二月，就進入天地一聲雷的驚蟄時節，為什麼驚蟄會起春雷呢？其中深藏著大地的物理化學作業。

雨水節氣民俗——庶民的元宵花燈漫步

中華文化的曆法很特別，不同於西洋文明的太陽曆，也不同於伊斯蘭文明的月亮曆，中華曆是日月皆有的陰陽合曆，因此華人的節日，既有地球繞著太陽公轉的黃道所制定的二十四節氣的陽曆，即每年會落在相同或只差一天的立春、清明、夏至、冬至等等節氣，也有依據月亮繞著地球轉的陰曆。陰曆的節日以兩種形式為主，一是每月的朔望（新月、滿月），例如陰曆一月一日新月的元旦，陰曆八月十五日滿月的中秋，另一種是由重複數字代表的靈數所定的節日，如陰曆三月初三的上巳節，陰曆五月初五的端午節，陰曆六月初六的開天門，陰曆七月初七的七夕節，陰曆九月初九的重陽節等等。

每年陰曆一月十五日的元宵節也是道教的上元節，拜天官大帝，一直是華人文化傳統中十分重要的節日，有所謂元宵小過年之說，從陰曆一月一日的元旦到十五日，元宵是陰曆一年中第一個月圓的日子，元宵吃湯圓之意即慶祝月圓，因為在古代沒有電燈的時代，月圓之夜即代表夜間大放光明，因此篤信佛法的漢明帝，在公元一世紀時下令元宵燃燈以示佛法大明，因而開啟了元宵點燈、提燈、放燈，看燈的風俗，道教亦十分重視正月十五這個日子，訂為三元節中拜天官大帝的上元節。

傳統上華人過春節，會從元旦一直過到元宵，宮殿、廟會、百姓人家都會在元宵張燈結綵來歡慶年節的結束，在農業社會，元宵過後就要收心準備農事了。

在今天的時代，陰曆年節雖然只放五六天假，但在華人的心理上，元宵不過就彷佛正餐吃完了沒有甜點一樣遺憾，因此過元宵一直受民間的重視，即使在二十一世紀的今日，每年元宵節不管是地方政府舉辦的公共燈節或平溪放天燈、鹽水放蜂炮等等，也一直都是台灣每年重要的民俗慶典。

雖然台灣各地都有大型的元宵燈火活動，卻少掉了小型的、社區的、庶民的、家家戶戶的小型花燈娛樂。像我記得三、四十年前的家庭都會自己做花燈，供大人小孩在元宵夜提燈在家附近漫步走燈，雖然以前的花燈裡放的是蠟燭，小朋友常常笑著提燈出門，但不到二十分鐘就哭著回家，因為自己不小心燒掉了燈籠或有頑皮的小孩故意燒壞別人的燈籠。即便如此，元宵前自製燈籠與元宵夜提燈漫步，都是從前童年有趣的元宵節回憶。

有一回南村落參與了台北市文化局的公共燈節活動，推動社區的花燈漫步生活，在由永康街、青田街、龍泉街一帶所聚集的康青龍生活街區，找了近百的店家，由南村落提供ＬＥＤ環保燈籠，鼓勵店家自繪花燈懸掛在店家門外門內，讓市民可以看到小型的手繪燈籠在街巷中閃動，點亮了夜間，也溫暖了路人。

另外，南村落也從元宵前兩週，舉行了五場手繪紙製花燈的活動，先後有近兩、三百人參加，親手自製了近千個，個個不同，充滿創意巧思的美麗燈籠，懸掛在師大路旁的巷弄中與師大路、和平東路交口的地下道裡。這些庶民版的小型花燈巷弄與花燈隧道，雖然沒有大型公共燈節作品那麼華麗壯觀，卻另有一番庶民的素樸趣味。

此外，在元宵節晚上，也有超過兩百人報名參加南村落的提燈漫步，大家一起出發，手提花燈在康青龍街區遊行。我衷心希望這樣的活動會在不缺遊行的台北城裡成為最美麗的遊行，也希望花燈漫步將成為城市固定的元宵節慶生活儀式，並為市民累積小小幸福的集體記憶。

雨水節氣餐桌——我們來談談春膳吧！

如果就字面上來看，「春膳」指的只是春天的食物，春天時，人的身體進入新的輪迴，需要的是可以陰陽交合的食物。世界上許多地方的人都主張春天要多吃野菜，讓血液清潔，比方日本人在春天時入山去採山菜，可漬可煮可炸成天婦羅；義大利人春天會準備大量的茴香，水煮後搗成泥狀加橄欖油吃，對人體有如貓吃貓薄荷的效果；中國人春天會吃艾草，製成艾草糰子、艾草糕、艾草粿，也可讓身體淨化。

春膳具有四季循環大地新生的神聖意義，在天主教國度中，春膳代表犧牲的祭品。我曾在希臘吃過春日復活節的烤羔羊，那些小小羊兒即是代替人類做為祭神之物的，也象徵春分時太陽在黃道的牡羊星座。但現在大家都忘了替罪羔羊這一說法了，只會大啖羊肉不亦樂乎。烤羔羊時加入的香草如迷迭香、百里香等，也都具有鎮定心神的效果。

春膳亦有讓生命回春之意，智利小說家阿言德（Isabel Allende）寫了一本書，大談吃了會讓人春心大動的食物，許多西方人認為吃了會春情發作的食物都和女性身體的形狀有關，也都崇尚新鮮，像草莓、豌豆、蠶豆，都是生命之果，能帶來生命的活力。

西洋人的春膳是以女性的乳房做為生命的源頭，起於女神崇拜的傳統。

奇怪的是，中國人認為吃了會回春的食物卻大都和男性身體的形狀有關，也有一些是乾巴巴發皺的東西，像人參、當歸、淮山，這些中藥材都具有助陽固精的作用，能起陽回春。中國人的春膳特別強調男性的陽具，和東方父權文化的價值不無關係。對中國人而言，男人回春可比女人重要了。東西方的春食真是東西有異、男女有別。

春膳一字，仔細看字，春中有日，饍字一拆是食有善，古人造字真是蘊藏智慧。春天時日頭回到人間，大地百草回生，都需要日光之善；春膳亦可從自然生態的觀點來看，就是要善食，所謂食之有善即依節氣而生長的食物，一定符合天地之善，例如春天宜種豆，因此吃各種的豆芽，如黃豆芽、黑豆芽、蠶豆芽、綠豆芽都有利於身體的平衡。春天生長的薺菜、馬蘭頭、枸杞菜、香椿頭、蒲公英都是可以清熱解毒、滋補肝腎、涼血明目的春之善食。

中國古代江浙一帶人家有七草粥的春膳，即用春日七野菜熬粥，是道家養生的聖品，但不知此食俗後來為什麼消失了，反而在保存吳越食風的日本還食春日七草粥。臺灣民間最重要的春饍即立春到清明的潤餅，亦是源自於唐人春日吃五辛春盤的食俗，在春天時吃蔥蒜等五辛加上芽菜、包心菜、豆乾絲、蛋絲、肉絲等等捲起來的潤餅春捲，是最富春天意境的春膳。

雨水節氣旅行——北野天滿宮的梅花祭

京都在節分祭之後，另一個重要的祭典，即雨水節氣中的「梅花祭」要開始了。梅花祭在北野天滿宮舉行，當天（陽曆二月二十五日）也是被稱為日本學問之神的菅原道真的忌日。

我在年輕時去京都旅行，就知道日人很重視這位日本古代的孔子，但他就跟很多中國古代有學問的人一樣，說錯話得罪了皇帝（日本是天皇）就被流放異鄉，菅原道真即死於九州流放途中。

後來年紀稍長，才想通日人特別看重兩位悲劇文人，一則菅原道真，二是千利休，並不僅因為他們都是被有權有勢的高層害死（千利休被豐臣秀吉賜死），而是因為這兩位都代表日本文化去中揚日的本土文化價值的確立。菅原道真反對日本再派遣唐使去中國，認為日本不該再追隨中國，而要建立本土的文學、文化系統，千利休也主張揚棄茶界對中國茶道與唐碗的崇拜，轉而推崇日本茶道的侘寂美學。

二月二十五日左右，常常是我在京都度寒假快結束的時候，我總會用梅花祭為藉口多留一兩日，而我也的確喜歡梅花更勝櫻花。因為梅花盛開的時候常常伴隨最後的春雪，雪花飛舞中看紅梅、白梅點點，其意境並不亞於看花吹雪的落櫻飛舞。

我一生賞花，和梅花最有緣，二十幾年來最常在冬日一、二月赴京都，遇上的都是梅開花期，先遇到的是臘梅一月開，著名的花寺有實光院和北野天滿宮。賞梅的人總不如賞櫻多，不容易遇到人潮雜沓，尤其賞梅似乎較少成群結隊、尋歡作樂，反而常見孤身賞梅人，靜悄悄地站在梅樹下凝望。

梅花開時，亦是京都容易下雪天，梅花附著在殘枝上的力道強，不怕風也不怕雪，中國古人多推崇梅，就因為梅的堅實。雪天賞梅遊人更稀落，有一回上伏見的御香宮神社取香泉水，順道逛到後方庭園，不期而遇臘梅雪景，庭園中竟無一人，白雪白梅在天光中閃耀，我立在一叢花海下聞著花香流動，腦中想起了童年常唱的那首歌「雪霽天晴朗，臘梅處處香……」。當年會唱歌，卻根本不懂聞花香，如今到了中年，對世間香味愈來愈敏感。世人不愛說嗅花香，而要用聞法的聞來代替嗅，恐怕就是知曉香不僅要用鼻子嗅，更可聞入耳根心腸。

不少京都女人喜歡穿著和服賞花，看多了自然就發現，賞梅人宜著素衣，且要有些年齡的女士立在梅樹下最好看。有一回在北野天滿宮，遇見一位年約七十歲的優雅仕女，頂著一頭梳整成髻的銀髮，穿著灰底細褐紋的和服，配著滿庭的繽紛紅梅，真是美麗的晚年和冬梅相輝映。

北野天滿宮以梅為主、臘梅為輔，每年二月是梅期，鳥居的西側有座梅苑，從二月上旬到三月上旬，整整一個多月會有二千多株的梅樹開花，每回在寒涼空氣中散步其間，都有種梅香混合著冷空氣直入心房之感。

梅花祭當日，上午十時起在北野天滿宮本殿會有祭典，但我不愛看祭典，更有興趣的是從上午十點一直到下午三點舉辦的露天茶會。此時，剛好是天滿宮外五十多種類二千株的梅花盛開之際，會由鄰近天滿宮的上七軒的藝妓來設茶席，這些年紀稍長的藝妓清豔挺立如梅。

梅花祭茶會中會有紅、白兩色五瓣梅京果子，這個茶會源起於豐臣秀吉在一五八七年於北野天滿宮內舉辦的北野大茶湯，當時千利休和豐臣秀吉還在友好時期，但人生多變，之後千利休也走上了和菅原道真一樣的命運。只是如今懷念菅原道真和千利休的人都多過了昔日掌握他人生殺大權者，畢竟人品如梅品，只有永恆的清香。

雨水節氣詩詞

〈江雨有懷鄭典設〉唐・杜甫

春雨闇闇塞峽中，早晚來自楚王宮。

亂波紛披已打岸，弱雲狼藉不禁風。

寵光蕙葉與多碧，點注桃花舒小紅。

谷口子真正憶汝，岸高瀼滑限西東。

〈同友生春夜聞雨〉唐・李咸用

春雨三更洗物華，亂和絲竹響豪家。

滴繁知在長條柳，點重愁看破朵花。

簷靜尚疑兼霧細，燈搖應是逐風斜。

此時童叟渾無夢，為喜流膏潤穀芽。

〈春暮詠懷寄集賢韋起居袞〉唐・鄭穀

寂寂風簾信自垂，楊花筍籜正離披。

長安一夜殘春雨，右省三年老拾遺。

坐看羣賢爭得路，退量孤分且吟詩。

五湖煙網非無意，未去難忘國士知。

〈春日遊湖上〉宋・徐俯

雙飛燕子幾時回？夾岸桃花蘸水開。

春雨斷橋人不渡，小舟撐出柳陰來。

〈臨安春雨初霽〉宋・陸游

世味年來薄似紗，誰令騎馬客京華。

小樓一夜聽春雨，深巷明朝賣杏花。

矮紙斜行閑作草，晴窗細乳戲分茶。

素衣莫起風塵嘆，猶及清明可到家。

春

節氣3

驚蟄

陽曆3月5日~3月7日交節

驚蟄節氣文化

驚蟄是一年中從立春以來第三個節氣，始於陽曆三月五日至三月七日之間（二〇二五年為三月五日），此時位於地球繞著太陽公轉的黃道三百四十五度。

驚蟄常常伴隨著這個年度第一次的雷鳴，稱之春雷一聲鳴。在中國的傳統中，雷是盤古的聲音，盤古開天闢地之後，祂的呼吸變成了風，聲音是雷，口水是雨水，冬天時雷蟄伏冬眠於土中，直到立春雨水時節後，因農民挖土整地，驚醒了雷，春雷破土而出響徹天地，也驚動了冬眠的各種蟲兒（如蜈蚣、蠍、蛇、蚯蚓等等），這正是驚蟄（驚動冬蟄之蟲）之名的由來。

古人觀察驚蟄三候現象，《月令七十二候集解》記載「桃始華、倉庚鳴、鷹化為鳩」，意即桃花花芽在嚴冬時蟄伏，於驚蟄之際開花，倉庚鳥（即黃鸝鳥）開始鳴叫，動物開始求偶，再因為春氣溫和，連鷹都變得像斑鳩一樣溫柔了。

驚蟄時出現了天地之間極有意思的物候現象，也造成一連串的連鎖反應，春雷響，不只是聲音而已，也會引發空氣中的電子物理化學變化，每一聲雷都會讓天際產生幾萬噸的有機氮肥灑落大地，剛好為準備春耕的大地所用。想想老天多周到，古人依節氣耕種，就有自然的肥料，這正是自然農法的真義，但現代農人卻揚棄此法，按人工肥料指示手冊耕種，反而破壞大地的生機。

驚蟄節氣除了從天上灑下自然肥，土中的冬蟲也相繼破土爬出，這些蟲兒等於是大地免費的鬆土工，不只讓自然肥隨之運動而深入土中，也使大地的土質變得更鬆軟。

驚蟄是天地為春耕布置的一個舞臺，難怪農諺有云：「過了驚蟄節，春耕不停歇。」

現代人從事農作的人極少，或許很難看到農田中鑽出的蟲兒，但即使是都會族，敏感的人也會發現一年之中家裡壁虎、蟑螂最容易出現的時節也是在驚蟄，這時古人的智慧就派得上用場了，在家中各處近出水口的地方灑上一些石灰，就可避免蟲兒入戶橫行。

驚蟄時天氣回暖，春暖花漸開，這時卻也是各種春瘟發作的季節，最常出現的是花粉熱，以及各種呼吸道疾病（如氣喘、流行性感冒等等），還有一種精神性疾病，即古人謂之的思春病。

冬季雖陰鬱，但人體的神經系統、內分泌系統也在低潮，反而不容易作亂，但當驚蟄後，人體的腺體也跟著活躍起來，再加上氣候一冷一熱多變化，蟲動花開帶來的心理刺激，使得冬季的鬱悶反而傾巢而出，造成某些人的病春。春季好發的精神疾病以相思病居多，如《牡丹亭》中杜麗娘犯的病。

古代中國詩人寫下了不少驚蟄的詩，詩人以敏感著稱，怎會放過驚蟄這個名稱不凡的節氣詩作呢？

擅長歌詠自然田園的唐代詩人韋應物在〈觀田家〉詩中寫道：

微雨眾卉新，一雷驚蟄始。
田家幾日閒，耕種從此起。

韋應物描寫的是自然現象，但北宋詩人秦觀關心的卻從自然轉入人心，一首〈春日〉描繪驚蟄：

一夕輕雷落萬絲，霽光浮瓦碧參差。
有情芍藥含春淚，無力薔薇臥曉枝。

詩中的落萬絲下筆甚佳，不僅點出天空打雷時閃電如絲的現象，也把天擬人化了，天絲亦人思，亦情絲萬縷，不僅芍藥如美人春淚，而無力薔薇也如同美人倦態。

秦觀這首詩寫的是驚蟄春情啟動的現象，春情若能傾訴發洩而出，也能成一樁佳事，但春情若無處可訴無人可寄時，只能變成病春了。

驚蟄養生之道在於保陰潛陽，從外在適應來看，要小心受外界季節性傳染病的影響，如流感、花粉熱等等，從內在調理而言，要多食提高人體免疫力的食物與清淡食物。驚蟄時節，人體皮膚腺體發達，青少年容易滋生青春痘，成年人好發濕疹、蕁痲疹、水痘等皮膚疾病，此時切忌食用刺激性的食物與酒精。

驚蟄食補不宜補陽氣過旺的雞、羊等，較適合進補的是中性的鴨，有滋陰血、消水腫的功用，也可食鵪鶉，對肝腎虛弱、腰腎無力者特有功效。老人及孕婦應多食銀耳鶉蛋甜湯。

驚蟄要小心Ａ型肝炎的傳染，清燉海鰻湯、清燉泥鰍有助於預防肝炎，另體質陰虛內熱者，可食苦菜燉豬肉、番茄汁。如有皮膚問題者，苦菜佛手柑汁、南瓜茅根汁、白蘿蔔綠豆汁、胡蘿蔔汁、絲瓜汁都有助於清體內之毒。

驚蟄節氣民俗——土地公過生日

古傳陰曆二月二日是土地公生日。土地公即古代社神的民間版本，「社」拆字來看即神聖的土地，古代中國人在上天之外最崇敬的就是大地了，人們會在部落聚集的中心，標示一塊土地，或用紅繩繫之或以石頭置之，這塊土即「社」，日本人之神社原本無神只有社，如京都的上賀茂神社即可看見紅繩繫的結界處。人類所謂社會的由來，即從在一塊神聖的土地上聚會而來的概念。

社從部落到皇權宮廷時代，社也漸漸變成皇土所在，天子會率領三公九卿於夏至、冬至祭社神，這樣的國之大社逐漸離普通老百姓遠去，老百姓需要與自己親近的信仰，於是早年社之所在的石頭就成了石頭公，亦即土地公的本尊。

土地公生日為何在驚蟄左右？驚蟄是大地的起床號，把土地公也叫起床了，人們就選在土地公剛起床時祭拜祂，想想這也很合乎人想的道理，剛起床的土地公一定最餓，這時人們提供的食品祭祀一定最有神效。

土地公如今仍是台灣農家最常見的民間信仰，在田埂上、榕樹下常見一些不到一半身高的小廟（只有一個小門）。土地公的神格不高，因此廟也不能太大太高（但金瓜石的土地公廟卻蓋得很大，還有三個門，因當地產黃金，管理黃金的土地公當然可坐大）。但這些土地小廟親近了土地，對農人而言管管農事也夠靈驗的了。

刈包和一般小吃不同，是屬於可以拜神明的祭典食物，台灣民間有初二、初十六祭拜土地公的習俗，稱之為做牙，陰曆十二月十六日為一年最後一次做牙，也叫尾牙，尾牙這一天各行各業會聚餐，尾牙宴中一定要準備刈包以感謝土地公一年來的照顧。另外，陰曆二月二日頭牙土地公過生日，也要準備土地公愛吃的刈包。

刈包的歷史可追溯到諸葛亮，此公不只是饅頭的創始人，傳說還是刈包的始祖，曾經想出把饅頭一分為二、夾入滷肥肉，供修建護城河的兵士吃。

台灣的刈包據說是從福州引進的，早年只夾肥肉，後來有三層肉，現在還有只包瘦肉的，但我覺得只包瘦肉不好吃，至少要肥瘦各半才行。現在的店家都已經主隨客便，可肥可瘦，還可肥瘦各半或偏肥偏瘦等等吃法。

包的滷肉有醬油滷的，也有燙煮的，在台南有家阿松割包是包豬舌頭的，刈包中除了滷肉外，還一定要有鹹酸菜、花生粉、香菜才是正統的刈包的吃法。

刈包的原名叫做「虎咬豬」，形容兩片麵皮代表老虎銜住豬肉的形狀，意思是指刈包很好吃，才會連老虎都愛吃，刈包因為不好讀寫（刈包的形狀似拜神明時擲筊的刈板），也有不少人直接稱為割包或掛包。

刈包的麵皮比白饅頭細薄和鬆軟，難道是因為土地公公年紀大牙齒不好了才給祂吃軟綿的麵皮？講究的刈包麵皮要用老麵發酵，麵皮才會軟而有嚼勁又有麵香。

早期的刈包的包一定要在包肉時才刈（割），不像現在很多刈包根本做成兩片合起來的形狀，因為現割現包，麵皮上才會有刀割成不均勻齒狀，才會像一副牙口咬住肉的形樣。

驚蟄節氣餐桌——驚蟄食百草

春天是大地回春的季節，中國道家有一套天人合一的思想，認為人的身體和天地的運行一般，有陰陽五行的自然之道，老子曾云：「人法地，地法天，天法道，道法自然。」人和自然都依據著共同的法則在運作，人若順應四時就不容易生病，反之逆天行道，身體和心靈都會陷入危機。

中國古代有「不時不食」之說，即強調吃東西要按照時節，所謂時，即四季春夏秋冬，所謂節，即二十四節氣。大地依自然農法種植採收的農作，本來即天地之氣提供給人體的最好營養，只可惜人類在二十世紀中葉第因二次世界大戰後，美國的化學肥料農藥的興起，導致了對大地的毒害與人體的傷害。在二十一世紀的今日，一波又一波的回歸自然生態革命的飲食思想，成了新世代的福音。

中國以農立國數千年，一直存著順應天時的自然農法的奧義，只是許多珍貴的道理，往往在過去的年代，農民只是一代又一代地照做著，並不需要轉換成道理，但如今許多農作的傳統正在慢慢消失，就必須找出傳統中隱藏的道理來喚回大眾的知覺了。

例如中國人在三月驚蟄布田後時，往往會先種豆，才有農諺「春分前好布田，春分後好種豆」之說，因為豆子是唯一不會從土壤中吸收養分，反而會留下養分的種植，種豆等於是先幫大地補身，讓土地更有元氣之後才進行五穀耕種。

中國人吃豆子、豆漿、豆皮、豆腐、豆乾，除了可讓人體得到植物性蛋白質養分，同時因種豆不僅不會傷害大地，還有益於大地，不像以肉食為主的民族，為了畜養牛羊，種植牧草往往會造成土地養分大量的流失。

春天時大地百草回生，人類早期只知茹毛飲血，但在神農試百草之後，中國人開始懂得吃草的智慧，《詩經》是中國最早的農業詩，就有「野有蔓草，零露溥兮」的文句，古人發現了各種野草的美味，並馴化了其中一些成為農用的家蔬，但人類還是喜愛自然生長的野菜，而春天就是採集野菜的最佳時節。

我曾在早春驚蟄時節去日本東北山形一帶旅行，當地不少溫泉旅館在春日都會備有自家採集的山菜料理，把艾草、土當歸、油菜花炸成薄衣天婦羅，加上水煮鮮綠的畑菜拌柴魚蘿蔔汁，有時山中旅館附近有竹林，清晨挖來的朝掘筍配上香椿芽亦是不可多得的佳味。

日本京都雖然以平安王朝立都一千兩百年，京都城繁華千年，城內至今卻依然保有許多蔬菜種植地，京都人喜歡稱呼在京都近郊種的蔬菜為「京野菜」，其實就是對遠古吃野菜的一種懷念的心情。

不管是日本或台灣的春草春蔬，都有幫助人體回陽回春之效，尤其是五辛春盤，都是道家所云的起陽物，有刺激人體腺體運作的能量，這也是為什麼佛門中人不食五辛之故，一般人難以理解五辛明明是素菜，為何不可食？明白了五辛的起陽之效，就懂了為什麼出家人吃不得自然界的起陽威而鋼了。

東方人懂得春日食野菜，西方人亦明此理，我在二十多年前第一次去義大利托斯卡尼山城旅行時，就發現當地人春天時會去近郊採集野菜。野生的山蘆筍是最受歡迎的野菜，此外露天市集及超市也會賣著各種春天的野菜，如萵苣、西洋芹、茴香等等，托斯卡尼人喜歡把這些春蔬加鹽燉煮到爛爛的，澆在也煮成爛泥狀的蠶豆泥上，再加入上個冬季剛榨好最新鮮的初榨橄欖油一起吃，當地人相信這種吃法會讓身體的血液變乾淨，這種說法其實就等於中國人說的回春之效！

德國南部黑森林一帶的人，也從遠古流傳下來不少食俗，其中亦有一項春日食綠色蔬菜為主的習俗，後來這個習慣和天主教義結合，成了在復活節前聖星期四，即耶穌為前來參加最後晚餐的門徒洗腳的聖星期四的這一天，要到森林中採摘九種以上野生蔬菜，其中包括了水芹菜、雛菊葉、金錢薄荷、大車前草、洋耆草、山蘿蔔。在德國的傳統中，在聖星期四吃這些綠色蔬菜可驅魔，驅魔倒未必是真的，但從民俗食療的角度來看，這些春天的野菜，肯定對身體的調理有效。

春草、夏瓜、秋果、冬根，植物在大自然中生長，自有其規律，春天從土中冒出最低矮的野菜，迎接著大地初生的能量；夏天大地能量充沛，植物向上生長，從西瓜到絲瓜，愈攀愈高；秋天萬物成熟，果實高掛樹梢；到了冬日，天地循環告終，蘿蔔、牛蒡等等根莖植物復藏土中。

百草回春，春天要來囉！要多吃春蔬清潔身體喔！

驚蟄節氣旅行——驚蟄桃花開

驚蟄是大地驚動，野菜（山菜）紛紛萌芽的時際，十幾年前開始在日本東北一帶旅行，特別愛上了阿信的故鄉山形（也是電影《送行者》取景之處）。山形是有大山大水的農業縣市（日本導演小川紳介紀錄片中的古屋敷村、牧野村都在山形縣內），也許是年紀大了，從前沉迷於京都京野菜的我，如今卻覺得京野菜已過度華美，不如更接近土地的山形之蔬有豐盛的生命力。

以前我在京都會買紫野和久傳、美濃幸、花吉兆等料亭名鋪包裝成袋的漬蕗蕎，漬木の芽、漬菜の花、吃到了就會有春日的歡喜，但來到了山形，卻在原野田地旁看到了各種萌開的山菜，還可以在當地料亭中吃到新鮮的醋拌山菜，才覺得真正吃到了大地的滋味。

我也在山形縣看到了三月桃花盛開的情景，想起了驚蟄三候現象中的第一候桃始華，也想起了童年常聽的那首歌〈桃花江是美人窩〉。桃花一向代表情緣，人要有桃花才會得情緣，桃花開在驚蟄節氣期間，就像《牡丹亭》中的杜麗娘遊園，看到桃花開驚動了春情，彷彿大地的身體被驚蟄啟動了般，大地開始鬆動了可以擁抱萬物了，人體也想要擁抱另一個身體了。但杜麗娘的情緣時候未到，她還沒有桃花，只能等遲開的牡丹。

桃花一開，原野就顯得冶豔婀娜起來，我想著「人面桃花」這句話，是多麼讓人春心大動的情景啊！但桃花在中國文人的花品中地位不高，其實有點委屈了桃花，因為文人尚清高，宜雅不宜俗，桃花像村姑，開在原野上比開在後花園中美，也因此桃花才有放肆的美感，但年輕的春情若不能活潑生動又如何驚動天地呢？

有一年三月驚蟄，我在北京郊外坐車往十三陵方向前去，一路上看一大片一大片的桃樹開花，農人可不是為了看花種樹的，為的是結果，我也悟到了人類的桃花源慾也非為了風流情債，其實是人類的身體有傳宗接代的需要。桃花要結成正果，就像驚蟄後的大地為了五穀豐收而準備。

驚蟄節氣詩詞

〈擬古九首其三〉晉・陶淵明

仲春遘時雨，始雷發東隅。
眾蟄各潛駭，草木縱橫舒。
翩翩新來燕，雙雙入我廬。
先巢故尚在，相將還舊居。
自從分別來，門庭日荒蕪；
我心固匪石，君情定何如？

〈寄馮著〉唐・韋應物

春雷起萌蟄，土壤日已疏。
胡能遭盛明，才俊伏里閭。
偃仰遂真性，所求惟斗儲。
披衣出茅屋，盥漱臨清渠。
吾道亦自適，退身保玄虛。
幸無職事牽，且覽案上書。
親友各馳騖，誰當訪敝廬。
思君在何夕，明月照廣除。

〈義雀行和朱評事〉唐・賈島

玄鳥雄雌俱，春雷驚蟄餘。
口銜黃河泥，空即翔天隅。
一夕皆莫歸，嘵嘵遺眾雛。
雙雀抱仁義，哺食勞劬劬。
雛既邐迤飛，雲間聲相呼。
燕感雀深恩，雀愧揚不殊。
禽賢難自彰，幸得主人書。

〈春雷起蟄〉金・龐鑄

千梢萬葉玉玲瓏，枯槁叢邊綠轉濃。
待得春雷驚蟄起，此中應有葛陂龍。

春

節氣4

春分

陽曆3月20日～3月22日交節

春分節氣文化

春分是一年之中第四個節氣，始於陽曆的三月二十日至三月二十二日之間（二〇二五年為三月二十日），此時位於地球繞著太陽公轉的黃道三百六十度（或黃道零度，也是黃道牡羊星座之始）。

春分時太陽直射在赤道上方，和秋分一樣都是南北地球日夜等長的一天。過了這一天之後，陽光直射的位置就逐日向北移動，北半球就進入白天長黑夜短的時日，直到夏至那一天是北半球白晝最長黑夜最短的日子，之後太陽直射的位置從北緯二十三・五度北至點折返向南移動，如此鐘擺般移動再到秋分與冬至再折返北，這就形成了季節的推移與四季的變化。

春分也叫春半，意思是從立春至今，春天剛好走了四十五日，正好是春季九十日的一半。但在西洋人的曆法中，春分卻代表春天的開始與冬季的結束。中國認為春分以前，地球的子宮早就孕育了春天的胎兒四十五日了，直到春分，地球母親才把春天的嬰兒誕生出來。

在《月令七十二候集解》中，春分節氣的三候現象分別是「元鳥至、雷乃發聲、始電」，意思是春分時燕子便從南方飛來，下雨時天空出現轟雷聲但不見閃電蹤影，直到開始見到閃電為止。

自古以來，春分一直是農事的大日子，農諺有云：「春分前好種豆、春分後好種田」、「春分種菜、大暑摘瓜」、「春分種麻種豆、秋分種麥種蒜」……。春分是田間種植的開始，中國聰明的農人，為了增加土地的肥沃，往往先種植會讓土地增加氮肥的豆類。豆類是春季最佳植物性蛋白質的來源，不只對春天需要清潔血液的人類身體有益，也一舉兩得地豐富了土地的養分，這正是自然農法的傳統智慧，但如今有種豆智慧的台灣人，已不種黃豆了，反而向美國購買基因改造的黃豆，真是賠了夫人又折兵。

春分亦是中國古代重要的天子祭典活動，立春在東城門八里郊外迎春神的天子，在春分時會率文武百官於城之中土辦春社大祭。中國從周代開始，春社大祭是天子最重要的祭祀活動，在此日天子會用五色土和五穀向社神（土地神）祭拜。

春分是大日子，當然少不了詩人詞人歌詠之，宋代詞人朱淑真在〈春半〉寫道：

春已半，觸目此情無限。十二欄杆閒倚遍，愁來天不管。
好是風和日暖，輸與鶯鶯燕燕。滿院落花簾不捲，斷腸芳草遠。

西洋詩人在春分時還在歌詠春天的降臨，中國詞人竟然已對春天過了一半傷感起來。雖然春花仍盛開，詞人卻先看到了春天結束時的斷腸花草，真是先天下之憂而憂。而「愁來天不管」這句話說得真妙，也自嘲人間情事關天底事。

歐陽修也寫過一首有關春分的詞〈踏莎行〉：

雨霽風光，春分天氣。千花百卉爭明媚。
畫梁新燕一雙雙，玉籠鸚鵡愁孤睡。
薜荔依牆，莓苔滿地。青樓幾處歌聲麗。
驀然舊事心上來，無言斂皺眉山翠。

春分時正是百花盛開，燕子從南方飛返，如此佳節，反而讓詩人用孤睡的鸚鵡來形容形單影隻者的孤寂難眠，以春分的熱鬧對襯內心的清冷。

春分節氣中的陰曆二月十五日（亦是月圓之夜，許多花會在夜間盛開），古代正是百花的生日，亦名「花朝節」。〈西湖遊覽志〉中記有「二月十五日為花朝節，蓋花朝月夕，世俗恆言……。」

花朝節時，民間有張掛花神燈的習俗，在透明的油紙畫上百花的圖案，張結六角形如傘狀的花燈，在夜間各種花形光輝亮目，如同花神下凡，人們在燈下飲酒夜宴，作詩聽曲，一起歡度百花的生日。

大部分的春花，都在春分時盛開，過了春分後就相繼凋落，春分是花之盛景，也是花粉熱最嚴重的季節，騷動的百花春意也帶給人們最多春情的刺激。

春分時，人體的腺體活躍，血液循環也最旺盛，是一年中情緒最易高漲的季節，這時要小心如月經失調、高血壓、過敏性疾病的發生，有許多春分盛開的花卉，都可能造成呼吸器官與皮膚的過敏，如鬱金香、含羞草、夜來香、虞美人、杜鵑花等等。

春分養生，要多注意疏肝解鬱，解熱制癢，消腫止痛之食療，綠豆、豌豆、百合、豆芽、芫荽、薺菜都是很好的調理食物。

春分節氣民俗——春分復活節

西洋人的春天要等到春分才來臨，這是西洋人眼見為憑的務實思想，不像東方人懂得虛實之分，虛即似有非有，似無非無，中國人在春分前的春天是虛春，有春之氣但春之形弱。

中國人在春分會在社之所在地舉行春分祭典，受唐人影響至深的日本奈良，至今仍在春分時於吉野山舉辦春社花會。在日本江戶時代開始流行的二十四節氣曆中，春分的三候現象有「櫻始開」，在奈良開的就是吉野染井山櫻，至於主要長在平地的八重櫻、垂枝櫻要到近清明時才會盛開。

西方人春天最重要的節慶即春分時期的復活節，復活節是東正教和天主教的大節日，與基督新教較崇尚冬至期間的耶誕節不同，三月下旬春分期間南歐大地（希臘、義大利、西班牙、法國南部）已是綠意盎然、百花盛開，有強烈的大地回春的現象，但中歐、北歐仍然寒意刺骨，要等到四月下旬才會覺得大地復活了。

復活節也剛好在太陽運行到黃道第一個星宮牡羊星座之際，也因此南歐如希臘、義大利人常在復活節時烤羔羊獻祭（羔羊即代表牡羊星座，同時象徵為人類替罪的羔羊），但這恐怕不是基督教的原始祭典，而是古希臘的萬神教義中留下的天文靈思。

春分節氣餐桌——春分滋味

春分時節沒事閒逛菜市場，偶有新發現。那一天在熟悉的蔬菜攤上，看到了一叢叢的新鮮茴香草，當天本來想買的是春天新鮮的蠶豆來炒老鹹菜的，臨時就改買了如今正鮮嫩得很的茴香。

記起上一回吃到茴香和蠶豆，是在義大利的托斯卡尼鄉間，當地人的做法是先把蠶豆熬煮成泥，再燜煮茴香草，之後把熟爛的茴香葉絲混合著蠶豆泥，再拌上去年冬天剛榨好的精純橄欖油，再加一點鹽即成。這種吃法，是托斯卡尼農民傳承了好幾百年的食譜，據說可以清潔血液。

我自創的做法是把茴香切成細碎，在橄欖油中和蠶豆清炒，起鍋前再撒點鹽，就成了一盤野香撲鼻、色澤翠綠、口感爽脆的春膳了。

吃春，吃的是甦醒的味覺，經過一季寒冬，荒枯大地上剛探出尖的野菜，最能挑動在冬日潛伏深藏的味蕾，冬季最宜醃味、臘味、漬味，到了大地回春就要換上鮮味、清味、原味才成。

有一年春天到京都，在古老的料亭吃了一味香椿芽拌新筍，在座的日本朋友很得意地說我們吃的新筍還是朝掘筍，是當天清晨才從洛西嵯峨野挖得的筍。聽來好像頗為難得的筍，在超級市場的確不易遇見，但在我住家附近的傳統市場旁固定聚集的早市小攤，也有一老婦人挑擔賣著春天一大早才從陽明山挖來還沾著土泥的新筍。

新筍有了，但新鮮的香椿難遇，從前家家戶戶平房，不少人家後院就種了香椿樹，童年的我最愛爬樹摘鄰家剛發的木芽，拿回家拌豆腐吃，吃得一嘴香氣。如今我認識的朋友中只剩一人家中後院還有寶貝得很的香椿樹，每年春天我都得央求他施捨一些。

早年春天到杭州，最能體會出《詩經》中「野有蔓草，零露溥兮」的情境，當地菜市場上堆放著各種野地上摘來的草蔬，都是嫩嫩小小的，蕨菜有春風和溪水的味道，不像暖房中有機栽培的小麥草，雖然清嫩，卻少了土壤回春的力量。

杭州有種毛毛菜，像特小號的青江菜，是家家戶戶春天非吃個夠的春蔬，當地人也說吃了可以調理過了一冬的身子，這種食蔬有益身體的話，是古老的民間智慧，不必等到都市人推廣生機料理時才覺悟。

杭州人喜歡在春天時炒毛毛菜腐衣，吃的都是嫩意，講究的腐衣要用頂好的山泉點出的黃豆汁，燒滾了掠一層又一層腐衣，色澤米白、形狀柔美、口感滑嫩，配上翠綠清爽幼嫩的毛毛菜，充滿了季節的新意。

春天喝新茶，亦是杭州人迎春之道，街上茶坊前都擺著大大的風爐，製茶人赤手在細竹編的茶盤上炒青，空氣中飄盪著生茶醒青的味道，等過了火，才能焙濺出明前龍井既清又靜的韻味。

上海的春日滋味有三好，草頭、馬蘭頭和薺菜，草頭配紅燒圈子，可以一洗油膩；馬蘭頭切碎末，拌豆乾末再混合了新鮮的麻油及微鹽，在春天的清晨配白粥或拌光麵，吃來神清氣爽；薺菜最宜攙了碎肉包大餛飩，入口清香、滋味鮮美。如今台北街頭一過三月，也有一些店家在門口貼了個薺菜上市的紅紙墨筆，路過看到，就彷彿聽到了春天在召喚的聲音。

春分節氣旅行——不敢不樂

二〇一一春天，日本發生三一一海嘯核災事件，使得當季的櫻花時節蒙上了悲哀的陰影，我身邊有些友人原本討論好的花見行程也因之取消，但我和夫婿全斌還是按照了預定計劃前往京都。

春分時節的京都，櫻花依如往年盛開，只是遊人比起昔日較為清落，反而增添了賞花的情緻，尤其這年看到櫻花燦爛，感觸特別多，櫻花本是無常之花，開得如花似夢時，只要天氣一變，來個稍大的雨，馬上花吹雪落英滿地。櫻花美景稍縱即逝，在日本遇上天地大災變之後觀之，更覺人生無常。

從前讀過李漁在《閒情偶寄》中談行樂，這回因京都觀櫻而浮上心頭，李漁說：「造物生人一場，為時不滿百歲。……即使三萬六千日，盡是追歡取樂時，亦非無限光陰……又況此百年以內，日日死亡相告，謂先我而生者死矣，後我而生者亦死矣……死是何物？……知我不能無死，而日以死亡相告，是恐我也。恐我者，欲使及時為樂……康對山構一園亭，其地在北邙山麓，所見無非丘隴。客訊之曰：『日對此景，令人何以為樂？』對山曰：『日對此景，乃令人不敢不樂。』」

這一回在京都，真是懂得了不敢不樂的意思，往昔到祇園的円山公園賞櫻，看年輕的男女，尤其那些看來像初入社會，身上穿著廉價的上班族西裝與套裝的公司社員，坐在鋪著藍膠布的草地上，吃著附近便利商店買來的壽司、沙拉、泡麵等等，喝著易開罐的清酒，一群人喧鬧著青春的活力，在落櫻紛飛的樹下度過他們稍縱即逝的花樣年華。

從前我看到這些賞櫻時吵吵鬧鬧不能不醉花見的青年人時，內心並不歡喜，中年的我喜愛的不免是清幽的賞櫻意境，在人潮尚未湧現前獨自在白川通或哲學之道踩著一夜落櫻的足跡漫步，但這一回看著青春在櫻花樹下喧囂，想到那些隨著海浪而逝的人們，其中也有一樣年輕或更稚嫩的生命，也許有的還不曾在櫻花樹下醉過酒呢？眼前的花見情景，突然讓我濕了眼，人生真是不敢不樂啊！當有的生命發生了極痛苦的悲劇，我們或許也曾跟著哭泣，但面對悲劇，並不代表我們就要對生命放棄歡樂，誰知道能在今年櫻花樹下花見酒的人們，明年在何方呢？今年不一起同樂，也許明年就各分東西、天人永隔了。

櫻花本來就特別華美，也因此特別脆弱，櫻花似人生，如露亦如電，雖然年年有美景，景在人卻未必在。

櫻花最像青春，美得如此放肆譁然，卻又如此匆促，有一天在花見小路上分別看到祇園的舞妓和藝妓走過夾道盛開的櫻花樹，突然發現年輕的舞妓和怒放的櫻花如此相配，那種不可遏止地跟天地爭輝的青春能量，當下覺得舞妓是櫻花，但熟年的藝妓，雖然如此優雅，卻不那麼適合櫻花，有著歲月容顏的她們適合秋楓的幽美。

春櫻、夏綠、秋楓、冬雪，都是生命之美，面對此情此景，只要活著，真是令人不敢不樂。

春分節氣詩詞

〈賦得巢燕送客〉唐・錢起

能棲杏梁際，不與黃雀羣。
夜影寄紅燭，朝飛高碧雲。
含情別故侶，花月惜春分。

〈二月二十七日社兼春分端居有懷簡所思者〉唐・權德輿

清晝開簾坐，風光處處生。
看花詩思發，對酒客愁輕。
社日雙飛燕，春分百囀鶯。
所思終不見，還是一含情。

〈春分日〉南唐・徐鉉

仲春初四日，春色正中分。
綠野徘徊月，晴天斷續雲。
燕飛猶箇箇，花落已紛紛。
思婦高樓晚，歌聲不可聞。

〈望家信未至〉宋・葛紹體

一封寄去當人日，只是元宵近到家。
何事春分猶未報，夜窗幾度卜燈花。

春

節氣5

清明

陽曆4月4日～4月6日交節

清明節氣文化

清明，是二十四節氣中，唯一同時是節氣又是節日的日子。因此，雖然清明是大家耳熟能詳的名字，但也有些人只知清明是掃墓祭祖的節日，而不知清明亦是節氣。

清明是春分過了十五天後第五個節氣，地球公轉運行到黃道的十五度，始於陽曆的四月四日至四月六日之間（二〇二五年為四月四日），清明指的是物候現象，天地之間一片清朗明亮，綠草如茵，杏花粉紅，天氣比較和暖了，剛好是適合春遊的日子。

《月令七十二候集解》中記載，清明三候分別為「桐始華、田鼠化為鴽、虹始見」，也就是桐樹開始開花，一身陰氣的田鼠因烈陽之氣漸盛而躲回洞穴，喜愛陽氣的鴽鳥（鵪鶉）開始出來活動，而此時雲薄漏日，日穿雨影，則見彩虹蹤影。

清明從宋代至今一直是民間十分看重的節日，因為這一天人們要到郊山祭祖掃墓，然而掃墓日在宋代之前並非一定要在清明日，像台灣民間仍有在陰曆三月初三古上巳節掃墓的風俗，此風俗是源於舊唐俗，另外江浙一帶人家，也有在寒食日掃墓吃冷食的民俗，即源於晉文公祭拜因焚山而亡的介之推。

現代不少人搞不清楚寒食與清明之分，誤以為是同一天，以為寒食與清明都在冬至過後第一百零五天。其實寒食源於極遠古的風俗，最早的古寒食為一個月，和現今天主教的「四旬齋期」（Lent）有著相似的背景，後來寒食改為七日、五日、三日（從冬至後一百零三日至清明），再演變成一日。在古代，節氣是重要的日子，節氣前一天的節分亦是重要之日，寒食不舉火，除了和介之推有關，還有更古老的神靈信仰隱藏其中。遠古時期人們相信天地之間有火神，每年會在清明這一天賜新火給人類，因此在清明前人們要熄滅舊火等待新火，才必須冷灶寒食，一直到唐代，宮中還有清明用榆、槐傳新火分送大臣的習俗，唐代詩人李嶠在〈寒食清明日早赴王門率成〉詩中即云：

遊客趨梁邸，朝光入楚臺。
槐煙乘曉散，榆火應春開，
日帶晴虹上，花隨早蝶來，
雄風乘令節，餘吹拂輕灰。

讀中國古詩，如果不懂節氣和古制的關係，只從字面上看，往往看不幽微。清明日即新火日，天地清明，中國的清明日和印度人的火光節都直指遠古拜火神的傳統，民間亦有從印度傳來的火光菩薩會在清明日降臨的神話故事，只有在門戶上插新柳的人家才能得到火光菩薩的保護。

從宋詩中還可以看到清明與新火的聯結，如宋代王禹偁的〈清明〉一詩中：

無花無酒過清明，興味蕭然似野僧。
昨日鄰家乞新火，曉窗分與讀書燈。

從這首詩看出，清明燃新火的禮俗已從宮中普及至民間了。

從宋代開始，清明逐漸成為重要的掃墓日，宋代高菊卿的〈清明〉一詩中寫道：

南北山頭多墓田，清明祭掃各紛然。
紙灰飛作白蝴蝶，淚血染成紅杜鵑。
日落狐狸眠塚土，夜歸兒女笑燈前。
人生有酒須當醉，一滴何曾到九泉。

此詩不僅從掃墓直指人生苦短，也精確地描繪出清明時間，剛好是白蝴蝶飛舞、紅杜鵑盛開的季節，只是詩中的白蝴蝶是燒成灰的紙錢，而紅杜鵑暗指人間血淚。

清明亦是新柳飛揚、新茶上市的日子，古代有「清明不戴柳，死後變豬狗」之說，柳枝自古來即有避邪驅煞之用，因此清明時人們在鬢上戴柳葉符或門扇上插新柳枝，都有解災消禍的功能，怪不得救苦救難的觀世音菩薩手中拿的也是楊柳枝。

「清明時節雨紛紛，路上行人欲斷魂，借問酒家何處有，牧童遙指杏花村。」春分之後，百花依序盛開，至清明百花大都開遍，可說是桃杏爭豔，清明也成為人們踏青、春遊的好日子。古代在清明時有盪鞦韆及蹴鞠（踢足球）的運動風俗，也是讓一冬少動的身子，在天氣回暖後開始紓解全身筋骨、活絡神經。

春季，最怕春困，即現代人說的春日憂鬱，多出門走走，看看百花、聞聞花香，也算是自然界的芳香療法。

清明最宜吃能清潔血液的艾草，自古即有的清明糰子，也稱清明果、清明丸子，是用糯米粉和艾草汁製成的，如今飄洋過海成為日本人在春天最常吃的艾草小丸子。

清明宜多吃帶辛味的野菜，如薺菜、芹菜、莞荽、土當歸、枸杞菜，都有益肝通血脈之效，但有宿疾易發之人，要少吃春筍這種易發之物。

清明節氣民俗——清明、寒食與上巳

中華文化傳統的民俗節慶祭典，來自兩個重要的來源，一是節氣。在節氣中，冬至是古代的大日子，曾像立春般被訂為一年之首，因此民間才有冬至大過年之說。清明也是重要的日子，清明的重要在於是二十四節氣中唯一既是節氣又是節日的一天，但現代人大都只記得清明節是國定節日，卻有不少人忘了清明亦是節氣。

清明節是重要性後來居上的節日，其實清明節前後本有兩個古代比清明更重要的節日，近代卻被忽略甚至遺忘了。二〇一一年陽曆四月五日的清明節，恰逢陰曆三月初三，即古代的「上巳節」（或「祓禊日」）。台灣中南部還有些人會在三月初三上墳，這個風俗中隱藏著古代的記憶，因為上巳節曾是古代掃新墳的日子，本來只有僧人才在清明掃墓，在宋代之後才演變成清明日新墳舊墓一起掃。

另一種傳統節日的來源，許多來自陰曆的靈數日，如二月初二的中和節（俗稱龍抬頭，又稱春龍節，亦是土地公生日）、三月初三的上巳節、五月初五的端午節、六月初六的天神節（即台灣民間所說的天門開）、七月初七的七夕（台灣民間是七娘媽生日）、九月初九的重陽，古人認為這些重覆的數字蘊涵了神祕的原理，這些日子根據的都是月亮繞著地球轉的太陰曆，太陰曆一年只有三百五十四天，每年的太陰曆和太陽曆都有差距，因此不管是每月的初一初十五的朔望，或每年的端午、七夕的日子都得查曆書才知道落在太陽曆的那一天。

陰曆三月初三的上巳節，是非常古老的節日，代表三的靈數意味著一生二、二生三、三生萬物的生育力量。上古時期三月初三時會在水邊祭祀有著大胸脯、大肚子、大腿的原始女體，代表古代母系文明遺留的信仰，選擇在水邊也和今日人類生命來自海洋的說法不謀而合，水也有羊水的象徵，至於上巳節為什麼後來演變為上墳祭拜祖先，當然和倫理思想發達後，人的生命來自祖先的觀念就愈發重要了。

上巳節在宋代後逐漸沒落，據說和元人屠殺漢人，在上巳節掃墓往往會再次創傷民族仇恨的瘡疤，於是不許漢人在上巳節掃墓，許多人就改成了在上巳節附近的清明節氣掃墓，但到今日還堅持在陰曆三月初三掃墓的某些台灣人和閩南人，可能和元人曾在三月初三在閩南同安一帶大屠殺的歷史有關。三月初三成為不少閩南人祖先的集體受難日。

清明節日除了接收了上巳節的祭祀祖先與掃墓的傳統外，還承受遠古另一個重要的節日的影響，即寒食。寒食據說是最古老的節日，源於舊石器時代鑽木取火的紀念，因為人類用火帶來的文明的躍昇，因此古代氏族、部族都由有權力者管理火種，日後引申為家族祭祀香火，一直到漢唐宋年間，皇帝都有賜新火給眾臣的風俗。為什麼年年要賜新火，因為古代四季鑽木取火用的是不同的木，在冬去春來一年之始，往往必須熄去舊火，點燃一年新火，這個工作在遠古時期十分重要，寒食即代表記憶這段舊火熄滅、新火不繼的日子，人類必須緬懷無火寒食的蠻荒。寒食節為紀念無火而禁火，直到清明前一夜才點燃新火，清明又有恢復明亮之意。

古代寒食節本為一個月，後來變成七日、五日、三日、甚至一日，在漢代，寒食是清明前三日，到了宋代，變成清明前一日，甚至今日不少人還以為寒食清明為同一天。如今華人都不過寒食了，因為世人都忘了寒食和火種的關係。民間關於寒食的傳說，只剩下晉文公為紀念被火燒山自焚而死的介之推的故事，介之推的故事雖然悲壯，但重要性卻比不上人類用寒食日去記憶火種和文明新生的關係。今日人類和火種的關係，已不是鑽木取火的辛苦，而是核能的危險，當我看到福島核災的居民在災變後無電無汽油只能吃寒食的慘狀，第一次讓我感受到寒食節的古老意義。當人類愈來愈不懂用火（核能）的安危，也許有一天文明又要崩壞返回寒食與鑽木取火的蠻荒。

清明節氣餐桌——春天把潤餅捲起來

過去幾年，每年清明前後，南村落都會在陽明山林語堂故居舉辦春天潤餅文化節，不知不覺已辦了七屆，每年有愈來愈多的人參加這個活動，而潤餅也變成了台灣春日不可少的話題。

回想當初第一年策劃這個活動，其實是源自很私人的緣故，起於懷念逝去的母親和阿嬤。在我記憶中，每年春天的潤餅宴一直是來自台南的阿嬤和媽媽很看重的事，童年起就看著她們母女倆人備潤餅料，桌上放滿了近二十樣的各色食材，有高麗菜、胡蘿蔔、豆芽菜、荷蘭豆、韭菜、芹菜、香菜、青蔥、小蔥、皇帝豆、滸苔、豆乾絲、肉絲、蝦仁、香菇、蛋絲、扁魚酥、花生粉等等，真是豐富極了。

潤餅料雖然多，但會包的人卻只要用一張薄餅皮就可以把這些料都包起來（因此潤餅也稱薄餅），訣竅是在盤中放上薄薄一層餅皮，第一層先放乾料，如花生粉、滸苔、扁魚酥，可隔絕濕料（把餅皮弄濕就易破），接著在乾料上放濕料，由大而小，由粗而細，先放高麗菜，再依次疊上不同的蔬菜，再放豆乾絲、肉絲、蛋絲，最後才放蝦仁、皇帝豆，在包餅前還會再灑上一層花生粉，封住所有的料。

小時候我都拿捏不住包餅的竅門，要不包太大，把餅皮撐破了，要不包太小，沒有豐盛的感覺，但隨著年歲漸長，包多了也包出心得了，懂得什麼是恰恰好的感覺。

潤餅是很健康的食品，食材大多是鹹性的，少部分是酸性，蔬菜和動植物蛋白質的比例很符合營養學，澱粉質（薄薄一層餅皮）又很少，對怕胖的人剛剛好。

潤餅源自春餅，但食材的演變從單純的五辛香菜到青蔬配蛋絲、肉絲、豆乾絲等基本款（如北方的合菜戴帽、江浙人的韭黃肉絲蝦仁春捲），再到閩南海上絲路貿易所引進的各種食材，如花生粉、高麗菜、荷蘭豆等等，使得潤餅成了食材歷史演變的載體，蘊藏了不同鄉土文化的記憶。

因為年年辦潤餅節，現在有不少人遇到我都會和我談起他們家是如何吃潤餅，我就會告訴他們那種潤餅的吃法是源自何處。譬如說把潤餅濕料混合在一起熱熱地吃，是福建廈門的吃法，也是如今台北流行的吃法，常在尾牙及春節時吃；每一樣料分別包冷冷地吃，是福建泉州的吃法，亦是台南的吃法，多在陰曆三月初三寒食與清明時吃；潤餅中會包油飯、炒油麵的是福建同安、晉江的吃法，在三月初三吃的最多，盛行於舊台南縣與彰化縣；潤餅中包酸菜及菜脯的是客家吃法，桃竹苗最常見。

小小的一捲潤餅，是節氣亦是食材、鄉土、民俗、家族的故事與記憶，春天把潤餅捲起來的同時，也捲起了文化，潤餅像一條文化的船裝滿了歷史與傳統生活的記憶。

清明節氣旅行——杭州清明遊

如今每年清明節，都要上山祭拜父母的墓，我曾帶著當年台灣最早上市（清明前）的三峽碧螺春祭墓。爸爸是江浙人，喜愛綠茶多過烏龍，他活著的時候，每年清明後都痴痴等候著大陸親友為他第一時間空運寄來的雨前龍井茶。

雨前龍井指的是穀雨前採收的兩葉一心的嫩茶。為什麼得在穀雨前採收？因為清明時節雨紛紛，柔細的雨傷不了嫩茶，不會像豐碩的穀雨般快快催葉子變大變厚，趕在穀雨前才收得到當年最嫩的茶葉。

二十多年前清明近穀雨時，我曾陪父親去杭州旅行，那年正是龍井好時節，清明雨停得早，穀雨雨還未下，茶農採收了不少豐收的茶，已經在桃花塢一帶農家大院炒青了。青嫩的茶香傳遍了山徑，我們彷彿走在一條茶香熏過的絲帶上，當時大陸經濟開放尚未火熱，龍井的價格也還未高漲，茶農極為純樸友善，杭州還未人車壅塞，那是龍井茶山仍然十分寧靜祥和的時光。

我記得和爸爸在當地親友陪伴下去了幾戶農家試茶、看茶，喜歡龍井茶的爸爸一路笑呵呵，這可是他早年在台北衡陽路的全祥所買不到的好貨，到那時我才懂得什麼叫土親人親。生長在江浙的爸爸，自然愛龍井，但在台灣長大的我，卻一直喜歡半發酵的烏龍多於不發酵的龍井，也因為我和台灣的土地較親吧！

當天晚上，我們在其時還未盛大改裝的西湖樓外樓吃杭州菜，叫了據說是當季新龍井鮮治的龍井蝦仁，真是奢侈啊！碧綠如雀舌狀的細嫩茶葉映照著胭脂色的小粒河蝦仁，其美色美味至今難以忘懷，日後卻再也不曾吃到如此精巧纖美的龍井蝦仁了，之後的樓外樓也改成如體育場般巨大的餐館，大大發揮了大鍋灶的中國文革傳統。

第二天上西湖遊蘇堤，想到愛茶的蘇東坡在杭州與山寺方丈交遊，經常有好茶可品，東坡詩云「白雲山下雨旗新」、「妙供來香積」都是品茶心得。

但蘇東坡有一回去西湖北山的壽星院，由梵英和尚烹茶招待，吃後齒頰生香、芳冽無比，因與一般的茶味不同，東坡問這是新茶嗎？梵英和尚答，烹茶，必須新茶舊茶相配，茶香茶味才都透得出來。

這和台灣人做米糕，要新米舊米混合，取新米的香和舊米的味一樣的道理。

當天我雖然想到了蘇東坡的這則故事，卻忘了告訴爸爸，一忘經年，爸爸活著時都沒提，也許是怕爸爸笑我賣弄文藝，如今想爸爸也無緣在人間喝新舊混調的龍井茶了，但下回清明，我可要為爸爸烹一壺新舊龍井茶遙祭老父，或許他也會想，這龍井茶味與一般不同吧！

清明節氣詩詞

〈清明〉唐・杜牧

清明時節雨紛紛，路上行人欲斷魂。
借問酒家何處有？牧童遙指杏花村。

〈寒食〉唐・韓翃

春城無處不飛花，寒食東風御柳斜。
日暮漢宮傳蠟燭，輕煙散入五侯家。

〈閶門即事〉唐・張繼

耕夫召募逐樓船，春草青青萬頃田；
試上吳門窺郡郭，清明幾處有新煙。

〈寒食野望吟〉唐・白居易

丘墟郭門外，寒食誰家哭。
風吹曠野紙錢飛，古墓纍纍春草綠。
棠梨花映白楊樹，盡是死生離別處。
冥漠重泉哭不聞，蕭蕭暮雨人歸去。

〈清明日〉唐・溫庭筠

清娥畫扇中，春樹鬱金紅；
出犯繁花露，歸穿弱柳風。
馬驕偏僻幰，雞駭乍開籠；
柘彈何人發，黃鸝隔故宮。

〈寒食雨二首〉宋・蘇軾

自我來黃州，已過三寒食；
年年欲惜春，春去不容惜；
今年又苦雨，兩月秋蕭瑟。
臥聞海棠花，泥汙燕支雪；
暗中偷負去，夜半真有力；
何殊病少年，病起頭已白。

春江欲入戶，雨勢來不已；
小屋如漁舟，濛濛水雲裏；
空庖煮寒菜，破竈燒濕葦；
那知是寒食，但見烏銜帋。
君門深九重，墳墓在萬里；
也擬哭塗窮，死灰吹不起。

〈寒食上冢〉宋・楊萬里

徑直夫何細！橋危可免扶？遠山楓外澹，破屋麥邊孤。
宿草春風又，新阡去歲無。梨花自寒食，時節只愁予。

〈清明〉宋・黃庭堅

佳節清明桃李笑，野田荒塚只生愁。
雷驚天地龍蛇蟄，雨足郊原草木柔。
人乞祭餘驕妾婦，士甘焚死不公侯。
賢愚千載知誰是，滿眼蓬蒿共一丘。

〈蘇堤清明即事〉宋・吳惟信

梨花風起正清明，遊子尋春半出城。
日暮笙歌收拾去，萬株楊柳屬流鶯。

〈姑蘇竹枝詞〉清・周宗泰

衣冠稽首祖塋前，盤供山神化楮錢；
欲覓斷魂何處去，棠梨花落雨餘天。

春

節氣6

穀雨

陽曆4月19日～4月21日交節

穀雨節氣文化

穀雨是春季六個節氣中最後的一個節氣，始於陽曆四月十九日至二十一日之間（二〇二五年為四月二十日）。到了穀雨時節，敏感的人就會知道春季快結束了，而夏日快要來了。穀雨時地球運行至黃道三十度的位置，老天開始下起粗疏的大雨，和清明時像鵝毛般的紛紛雨絲不同。穀雨之名的由來，來自雨水生百穀，穀雨是春季最重要的農業節氣，穀雨後降雨量大增，氣溫回升加快，農作物受滋潤生長加速，農事也跟著忙碌起來，已經插秧種苗的五穀到了穀雨時加速生長。

古人觀察穀雨三候，《月令七十二候集解》記載著「萍始生、鳴鳩拂其羽、戴勝降於桑」，意即浮萍開始在春水中生長，斑鳩鳴叫，還會拍動羽翼四處飛翔，在桑樹或麻樹之間，也開始發現戴勝鳥的芳蹤。

除了忙種穀外，穀雨前後是茶人採收新茶的時候，所謂「雨前茶」，即指在穀雨前加快採收的嫩葉。為什麼雨前茶珍貴呢？因為穀雨前的雨小，茶葉還保持一心二葉的小嫩蕊，可製作如雀舌般鮮嫩之龍井茶，但穀雨後茶葉生長迅速，茶葉就厚了粗了，製一般茶還可，就製不了極纖細珍貴之茶。

也有人講究「明前茶」，即清明之前採收的茶，但茶葉並非愈小愈細愈好，太小但還不夠茶青之味也不好。像江浙附近是溫帶氣候，明前茶恐怕太早，還是雨前茶較適宜，若換到閩南、台灣的亞熱帶氣候區，明前碧螺春就挺合宜。

穀雨時節，養桑人家也開始忙碌起來，此時桑樹長出翠綠的新芽葉，正是蠶寶寶最需要的食糧，但採桑葉一定得採乾葉，不可採濕葉，因此採桑娘子最怕下雨，但偏偏種穀的人盼及時雨，因此民間有一首穀雨農業詩，最能說明這樣的兩難：

做天難作穀雨天，稻要溫暖麥要寒；
種田郎君盼時雨，採桑娘子望天晴。

做人不也有時會像穀雨天，順了郎意又未必順嫂意。天下很少兩全其美之事，連天都難，何況人呢！

穀雨前百花早已盛開，到了穀雨，雨勢雨量加大，反而要小心雨打花殘的情景。由節氣看自然都有一定的道理，春季花開，都是從需水量不多的薄花瓣小的花開起，如水仙、桃花、杏花、櫻花等等，到了春分時節，百花都開了差不多了，才有春分花會之事，從春分到了清明這十五天是一年中賞花最好的時節，但清明後盛開的花就開始要萎凋了，尤其是穀雨一來，正如蘇東坡在〈天仙子〉中所寫：

走馬探花花發未。人與化工俱不易。千回來繞百回看，蜂作婢。鶯為使。穀雨清明空屈指。

白髮盧郎情未已。一夜翦刀收玉蕊。尊前還對斷腸紅，人有淚。花無意。明日酒醒應滿地。

「一夜翦刀收玉蕊」。落花滿地，詩人多情，穀雨一來就知春遲，惜春要趁早啊！

春日百花之中，只有花瓣繁複碩大的牡丹花開得最晚，非要等到穀雨才開，因此牡丹才有穀雨花的別稱。牡丹雖晚開，卻也顯出牡丹的貴氣與獨樹一格，就像大明星都要壓軸演出一般。當年在長安，傳說武則天舉辦長安花博會，命令百花要同時在春分盛開，只有牡丹不從，才被貶抑到洛陽。

年輕時讀湯顯祖的《牡丹亭》，並未察覺此劇用牡丹花命名之意，年紀稍長後才領悟牡丹花正是整齣劇的隱喻，柳夢梅和杜麗娘的情愛未曾開得正時，是遲到的愛、遲來的團圓，只有牡丹才能代表這份遲，才象徵出兩人別具一格之情愛。

穀雨時，天氣變得潮濕了，需要吃一些去體內風寒之物，又為了防春瘟，身體需要打底，吃些鱔魚、鯉魚之類的食補，可增加身體的免疫力，以迎接即將到來臨的夏天對身體的考驗。

穀雨節氣民俗——海神娘娘祭

穀雨生百穀，此時雨量增大增多，由於青梅在此時成熟，穀雨又有梅雨之稱。

穀雨期間，農事開始忙碌，採桑、收茶製茶，除了農民勤作活之外，漁民也會在暮春三月舉行祭海活動，在穀雨節氣這天，兩千多年以來大陸東海一帶的漁民會紙糊龍船焚送於水，謂之化龍船，以求海神娘娘保佑出海平安，魚蝦豐收。

這個歷史悠久的海神娘娘祭，是否在宋室南遷後逐漸轉變成為閩南媽祖海神信仰的源頭呢？海神娘娘有了更具體人間林默娘的形象，至於焚燒紙糊龍船的儀式，在台灣各地漁港也會在一年中的不同時候舉行，如最有名的東港燒王船是在陰曆九月，網寮、塭港在陰曆四月，雖然時間不同，但是在海邊燒的都是海龍形狀的船，並把焚船放海流，也都說此舉可以除瘟攝毒，降福人間。

許多的民俗，或有共同的信仰源頭，逐漸演變為地方的風俗，背後仍是人類先民對天、對地、對海的神祕所瀰生的恐懼與敬畏。

穀雨節氣餐桌——和食中的唐宋遺風

有一年穀雨在京都，在祇園的鍵善良房中吃到葛切，透明的涼粉盛在冰塊上，挑幾條起來沾黏稠的沖繩黑糖漿，滑溜有勁的葛切，有股淡淡的清香味，混合著微焦的黑糖甜味，十分美味。

旅途中偶吃葛切，回台北後一直難忘，雖然在高島屋的源吉兆庵也買到放在塑膠製綠竹容器內的葛切，但卻好像買的是超市的盒裝豆腐，完全沒有了手工老豆腐的香氣，放在容器中的葛切，也少了天然清涼的滋味，買過一次後，也就不再買了，但心裡卻依然想著上回吃到的葛切，總想去京都再吃它幾回。

後來看《東京夢華錄》，發現在北宋汴京時代，即有用葛根製成的涼粉，也是沾黑糖吃，原來日人現今吃的文雅極了的葛切，也是當年到華取經的結果。

日本愈傳統的食物，愈難脫唐宋遺風，像京都的和菓子鋪，供奉的元祖大師空海和尚，從中國返回日本傳經時，帶去了各種饅頭的做法。中國在唐宋年間稱包了餡的麵糰為饅頭，怪不得空海會把各式豆沙包都叫饅頭，不像如今台灣隨著後來北方人叫包子。

有一年穀雨後，在江南一帶旅行，看見不少店家在賣青糰子，就是把糯米搗成泥，再混合艾草汁，揉成一小球，四球成一串，可以現吃，也可以烤來吃。這種青糰子，也成了日本人的和食代表，一年四季都吃，連台灣的百貨公司也標榜為和風小吃賣著，但在本家浙江一帶，卻守著古禮，只有清明穀雨前後吃一陣子。

穀雨節氣旅行——長谷寺遲遇牡丹

一直想去洛陽看牡丹而不得，沒想到竟然在奈良縣櫻井的長谷寺見著了滿山遍野八千多株一百五十多種的各色牡丹。

聽正在當地留學的台灣學生談起剛去了奈良的長谷寺看牡丹，穀雨節氣已快結束，號稱穀雨花的牡丹還有嗎？原來今年冬天極冷，春櫻晚開了，連帶牡丹也遲了些，如今快到立夏才去，見不著花容盛開美景，卻仍可見奼紫嫣紅開遍之情狀。

出門旅行巧遇花期，本來就是難得之事，像這回也去了金澤的兼六園，想看水邊的燕子花，只可惜去早了，今年沒有一株早開的燕子花。

本來就擔心在大阪沒太多事可做，逛難波、千日前通、心齋橋、道頓堀、梅田等等，看一千家兩千家商店，對不再年輕的我已成苦事，近十多年每次到京都已不在大阪停留，這回本是專程進大阪做一番關西京阪神三城文化之比較，也看到了許多有趣之事，如御堂筋地鐵上有人脫了鞋子看報，中學女生高聲談笑、整列車上難得看到有人坐得端正，中午時分在清水食堂都是喝得醉醺醺的客人……，這些情景都不容易在京都見到。

能夠抽一天身離開大阪也不錯，坐上了近鐵電車，出了大阪進入奈良縣的風景就不同了，近山青蒼綠翠，遠山藍靛紫灰，我最著迷於坐火車時經過一些陌生的山間村落，每每想隨興下車，今日在長谷寺下車就有這種意外走進一處隱逸而保存良好的鄉間歷史聚落之感。

長谷寺最早建於七世紀，也許從那時起就有村落慢慢在山間谷地聚集，今日從火車站一路由高而低沿著古老的歷史石階而下，穿過近瀨川走上長谷路就是通往長谷寺的參道，一路上仍有許多古舊的木造建築，街旁有村民賣著自家種的葛根、香菇、山菜。我們在一戶仍用石臼自家磨粉的小店吃蕎麥，身旁坐著十來位穿著白罩衫正在進行西國三十三番所觀音靈場朝聖的巡禮者。

長谷寺是西國觀音參拜路上的第八番所，寺中有一座日本最高的木造十一面觀音菩薩座像，此地以觀音靈驗吸引信眾，但長谷寺還有另一特色，即四季皆有美景，除了春櫻、夏綠、秋楓、冬雪外，四月下旬至五月上旬穀雨節氣期間的牡丹花期豔冠全日。

我年輕時並不愛牡丹，因為常見國畫中的牡丹都以富貴圖示人，到了中年後重讀《牡丹亭》，才讀懂了牡丹的遲，牡丹不同於一般春花開在春分節氣，當年武則天在長安辦花博賞花，春分清明眾花皆開唯獨牡丹不開，才有牡丹被武則天貶至洛陽一說，牡丹非等到四月二十日穀雨節氣才肯開花，也因此牡丹別名穀雨花。

《牡丹亭》說的就是情人在春光明媚時無法兩情相悅，非等到人鬼相隔還陽於世才遲合。年紀略長時，才體會得出遲的可貴與美好。牡丹在眾花皆美時在一旁寂寞，但等其他花兒都謝時，卻輪到牡丹碩大地放肆地嬌豔地怒放。

怪不得送牡丹只送中老年人，這些人生已晚歲月已遲之人，當然希望在青春盛開後，仍像遲開的牡丹挺立，形容女人像白牡丹、紅牡丹也別亂搭，總要有四、五十的風韻才稱得上是牡丹之姿。

長谷寺的牡丹真驚人，從江戶時代搭建的三百九十九級的石階登廊而上，兩旁的山坡都是牡丹，真是一條壯觀的牡丹廊，我們是來遲了，不少牡丹已謝，還好仍有一些怒放的牡丹夾雜其間，一路爬石階，一路看牡丹，想著這座真言宗之寺守護這些世上難得見著的牡丹是為何？看完了牡丹，就該到山頂的本堂去見觀音了。

穀雨節氣詩詞

〈老圃堂〉唐・曹鄴

邵平瓜地接吾廬，穀雨乾時手自鋤。
昨日春風欺不在，就牀吹落讀殘書。

〈與崔二十一遊鏡湖寄包賀二公〉
唐・孟浩然

試覽鏡湖物，中流到底清。
不知鱸魚味，但識鷗鳥情。
帆得樵風送，春逢穀雨晴。
將探夏禹穴，稍背越王城。
府掾有包子，文章推賀生。
滄浪醉後唱，因此寄同聲。

〈送徐州張建封還鎮〉唐・李適（德宗）

牧守寄所重，才賢生為時。
宣風自淮甸，授鉞膺藩維。
入覲展遐戀，臨軒慰來思。
忠誠在方寸，感激陳情詞。
報國爾所向，恤人予是資。
歡宴不盡懷，車馬當還期。
穀雨將應候，行春猶未遲。
勿以千里遙，而云無已知。

〈水龍吟・牡丹〉宋・曹組

曉天穀雨晴時，翠羅護日輕煙裏。酴醿徑暖，柳花風淡，千葩濃麗。三月春光，上林池館，西都花市。看輕盈隱約，何須解語，凝情處、無窮意。

金殿筠籠歲貢，最姚黃、一枝嬌貴。東風既與花王，芍藥須為近侍。歌舞筵溙，滿裝歸帽，斜簪雲髻。有高情未已，齊燒絳蠟，向闌邊醉。

夏

節氣7

立夏

陽曆5月5日～5月7日交節

立夏節氣文化

中國人的夏天來得挺早，才吹起五月的南風，就到了始於陽曆五月五日至五月七日之間的立夏了（二〇二五年為五月五日），此時地球公轉運行的位置來到了黃道四十五度。

立夏是夏之初，中國人看待季節有其幽微，古人在立夏時會出城到南郊七里處迎夏神，此儀式代表夏神雖然已降臨大地，但還沒走到城中央，要再等四十五日後到了夏至，才會在城中宮社所在地舉行夏社大祭。

夏的古字意義為「大」，中國夏商周三代，夏朝為什麼命名夏朝，亦有由小到大的立國之意，萬物經歷春天的生長過程，到了夏天變大了，春生、夏長即自然界生命的秩序。

在《月令七十二候集解》之中，立夏有三候現象「螻蟈鳴、蚯蚓出、王瓜生」，意即夏日陽氣旺盛，喜陽的螻蟈開始叫了，蚯蚓也因雨量增多而鑽出地面，天氣逐漸炎熱，蔓藤快速長大，也開始可以採摘夏瓜了。

立夏是重要的農業節氣，在春天播種的作物，有的在立夏已經可以收成了，像櫻桃、青梅與稷麥在立夏時都可以品嚐了，古人稱之「嚐三新」，成為立夏日重要的祭典飲食。除此之外，穀雨後採摘的新茶，在立夏時也已製成，江南一帶的製茶人家會各自帶上自家新焙好的茶葉，把大家的茶混合在一起烹煮成一大壺茶，這種茶稱之為「七家茶」，左鄰右舍一起喝七家茶亦是立夏日重要的嚐新活動。

立夏時天氣日趨炎熱，人體內的火氣亦隨之增加，立夏喝七家茶自有其妙義，因為江南茶家一年之中最重要的經濟作物，自然是所謂的明前、雨前龍井或碧螺春，這些拔尖的新茶都要比賽，茶家人人都想勝出拔冠，左鄰右舍當然容易傷和氣，而這些昂貴、各家各有特質的新茶也當然不可能混在一起喝，各家有各家的茶味。但古代中國人過日子講圓熟，到了立夏時該比的茶都比過了，人與人之間也有了間隙，立夏時出的是大量的新茶，茶家也不用彼此計較好壞，大家日子都還要過，當然就得混茶泯恩仇，把大家的茶都合在一起，就代表和諧，往後還有一年的日子要過，明年比新茶的事明年再說吧！

立夏七家茶因為沒那麼珍貴，也有食俗會在茶內放橄欖、青梅、金桔等青果，概念就是今天喝的金桔青梅水果茶的意思一樣。杭州一帶製茶人家，在立夏時也已經賺到了今年春茶的錢，立夏時荷包滿滿，也有把立夏當小過年般吃「三燒、五臘、九時新」。三燒是燒餅、燒鵝、燒酒釀；五臘是臘黃魚、臘肉、臘蛋、臘海鰤及臘米粉製成的狗；九時新則是吃當令的櫻桃、梅子、鰣魚、蠶豆、莧菜、黃豆筍、玫瑰、烏梅糕、萵莖筍，真是比過春節年還豐盛，由此可見茶家對立夏日的重視（用米粉做的臘狗挺奇怪，也許古老的習俗是吃狗，但後來不吃了，真是好事）。

立夏的詩詞諺語，多和農事有關，例如「立夏，稻仔做老父」、「立夏得食李，能令顏色美」、「不飲立夏茶，一夏苦難熬」，農人喜立夏，因為作物快生長，農人好收成，但強說愁的文人卻稱立夏為春盡日，引起許多思緒，例如南宋陸游在〈立夏前二日作〉中寫道：

晨起披衣出草堂，軒窗已自喜微涼。
餘春只有二三日，爛醉恨無千百場。
芳草自隨征路遠，遊絲不及客愁長。

殘紅一片無尋處，分付年華與蜜房。

隔了上千年，讀此詩立即讓我們有親臨詩人當年現場的感同身受，喜春的詩人當然不喜春日已到盡頭，餘春只有二、三日，好好把握剩下的春意情長吧！

到立夏時，陸游又寫了首詩〈立夏〉應景：

赤幟插城扉，東君整駕歸。
泥新巢燕鬧，花晝蜜蜂稀。
槐柳陰初密，簾櫳暑尚微。
日斜湯沐罷，熟練試單衣。

讀古詩，得懂一點中國人的五行理論才好，詩中的東君指的是春神（春日五行為東方），赤幟則是迎接紅色主火的夏神。此詩的初夏情景躍然字間，尤其試單衣一景，呼應著立夏始換下夾衣的習慣。

擅寫季節詩的韋應物，也有一首立夏詩〈立夏日憶京師諸弟〉：

改序念芳辰，煩襟倦日永。
夏木已成陰，公門晝恒靜。

長風始飄閣，疊雲才吐嶺。
坐享離居人，還當惜徂景。

我最喜歡「長風始飄閣」一句，立夏起南風吹，夏風吹在身上飄飄然之情境讓人歡喜。而「夏木已成陰」讓我看到了長大的樹葉可遮陽，夏天讀了真涼爽。

立夏起天氣漸熱，不少蟲蛇都鑽出地面透氣，古人從立夏就要開始避蟲蛇，因此有民俗於立夏日在門前懸皂莢枝（自然界的植物皂），並用皂莢洗身與入藥，都有殺蟲驅邪的功能。

立夏起人的身體熱量消耗日多，台灣民諺中有「立夏補老父」之說，意思是立夏後要注意家中長輩的營養，因為有不少人立夏後食慾不振就開始消瘦。古人在立夏時有吃泥鰍的養生之道，此食風我幼年時還經歷過。我家的廚娘是汕頭人，會在立夏後做一道泥鰍鑽豆腐的名菜，日本人迄今仍有在立夏後食泥鰍之習，因泥鰍為水中人參，可補中氣，去濕邪，還有消炎降血壓之效。

從立夏起，五行養生之道要注意主火的心臟的保養，要多吃蔬菜水果等清淡食物，小心身心上火，切記少吃油炸、辛辣與熱性食物，以免引發上火現象。立夏起，要多喝水，補充因流汗過多而喪失的水分，各種清涼解熱的青草茶可以開始飲用，夏天亦宜食粥，像蓮子、綠豆、荷葉、扁豆加小米熬煮的消暑粥。

立夏節氣民俗——京都葵祭迎夏

自從十幾年前開始研究節氣，看待事情就常常有了更寬廣的視角，譬如讀中國詩詞，就不全只是因字生義，而會想到詩人詞人寫作的時空與天文背景，而在參加某些節日慶典時，也會有更多的想像。

就像京都的葵祭，每年陽曆五月十五日從京都御所浩浩蕩蕩到下鴨神社，再到上賀茂神社，二十年前我頭一次參加，只覺得身著古代夏裝夏帽的神事人員非常美麗，後來心中有了節氣之理，才恍然大悟葵祭乃立夏祭啊！因為御所是天皇在京都最重要的社之所在，立夏迎夏神並不會在社中舉行，而是要由天子帶領三公九卿大夫到社外迎夏，如果我不懂節氣，大概不會想到葵祭亦是立夏祭。

前幾年又抽空參加了一次葵祭，在上賀茂神社看到了一張海報，上面只用「社」一字來代表上賀茂神社，我一看心裡因共鳴而感動，知道有些人也在乎社非神社也。上賀茂原是古代社之所在，稱之為神社其實是降格，天皇哪有天地大，硬稱上賀茂神社只是向現實政治權威低頭的結果。

另外，我還看到這些年上賀茂神社正在推行一項葵復育的生態活動，何謂「葵」？即類似今日人們稱之為山葵的古代植物。葵只能生長在極為清淨的水中，古代上賀茂一帶的水源純淨，到處生長著葵，葵在立夏茁壯，葵祭亦是感念葵之所在就有純淨的水源的意思（古代沒有水質偵測的科學方法，因此當一個地方長不了葵時，也代表水不乾淨了）。

如今上賀茂一帶早就沒有葵了，每年的葵祭，猶如哀悼死去的葵與死去的清淨大自然，葵的復育，就是想找回生態的平衡，照今天的說法即環境保護運動。

原來山葵以前是平地葵啊！人類把葵逼到了深山，在京都參加葵祭，絕不只是參加一場熱熱鬧鬧的早夏健行文化遠足，心中沒有葵，是不會懂得立夏葵祭的真意。

立夏節氣餐桌——立夏清涼食

夏季五行是火當令，身體內像小火爐般悶燒，從血液到心臟到身體表面的皮膚都是熱的，洗冷水澡吹冷氣只能降低身體表面溫度，圖的是一時的清涼，要真正解決身體的內熱，最有效的方法當然是清涼從口入，透過食物養生調理的方式來清涼過一夏。

我小的時候，曾和阿嬤一起住，學會了一些老前輩用食物對抗夏暑的妙方。阿嬤的後院有絲瓜棚架，綠盈盈的絲瓜串纍纍地吊著，阿嬤每摘下一串絲瓜，就會用削下的絲瓜皮煮熱水放涼了喝。在那個沒有農藥的時代，據說這種絲瓜皮煮出來的水特別清涼，可以去體熱，絲瓜還可以製成絲瓜露，可以用來洗臉治療青春痘。剩下來的絲瓜的用途可多了，可煮成台灣民間常見的絲瓜麵線，只用煸過的蔥油去炒絲瓜，再加點水煨一會，放入煮好的麵線，就成了夏日既去火又開胃的輕食。

絲瓜是夏日盛品，除絲瓜麵線外，阿嬤還常做絲瓜炒豆腐、絲瓜煮蛤蜊、絲瓜蚵仔湯，或煎潮州式的絲瓜烙（絲瓜切細條放進番薯粉加水調成稠狀，用菜油煎成餅狀），還可以把絲瓜蒸熟了加入醬油、麻油、米醋，就成了一道可口清爽的涼拌菜。

夏日是瓜的時光，春草夏瓜秋果冬根本是四時季節循環的食令。阿嬤的夏日廚房中，一定會有各式各樣的瓜，大黃瓜炒肉絲、大黃瓜煮排骨湯、油煎大黃瓜片，小黃瓜沾胡麻醬生吃，用醬油、大蒜、醋涼拌小黃瓜，小黃瓜一根一根蒸軟了加糖、醋、醬油，小黃瓜榨汁喝，大小黃瓜都具有強大的清涼作用。

西瓜也是夏日不可或缺的消暑水果。在阿嬤的時代，從不來溫室催化那一套不合天地季節規律之道，西瓜從不在冬日上市，西瓜就是代表夏天的水果，而且天氣愈熱西瓜愈甜，只有經過酷暑沙地上經太陽曝曬後採摘的西瓜，口感又沙、又甜、又多汁。以前用自然農法種植的西瓜，一剖開就有一股撲鼻的西瓜香，那香味會在室內盤旋，連蜜蜂都會飛來。

早年阿嬤住的地方附近還有水井，用陰涼的井水泡涼的西瓜最清涼，阿嬤覺得比用冰箱冷藏過的好吃。後來長大後學品酒才明白阿嬤的話有道理，因為冰箱溫度太低，會降低西瓜的香氣、甜度與風味，就跟冰白葡萄酒，用冰桶冰酒，當然比放入冰箱中冰要好，阿嬤的冰桶就是那一口井。

西瓜除了切來吃、打成汁，還可以留下西瓜皮來燉湯，另外西瓜皮也有妙用，可以切塊醃成漬物，切絲炒肉絲、切粒炒毛豆，還可以用西瓜皮敷臉，據說有消炎美白的作用。

據漢醫《本草綱目》記載，苦瓜可清熱解毒，夏天容易上心火、手腳發熱、目赤鼻燥的人要多吃苦瓜。台灣的庶民飲食裡有一款滷肉飯，冬天用蘿蔔排骨湯配滷肉飯，夏天就配苦瓜排骨湯。廣東人在夏天愛吃苦瓜炒牛肉，除了苦瓜性涼，牛肉在五行中也是養陰的食物，不像雞是助陽的，因此怕上火的人夏天要少吃雞。

食物的苦性不只可清心，亦可明目，小時後夏天和阿嬤上市場，都會看到老人家去喝苦茶，我央求喝一口，卻立即吐出來，小孩子的我不明白大人為何要自找苦吃，如今我到了也愛喝苦茶的年齡，才明白阿嬤說的道理，阿嬤說苦味對身體最好，苦味過了會回甘，但甜過了頭的味道就會變成苦的，原來苦茶有如人生，人生要先苦後甜，千萬不可先甜後苦。

夏瓜中當然不可少了冬瓜，冬瓜這名稱真奇怪，明明是夏天盛產，為何叫冬瓜，原來是因為冬瓜耐存，可以從夏天擺著一直吃到冬天，才有了冬瓜之名。

阿嬤會用冬瓜煮排骨湯，但本家南通的老爸就愛用冬瓜煮火腿湯，汕頭人的管家陶媽媽在夏天時最喜歡用薑絲煎冬瓜後澆上醬油、糖、醋，是一道好吃極了的常民小食。為什麼要放中性的薑絲呢？因為冬瓜性很涼，年紀大的人常有胃寒的問題，加薑絲可以平衡一下。同理，所有的夏日涼性食物，體質過熱的人，都不用放薑，但體質較寒的人，卻可以用薑調節一下。孔子曾說「每不撤薑食」，他老人家想必體質是寒性的。

冬瓜也可以做成冬瓜茶，是夏天的涼飲，外頭的冬瓜茶都是用焙好的冬瓜糖煮的，但阿嬤的冬瓜茶卻是用炭爐小火慢熬加了冰糖的冬瓜塊，熬了十幾小時後冬瓜和冰糖都化成泥了，再煮成汁放涼了後冰鎮喝，比外頭賣的冬瓜茶要有滋味多了。

夏天是吃涼飲的季節，現在人喝的各種汽水，其實一點都不消暑，喝多了只能降身體表面的溫度，身體內部反而會上虛火。真正的涼飲不在飲料的溫度，而是飲料的涼性。像苦茶也可以喝溫的，反而更降火。

夏日涼飲，可以喝各種清涼茶，台灣人叫青草茶，廣東人叫涼茶，都是用各種當地不同的草藥配方製茶。台灣民間現在還有不少古老的青草鋪，可以針對身體的不同症狀，如牙齦脹、喉嚨痛、頭發昏、手心熱等等夏日不適配出各種的青草涼茶。

綠豆湯也是夏天的涼品，老一輩的店家，每年五月到十月半年賣涼綠豆湯，十一月到四月改賣熱紅豆湯，尊重的是食物的時令特性。現在的人卻冬夏既賣綠也賣紅，真是紅配綠狗臭屁，一點都不順天應時。綠豆湯的功效真的很大，有一年夏天我在馬路上走了太久，頭發昏都快中暑了，來到了一家小店喝了一碗綠豆湯後立即全身降火，恢復了清涼。

以前的店家冰綠豆湯，絕不會直接在綠豆湯裡加冰塊，而是在大桶中放冰塊冰水，隔著冰塊去鎮涼綠豆湯，這才是所謂的冰鎮的原意，因為直接加冰塊不只會破壞綠豆湯的滋味，而且冰塊雖然涼卻非涼性，加冰塊反而會減弱綠豆湯的涼性效果。

除了綠豆湯外，夏天的綠豆粥是爸爸的最愛，夏日夜晚上煮上一大鍋綠豆粥，不管是熱粥配涼菜吃，或放涼了加糖當涼甜粥喝，都是家庭飯桌上夏天常出現的晚饍。

綠豆還可以加海帶煮排骨湯，排骨在夏天很好用，因為夏日要補充元氣，卻不適合用溫性或熱性的雞羊。排骨有骨髓，對筋骨也好，遇到胃口不佳的中午，來一碗番茄排骨糙米粥（童年的夏天在我家餐桌上每週都會出現）或蓮藕排骨糙米粥，糙米也可以預防夏日的腳氣病。

夏天要多喝蔬果汁，西瓜可加鳳梨打成汁，也可加番茄打汁，酸酸甜甜的風味都比單純的西瓜汁好喝，台灣也流行喝苦瓜蔬果汁，苦瓜加西洋芹、鳳梨、蘋果，或柳橙加木瓜打成汁，或芭樂加葡萄打成汁，都是清涼又鮮香的蔬果汁。

說到蔬果汁，其實南歐的夏天也很熱，也有各種夏日涼食，像西班牙南部安達魯西亞就流行一道西班牙冷湯，其實就像綜合蔬果汁，只是比較濃稠。此冷湯是受北非摩爾人的影響，把熟紅番茄、青椒、大黃瓜、洋蔥、西洋芹等蔬菜打成蔬泥，加鹽、黑胡椒、紅酒醋、辣汁調味，就成了名菜西班牙冷湯，是我夏天在西班牙旅行時不可一日無此物的精力湯。

義大利人也有一道西西里番茄冷湯，用打好的番茄汁配上羅勒、橄欖油、鹽、醋，像簡單版的西班牙冷湯。義大利托斯卡尼地區的冷湯，則是用把煮熟的白豆打成泥冷了加橄欖油、鹽配鄉村麵包，是窮人夏日的元氣湯。

法國南部普羅旺斯一帶盛產哈密瓜，有一道把哈密瓜加薄荷葉打成稠稠的果汁，常常是南法晚饍的開胃湯。蔚藍海岸的尼斯受了阿拉伯人的影響也有一道冷湯，是茄子煮熟了去紫皮用茄泥打成汁加橄欖油、鹽做成冷湯，配上尼斯流行的白黎豆泥做成的烤薄餅最對味。

日本人夏天愛喝冷清酒配蕎麥涼麵，也吃冷煎茶泡的茶漬飯，還有冷奴（冷豆腐）、水無月（冰冰涼涼的京菓子），還吃涼涼的鱧魚絲沾梅醬和冷湯葉腐皮，再加上據說可避暑的茄子田栗，都是日本人嚮往的長夏清涼食。

夏日吃清涼食，不僅可以體內防暑，又因為吃的風雅，心境也就安靜清涼起來了，若再加上搖搖蒲扇，窗上裝面竹簾看光影幌動，再聽首水動風涼夏日長的崑曲，這樣的長夏也可以過得清涼自在了。

立夏節氣旅行——歐洲嚐三新

按《呂氏春秋》所記，古代中國天子在立夏節氣除了迎夏外，還有嚐新的活動，後來民間也學天子所為，在立夏日聚在一起，品嚐新夏的時令食物。最常見的嚐三新是梅子、櫻桃與稷麥。在歐洲生活的期間，我也發現當地雖無立夏之說（歐洲人重視的夏節是夏至），但每年五月初開始，卻也有幾種新上市的食物，是當地人衷心盼望的嚐新。第一就是白蘆筍，就如中國人夏的古意是大，早夏來了，白蘆筍才會長得肥肥大大，從荷蘭到法國再到義大利北部，五月新上市的白蘆筍雖然所費不貲，但不少人還是肯掏荷包來嚐新。

迄今每年五月初，在台北的我，都還會懷念吃新鮮白蘆筍的情景，最簡單的吃法，只要蒸熟或燙熟了白蘆筍，澆上油醋調和的醬汁，就可大快朵頤起來，也有人喜歡沾美乃滋，但我卻覺得白蘆筍有自己的濃郁之味，不宜再搭濃稠之醬，要配清爽些的醬汁。

吃白蘆筍最過癮的記憶是在巴黎。巴黎雖非產地，但巴黎人懂得吃白蘆筍的情趣，在早夏五月南風中搬出的露天座椅上，白蘆筍當令的法文已經寫在黑板上，叫一客白蘆筍，白色大磁盤中躺著九根壯碩的白蘆筍供一人獨吃，那清甜芳香的滋味令人陶醉，再配上半瓶果香豐富的羅亞爾河流域的馥依白酒，是我旅法最甜美的記憶之一。

五月初的倫敦，南方英國人也開始品嚐新上市的草莓，吃法是把剛上市不久的草莓拌著新鮮現打的鮮奶油吃。因為地處溫帶，英國的草莓特別鬆軟（台灣草莓口感較脆），也不會那麼甜，配上香郁鬆化的鮮奶油特別合適，再加上英國五月的氣候仍帶微涼，多吃鮮奶油也不會膩口。

有一年去荷蘭，發現荷蘭人瘋狂嗜吃的新鮮鯡魚也在五月初上市，街上會突然增加一些有牌照的臨時攤販，專門賣醃漬好的生鯡魚，嗜吃的人們就站在天光下，手裡抓著一隻一隻鯡魚，仰著頭，垂直往嘴裡灌。據說這樣不雅的吃法最好吃，大概是跟長嘴鵜鶘學的。

我在阿姆斯特丹時，也迷上吃生鯡魚，天天在街上尋找不同的攤家，比較誰家醃的魚最合口味（因為是自製，每家用的香料、醋、鹹淡均不同，適口為珍，大家的偏好都不同）。後來只要在不同的季節去荷蘭，都因沒有鯡魚攤會悵然若失，人在台灣，最懷念荷蘭的事物竟然也是生鯡魚，竟懷疑自己上輩子有一世是愛吃鯡魚的海鳥了。

立夏節氣詩詞

〈池上早夏〉唐・白居易

水積春塘晚，陰交夏木繁。
舟船如野渡，籬落似江村。
靜拂琴牀席，香開酒庫門。
慵閑無一事，時弄小嬌孫。

〈寓言兩首〉唐・賈至

春草紛碧色，佳人曠無期。
悠哉千里心，欲采商山芝。
歎息良會晚，如何桃李時。
懷君晴川上，佇立夏雲滋。
凜凜秋閨夕，綺羅早知寒。
玉砧調鳴杵，始擣機中紈。
憶昨別離日，桐花覆井欄。
今來思君時，白露盈階漙。
聞有關河信，欲寄雙玉盤。
玉以委貞心，盤以薦嘉餐。
嗟君在萬里，使妾衣帶寬。

〈首夏〉唐・鮑溶

昨日青春去，晚峯尚含妍。
雖留有餘態，脈脈防憂煎。
幽人惜時節，對此感流年。

〈山亭夏日〉唐・高駢

綠樹陰濃夏日長，樓臺倒影入池塘。
水晶簾動微風起，滿架薔薇一院香。

〈山中立夏用坐客韻〉宋・文天祥

歸來泉石國，日月共溪翁。
夏氣重淵底，春光萬象中。
窮吟到雲黑，淡飲勝裙紅。
一陣弦聲好，人間解慍風。

〈四月旦作時立夏已十餘日〉宋・陸游

京塵相值各怱忙，誰信閑人日月長？
爭葉蠶飢鬧風雨，趁虛茶嬾鬭旗槍。
林中晚筍供廚美，庭下新桐覆井涼。
堪笑山家太早計，已陳竹几與藤牀。

〈閑居，初夏午睡起二絕句〉
（其一）宋・楊萬里

梅子留酸軟齒牙，芭蕉分綠與窗紗。
日長睡起無情思，閑看兒童捉柳花。

〈清晝〉宋・朱淑真

竹搖清影罩幽窗，兩兩時禽噪夕陽。
謝卻海棠飛盡絮，困人天氣日初長。

夏

節氣8

小滿

陽曆5月20日～5月22日交節

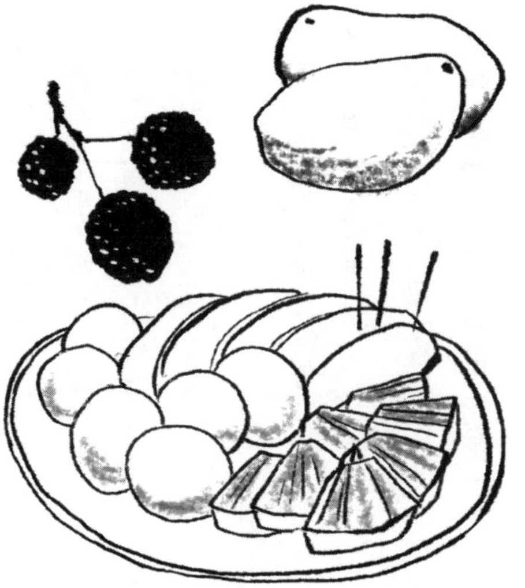

小滿節氣文化

小滿是夏季第二個節氣，始於陽曆五月二十日至五月二十二日之間（二〇二五年為五月二十一日）。此時地球繞太陽運行至黃道六十度。小滿之名的由來是物候現象，因早收的初夏作物此時開始快要成熟了，但因不是完全成熟，才稱之為小滿。

在節氣俗諺中有「立夏小滿雨水相趕」之說，因農作物成長需要雨水，雨水足則作物長得快，亦有「大落大滿，小落小滿」之說，雨下得愈多則當年有大豐收。

在《月令七十二候集解》中小滿的三候現象為「苦菜秀、靡草死、麥秋至」，意即夏天苦菜盛產，因苦菜可清心明目，是解夏熱的當令食物；而夏陽充沛，喜陰的各種野草此時開始枯死，要小心引發野火，但來年春風吹又生，展現大自然的循環現象；早收的麥子此時快要收割了，小滿也象徵農人心靈小小滿足之意。

小滿在八卦中主乾卦，六個爻全是陽爻，有陽盛陰絕之意，小滿時陽氣過旺，有心血管疾病者，要特別注意身體，因為滿則招損，夏火又傷心。

中國民間認為小滿節氣時會遇上神農大帝的生日，除了因神農氏主管五穀豐收外，還因為神農為人嚐百草治病，小滿正是民間藥人採百草、曬百草的旺季，製成各種草藥茶，草藥膏可用來防治從小滿起的各種夏疾。

小滿時最要注意的身體疾病，有各種皮膚頑疾，如蕁麻疹、汗疹、濕疹等等，這些皮膚病，都和身體的內熱有關，光擦藥膏是不能根治的，要食用清涼的藥草及食物來化解。有利於清熱解毒的食物有冬瓜、薏仁、綠豆、黃瓜、芹菜、荸薺、木耳、蓮藕、番茄、西瓜，這些夏季盛產的時令食物都是民間消暑藥方，記得我小時候，家裡一到夏天就常常煮綠豆粥配涼拌黃瓜、煎薑絲冬瓜、芹菜炒豆腐等等，飯後再來一大片西瓜或小玉瓜，這樣的夏食想來真清涼。

小滿亦是夏果旺季，白居易有詩云「五月枇杷正滿林」，民諺亦有「梅子金黃杏子肥，榴花似火，桃李新熟，蜓立荷角」，真是一片夏日田園好光景。

小滿的農事詩不少，歐陽修也寫過一首小滿的田園詩〈歸田園四時樂春夏〉：

南風原頭吹百草，草木叢深茅舍小，
麥穗初期稚子嬌，桑葉正肥蠶食飽。
老翁但喜歲年熟，餉婦安知時節好。
野棠梨密啼晚鶯，海石榴紅囀山鳥。
田家此樂知者誰？我獨知之歸不早，
乞身當及強健時，顧我蹉跎已衰老。

古人今人其實同心，現代人也想早早退休過清閒生活卻無法退出紅塵俗世，讀此詩不免心有戚戚焉。「乞身當及強健時，故我蹉跎已衰老」，我雖不做農事但勇於四處旅行，就是怕蹉跎衰老而不能再雲遊天下。

小滿相傳也是蠶神的生日，小滿臨初夏，正是蠶繭結成，準備繅絲之時，江浙養蠶人家會在小滿前後三日，由絲業公會出錢演他個一週大台戲祭蠶神，演出的戲中不可出現死人或私生子，因死、私同絲音，怕壞了繅絲的大事，影響了今年的收益。

小滿季節，有些人會有腳氣病與汗斑的不適，要少食溫熱助火的食物，如生蒜、生薑、生蔥、芥茉、辣椒、胡椒、韭菜、桂皮、茄子、海魚、蟹、蝦、鵝、羊等等，多食綠豆、海帶、百合、冬瓜、鯽魚有助於改善腳氣病。

小滿時人體容易疲倦，要多補足睡眠，夏日午後若能小睡片刻，有助於元氣的凝聚，所謂夏日炎炎正好眠，指的不是晚上，而是午後小寐。

五月下旬，天氣已漸熱，溫暖的南風陣陣襲來，小滿時日光明媚，有首不知名的農業詩頌讚此時光景：

大吉大利隨天定，常態長新任自然，
萬事強求難有影，年年小滿杳長圓。

節氣中有小滿而無大滿，人生求小圓滿就好，只有佛法修道才會談大圓滿。

小滿節氣民俗——神農大帝誕辰

相傳神農大帝在小滿節氣中（陰曆四月二十六日）過生日，神農大帝即古代神話人物神農氏。神農嚐百草管五穀，後代人認為要植物豐收，當然得拜神農大帝，而小滿是植物開始成熟之際，此時更需要神農大帝的照顧，藉著神農誕辰的的名義（這也是人替神按的生日吧！），好好為神祝壽一番，當然也有替植物討好求恩之意。

神農氏，以火德王自稱，因此也稱炎帝（故生日也在主火的夏天），中國人說的我們是炎黃子孫，指的即是炎帝和黃帝二人，可見神農大帝的重要性。

神農氏教先民識五穀，也被尊為五穀先帝，早期來台的初民，以農耕為主，因此台灣各地以農業為主的地方，多有神農宮，如漳州人、客家人聚集的地方；但以貿易商業為主的地區，如泉州人的聚落，則多祭拜保佑過海的媽祖。

傳說神農姓姜，因此台灣姓姜的客族也都會認神農氏是客族的先祖祭拜。台北舊芝蘭（士林）地區是漳州人聚居之地，一七四一年（乾隆六年）於芝蘭街建造神農宮，俗稱舊街廟，位於今日士林區前街七十四號。傳說神農宮在昔年漳泉械鬥時屢現神蹟，這座歷史悠久的神農宮主神即神農大帝，但前身卻是奉祀福德正神（土地公）的福德祠，也可看出民間對掌管土地的不同位階的神格觀念。

小滿節氣餐桌——夏日水果滋味佳

台灣是水果王國，一年四季出產不少特色水果，許多觀光客來台灣旅行，第一個晚上就會上街去買新鮮水果回旅館大享口福。

夏季是水果盛產期，像節氣小滿之後的五月天，產期只有一個月的玉荷包荔枝就上市了，玉荷包長得圓型帶尖，顏色是紅中帶黃綠色，果肉特肥，清甜多水分；果核極小，是荔枝中的極品。節氣芒種過後的六月天，黑葉種荔枝就跟著上市，黑葉種色澤豔紅，果肉較脆，除了當水果外，特別適合入菜。

五、六月天台灣土芒果及愛文芒果也正當令，土芒果甜中帶酸，有一股清香味，愛文芒果特別甘腴，用來做芒果冰、冰淇淋、芒果布丁，打成芒果牛奶汁也好喝。

熱天的鳳梨最甜，早年台灣靠外銷鳳梨賺了不少外匯，鳳梨切片沾鹽吃或做成鳳梨冰或打鳳梨汁都很好吃，也很適合和火腿、肉鬆一起做出台灣人特愛吃的鳳梨炒飯。

夏日最消暑的水果莫非西瓜了，西瓜產期四月就有，一直可以吃到十一月，但六、七月的西瓜是正產期，老人家會說此時西瓜特別甘甜又有沙，吃起來口感特好。西瓜是涼性水果，可以解體內熱氣，和芒果（中性）、荔枝（熱性）這些溫熱性水果配在一起吃最好，怪不得台灣人說西瓜是水果之王。

百香果也是夏季水果，但許多人不太懂得吃，百香果最適合打成果汁喝，要不然混合糖水澆在清冰上吃，或者在吃冰豆花時，剖開一粒百香果放入豆花中，吃來有意外的驚喜。

夏天時眾瓜登場，除西瓜外，還有香瓜、梨子瓜、美濃瓜、狀元瓜等等，只要天氣夠熱，瓜都好吃，這些瓜各有風味，除單純切片吃外，也適合學義大利人配生火腿吃或拌成鮮瓜沙拉吃或做成鮮瓜盅。

釀酒的葡萄要在秋末採，但當水果吃的葡萄的正產期即是六、七月，這時的巨峰葡萄顆粒飽滿、口感豐富、滋味鮮甜，鮮食最好，打成葡萄汁也不錯。

荔枝下市後，龍眼就跟著上市，龍眼在夏末最好吃，但秋風一起龍眼就過甘了，較適合做龍眼乾，不適合當鮮果吃了。龍眼像荔枝一樣也是熱性水果，不宜多吃，但每年上市，不吃些清香甜甘的龍眼，卻會覺得夏天還沒過完。龍眼除了鮮食外，做成糖水燉品也很好吃。

台灣夏日水果滋味佳，如今已經成為外銷大陸的搶手貨了，炎炎夏日，別忘了吃鮮果度夏。

小滿節氣旅行——夏日在義大利吃苦

小時候一到五月末，阿嬤就開始熬苦茶，煮苦瓜排骨湯，那時都以為華人特別愛吃苦，長大後住歐洲，才知道老民族都懂得夏天火旺苦味可清心的道理。

歐洲中最愛吃苦的大概是堪稱有古羅馬文明的義大利人了。南歐夏天來得比北歐早，五月底就可感受到小小的燠熱，此時也是義大利各式冷盤沙拉上菜之際，沙拉中最常用到的芝麻葉（rucola），其實就是苦菜，台灣這幾年也栽培芝麻葉，但吃來不苦，我在義大利旅行，發現從北部吃到南部，芝麻葉要到羅馬才真正會苦，可見得苦

味大概跟陽光是否充足有關，我一向覺得苦菜、苦瓜就要苦才算數，否則幹嘛吃，現在人喜歡吃不苦的苦瓜，那還不如吃甜瓜。

苦芝麻葉除了放入綜合沙拉外，也常單獨和番茄、水牛奶酪或生牛肉、帕瑪森乳酪當成前菜吃，羅馬人也喜歡把芝麻葉放在烤披薩上吃，這些都是義大利人在夏日最喜歡吃的食物，我在義大利旅途中，也幾乎三天兩回吃這些。

另外，義大利人尤其羅馬人也嗜吃另一苦味，即朝鮮薊，可以稱之為南歐的筍，吃法跟筍有近似之處，煮熟剝皮，吃裡面的心。朝鮮薊也有微苦之味，沾油醋調和苦味，我記得小時候吃筍也會吃到苦味，現在的人會說把筍煮透了或採筍時不要見陽光就不會有苦味，但我懷疑有苦味的筍會不會對身體反而比較好，一物有一物的天性，如果老天不要它苦，它怎麼會苦？我們也許應當學習吃食物的自然天性吧！

台灣人夏天愛喝苦的苦茶，義大利人則愛喝苦的草藥酒，從五月下旬開始，隨著露天座椅擺放在戶外，義大利人從中午到黃昏到深夜，只要坐下來叫飲料，十之八九都會叫幾種紅色的開胃酒，也許是叫 Campari 或 Aperol 或 Select 不等，這些甜中帶苦味的酒會摻上蘇打水或波歇可氣泡酒或氣泡礦泉水，義大利人相信這些苦酒可以清涼消暑去體熱，這真是我聽過的喝酒最美好的理由。

人體就像個小宇宙，小滿宣告季節的成熟，身體熟了當然體內就會有內熱，老民族都比較相信自然陰陽平衡那一套（拉丁語也講究名詞、動詞的陰陽變化），夏日在義大利吃苦當吃涼藥，也是旅行的樂趣。

小滿節氣詩詞

〈晨征〉宋．鞏豐

靜觀羣動亦勞哉，豈獨吾為旅食催。
雞唱未圓天已曉，蛙鳴初散雨還來。
清和入序殊無暑，小滿先時政有雷。
酒賤茶饒新麵熟，不妨乘興且徘徊。

〈自桃川至辰州絕句四十有二〉宋．趙蕃

一春多雨夏當慳，今歲還防似去年。
玉歷檢來知小滿，又愁陰久礙蠶眠。

〈繅車〉宋．邵定翁

繅作繅作急急作，東家煮繭玉滿鑊，
西家捲絲雪滿籆。
汝家蠶遲猶未箔，小滿已過棗花落。
夏葉食多銀甕薄，待得女繅渠已着。
懶婦兒，聽禽言，
一步落人後，百步輸人先。
秋風寒，衣衫單。

〈小滿農事歌〉佚名

小滿溫和春意濃，防治蚜蟲麥稈蠅；
稻田追肥促分蘗，抓緊剪毛防冷風。

〈小滿將臨連陰雨忽憂農事〉佚名

小滿將臨禾望熟，誰知大雨幾連陰。
麥需晴日曬方好，花懼狂風折欲沉。
初歲還憂天炎炎，此時惟覺水森森。
屢嘆造化不由我，空慮農田一片心。

夏

節氣9

芒種

陽曆6月5日~6月7日交節

芒種節氣文化

每年在陽曆六月五日至六月七日之間（二〇二五年為六月五日），地球公轉運行至黃道七十五度，是二十四節氣中的第九個節氣芒種。農諺「芒種忙忙種」意思是在芒種前，該種的夏季禾穀作物都要種完，過了芒種再種，農作物就不容易存活了。

在節氣八卦中，芒種的卦象是上有五陽爻，下面一個陰爻，代表陽氣已走到盡頭，陰氣逐漸出現，此乃中國人的物極必反，陰陽相生的天地之理。

《月令七十二候集解》中芒種的三候現象為「螳螂生、鵙始鳴、反舌無聲」，其意為螳螂在去年深秋產的卵，在芒種時因感受到微微的陰氣而生出小螳螂，而喜陰的鵙鳥（伯勞鳥）也在枝頭因感陰而鳴，但善模仿的反舌鳥反而在此時因感應到陰氣而無聲了。大自然的陰陽之理反映在不同的物類上變化多端。

芒種期間，農作物需雨，此時也正是長江中下游一帶的黃梅天，持續半個多月的多雨時節，對禾穀的生長很重要，根據《江南志書》黃梅天入梅時間為芒種後第一個壬日（例如二〇一五年芒種為六月六日，入梅日為六月十五日），出梅日則為夏至後第一個庚日（二〇一五年的六月二十五日）。

和芒種有關的詩詞，和農事關聯甚多，如詩人陸游的〈時雨〉：

時雨及芒種，四野皆插秧。
家家麥飯美，處處菱歌長，
老我成惰農，永日付竹床，
衰髮短不櫛，愛此一雨涼。

芒種時天氣已愈來愈熱，下些雨會降低氣溫，尤其像陸游這般躺在竹床上，更能感受一雨帶來的沁涼。衰髮短不櫛的老態，形容得真傳神。

清代雍正皇帝也寫過一首芒種詩〈耕織圖〉：

令序當芒種，農家插蒔天。
條分行整整，停看影芊芊。
力合聞歌發，栽齊聽鼓前。
一朝千頃遍，長日正如年。

果然是皇帝，一首詩寫得如論政，農田裡的禾穀彷彿像朝廷的百官上朝，整首詩唸下來，音韻有如行軍進行曲。

另一首佚名的〈淨土詩〉這麼寫道：

芒種農人處處忙，彌陀一句未曾忘。
年豐霉雨抽苗早，歲稔和風吐穗芒。
耕種耘田終是苦，秋收冬熟聊安康。
娑婆歲歲皆勞力，淨土時時最吉祥。

這首詩用農事談人間苦，佛家用語淨土此時別有一番意涵，原來田野間一片成空時才是人心淨土，「彌陀一句未曾忘」，可感受此詩的佛心入世。

芒種時適逢陰曆五月，五月古人認為是百毒之月，尤其到了陰曆五月五日更毒，古人端午節要在門楣掛艾草、菖蒲避邪驅毒，端午一過，就到了真正的夏天，天氣也愈來愈熱，台灣民間說「未呷端午粽，破裘不敢送」，即在端午前不要收被，仍要小心夜雨涼氣。

在紅樓夢二十七回中，曹雪芹寫過和芒種相關的風俗，即在交芒種日時，要設擺各色禮物，祭餞花神，因芒種一過，眾花皆謝，花神退位，須要餞行。大觀園中的女眷更興此風俗，那些大觀園裡的女孩子們，或用花瓣柳枝編成轎馬，或用綾錦紗羅疊成千旄旌幢，或用彩線繫在每一棵樹上、每一枝花上，滿園裡繡帶飄飄，花枝招展；這些姑娘打扮得桃羞杏讓，燕妒鶯慚，真是旖麗生輝，只是這般百花盛景卻快要結束了，曹雪芹也在此暗喻了後來眾姑娘的退位。曹雪芹寫大觀園就像世間眾生眾物的舞台，許多活動都隨著四季節氣上演與退場。

芒種已無花可看，卻有夏果可吃，台灣有名的芒果都在芒種前後上市，還有荔枝、鳳梨、西瓜都是當令水果。芒種時梅子也已結果，但梅子不宜現吃，要釀梅，因此五月釀梅也成為芒種的重要節氣活動。南方加紫蘇釀青梅，這個從中國夏朝就有的食俗，如今是日本人重要的食俗，台灣人也承繼了此風，在陰曆五月釀梅。北方人釀的是烏梅和甘草、山楂、冰糖一起煮成了酸梅湯，在盛夏時喝來真消暑；南方人釀春梅，台灣人的春梅金桔冰茶好喝極了。

在飲食方面，芒種節氣天氣炎熱，體質實熱的人容易發熱，常覺得口渴舌燥，在此時節可多食奇異果、香瓜、西瓜、蓮藕、黃瓜、荸薺等，但虛寒體質者，選夏令水果，則宜選荔枝、番石榴、桂圓、榴槤、杏、櫻桃等。

芒種時節蚊蟲孳生，不想老被蟲蚊咬者，多吃大蒜可防蚊，因為蚊子怕人體發散的蒜味，如不喜吃蒜，在屋內屋外養些玉蘭花、夜來香等亦有助於防蚊，因蚊子不喜歡花香，原來花香襲人也有防蚊作用。今年我家陽臺上種了不少夜來香，夏夜坐在陽台上吹風涼就不怕擾人蚊子了。

芒種節氣民俗——端午節艋舺早市

端午前日，一夜大雨，果然節氣從小滿起就該當入梅了，風調雨順至芒種，夏季作物才會長得好。

清晨六時許起身，忽然有閒情想出門逛個早市，先去廣州街周記喝碗鹹粥配炸紅糟肉，這是童年吃起到今日近四十多年的美味，酥脆甘腴的三層肉還是不曾讓人失望，傳統的台式肉湯稀飯也依然充滿古意。

早粥吃畢，心滿意足地從昆明街往東三水街市場後門進入，這個狹長的日治時期的街廓老市場，橫跨了康定路與昆明街的長街，仍保持著不少傳統市場的風味，例如可以買到連枝葉的蓮霧，賣雞的不用問賣的一定是土雞。這裡雖不是富裕的街區，但要吃雞一定吃土味，否則不如不吃，台式滷豬肝鋪滿了攤台，魚攤上賣的多是季節旬魚。

最有意思的是，因為明日是端午，許多攤家都兼賣著端午日用的香草，有掛在門上的菖蒲、榕葉和艾草，放眼看去，幾乎買菜的婦女提籃中都放了一兩串，還有可洗香草浴的香茅和艾草紮成堆，店家還特別揉碎了新鮮的香茅草讓客人聞，我也買了一叢，回家洗澡好除疫趨邪，在充滿禽流感威脅的今日，不知老式的香草療法是否有用？

賣粽子的當然更多，賣北部粽、南部粽、鹼粽、客家粿粽等等。這些都是新鮮的粽子，客人也是零買的居多，還有當天買當天吃的風味，不必冷凍囤貨。

芒種前玉荷包荔枝正當令，我買了一叢略泛青綠尖頭的玉荷包，價格比東區超市便宜不少，剛好折抵了車資。

出得了東三水街，往西三水街前行，在三六粿店買手工製的仙草，之後繞到青草巷去喝難得喝到的地骨露，沿著西昌街往貴陽街走去，發現西昌街上不到八時半，竟然有不少遊女早已站街開市做生意了，一向說艋舺有不少老行業，沒想到人肉市場竟也時興早市。

走到艋舺最古老的番薯街，即今日的貴陽街二段，在亭仔腳下吃了一碗米粉湯配油豆腐，看著昔日華美如今殘破的紅磚街屋，想著為什麼無人可修復眼前的景象，這些文化資產任其頹圮，終究有一天會無法收拾。

逛完直興市場，到青山宮去拜了個早香，發現廟中拜早香的都是老年婦人，突然不知自己是還年輕或正要老了，一大早看著廟中各種警世的格言，特別發人深省。

除了小吃外，老艋舺找不到可悠閒小坐的咖啡店（除了賣早餐的小店），終於最後想到了龍山寺前的舊書店莽葛拾遺，可以叫一杯安溪鐵觀音或咖啡，在百年木頭老屋頂下的石凳上小歇，聽著南管看著龍山寺廣場前發呆的老人。

如此悠悠地過了一上午，見著了許多傳統的、常民的生活，這裡有著真實生命力，當然比上海新天地那種老區更新的樣板商業區要富有庶民文化。老區是需要修復，卻不可切斷原本生活的根。

芒種節氣餐桌——土芒果與荸薺

現在大家都流行吃的芒果冰，用的是愛文芒果，一般人說到吃芒果，也以愛文芒果為主，但我最喜歡吃的芒果卻是綠色的小小的土芒果，如今我只要想到芒果，嘴裡浮現的記憶仍是土芒果那特殊的香氣以及較粗的果肉纖維在嘴裡咀嚼時的口感。

童年記憶裡有幾次特別豪爽地吃土芒果的經驗，都和阿嬤有關。阿嬤一年到頭總是會在芒種當令時大買特買幾回土芒果，那一次也該是芒種期間，她突然拎著一大袋上市不久的土芒果回家。當時我還讀小三，正寄住在阿嬤家中，家中只有我一個小孩，因此吃喝都沒人會和我爭，我記得阿嬤在一洗菜的水盆中，裝了她說是附近水井打來的水，在水裡放了十來顆已經洗過的青綠土芒果，就讓坐在八仙桌上的我一個人就著水盆吃芒果。我問阿嬤芒果為什麼要泡井水，她說這樣才會涼，那為什麼不放冰箱冰，我又問，阿嬤說水果冰過了就不會甜了，放井水裡會自然涼，比較好吃。阿嬤又說，芒果性熱，井水陰涼，放井水吃芒果比較不會上火。

我長大後問懂陰陽五行的人，阿嬤的井水芒果說有沒有道理，大家也都支吾以對，答不上話，也有人說我阿嬤胡說，但童年的我也真的相信此話，而吃了十粒土芒果的我，的確也沒上火也沒皮膚過敏，但如今長大的我卻不能多吃愛文芒果，多吃兩粒皮膚就會癢，是因為沒有井水涼浸過嗎？後來我才明白，芒果並非熱性而是中性的水果，會過敏和芒果皮有關，原來阿嬤用水盆吃芒果洗掉芒果皮上的物質。

會把水果浸在涼水中的，不只阿嬤，爸爸在芒種期間買新上市的荸薺，也會用一水盆一面泡荸薺一面削荸薺深紫色的皮，繼續讓荸薺泡水裡是防其氧化變色，通常爸爸每削幾粒，就會拿一粒給在旁等候的我。脆爽的荸薺吃來甘甜微澀，但正是那口澀味令人迷戀，有的食物就好在有特殊味道，如柿子不澀，就不像柿子了。

成年後，有一回仲夏在江南的同里小鎮旅行，在水鄉小巷中遊走，耳邊都是鄉人聽黃梅調廣播的歌謠聲，眼前看到不少婦人坐在大門邊，對著一口水盆正在削荸薺，她們身旁可沒正在等候吃的孩童。這些削好皮的荸薺會裝成一袋一袋賣到上海去，我才想到爸爸一定曾經看過眼前這樣的景象。

荸薺可去體熱，又可預防痛風，愛吃大魚大肉的爸爸一輩子沒犯過痛風，不知是否和常吃荸薺有關。爸爸有幾種吃荸薺的方法，剛削好皮最新鮮的當水果吃，放了一會的可用冰糖煮甜荸薺湯吃，或煮荸薺排骨湯（夏天煮荸薺冬天煮蘿蔔），有時也會把荸薺切片炒肉片和豌豆莢。

如今土芒果和荸薺都不是今日流行的食物了，夏日偶爾在傳統市場看到，我都會買回家一嚐童年之味，也會興起對親人的思念之情。

芒種節氣旅行——上海吃夏鮮

十幾年前初夏，在上海小住，常常和一老嫗買新鮮的蓮蓬，她提著一個竹籃，籃中不過三十多個蓮蓬，都像還沾著露水似的。她總在住處附近襄陽北路的鐘點早市出現，識貨的人一會兒就買光了她的貨。

她賣的蓮蓬，最宜生吃，水嫩清甜的蓮子滋味，完全不帶一絲苦味，但這樣的蓮蓬，只要放置一下午，就泛著微苦了，再放置一夜，蓮心中就會長起一小青絲，這時蓮子不僅略苦也略硬，就宜曬了做乾貨了。

盛夏時，是上海近郊松江水蜜桃上市的時候，不少農家男女挑擔在大街小巷賣皮粉嫩肉水汪的白桃，這些鮮嫩欲滴的桃子，頗有上海女人的風味。盛夏時，上海女人流行穿嫩色的無袖連身洋裙，光著粉白的雙肩和臉上現著的白裡透紅，其實是精心保養了一年才能有的嬌貴，就如同水蜜桃般。

上海人也喜愛吃石榴，夏天石榴紅時，小販挑著擔賣，並不便宜，當年就要人民幣十元一個，要說石榴吃什麼勁呢！全是刁吃著那一小粒又一小粒的紅水晶球兒，微酸微甜又微澀的滋味，在舌尖上打著滾的口感。這樣一顆石榴，無聊又有閒的少婦，可以一下午慢慢剝著吃，吃著嘴角沾染那一抹隱約的豔紅，鏡裡一照，心情也盪漾起來了。

芒種節氣詩詞

〈芒種後積雨驟冷三絕〉

（其三）宋・范成大

梅霖傾瀉九河翻，百瀆交流海面寬。
良苦吳農田下濕，年年披絮插秧寒。

〈芒種後經旬無日不雨偶尋得長句〉

宋・陸游

芒種初過雨及時，紗廚睡起角巾欹。
癡雲不散常遮塔，野水無聲自入池。
綠樹晚涼鳩語鬧，畫梁晝寂燕歸遲。
閑身自喜渾無事，衣覆熏籠獨誦詩。

〈紅樓夢——葬花吟〉

（林黛玉在芒種當天所作）清・曹雪芹

花謝花飛飛滿天，紅消香斷有誰憐？
遊絲軟繫飄春榭，落絮輕沾撲繡簾。
閨中女兒惜春暮，愁緒滿懷無著處，
手把花鋤出繡簾，忍踏落花來復去。
柳絲榆莢自芳菲，不管桃飄與李飛。
桃李明年能再發，明年閨中知有誰？
三月香巢初壘成，樑間燕子太無情！
明年花發雖可啄，卻不道人去樑空巢也傾。
一年三百六十日，風刀霜劍嚴相逼，
明媚鮮妍能幾時，一朝飄泊難尋覓。
花開易見落難尋，階前愁殺葬花人，
獨把花鋤偷灑淚，灑上空枝見血痕。
杜鵑無語正黃昏，荷鋤歸去掩重門。
青燈照壁人初睡，冷雨敲窗被未溫。
怪儂底事倍傷神，半為憐春半惱春：
憐春忽至惱忽去，至又無言去不聞。
昨宵庭外悲歌發，知是花魂與鳥魂？
花魂鳥魂總難留，鳥自無言花自羞。
願儂此日生雙翼，隨花飛到天盡頭。
天盡頭，何處有香坵？

未若錦囊收豔骨，一抔淨土掩風流。
質本潔來還潔去，不教污淖陷渠溝。
爾今死去儂收葬，未卜儂身何日喪？
儂今葬花人笑癡，他年葬儂知是誰？
試看春殘花漸落，便是紅顏老死時。
一朝春盡紅顏老，花落人亡兩不知！

夏

節氣10

夏至

陽曆6月20日～6月22日交節

夏至節氣文化

夏至，地球公轉行經黃道九十度，始於陽曆六月二十日至六月二十二日之間（二〇二五年為六月二十一日），亦是黃道巨蟹星座的起點。夏至是古代一年八節中的一節，立春、春分、立夏、夏至、立秋、秋分、立冬、冬至，此八節定下了四季的關係。夏至時太陽在黃道九十度上形成夏至點，這一天陽光直射北迴歸線，是北半球白晝最長，黑夜最短的一天，因為日影最短。夏至亦是古代用土圭測日的時代最早被人們測到的日子，日影最長的一天則為冬至。

從夏至這一天起，北半球的白日一天比一天減少，黑夜一天比一天增加，所謂陽盛陰返，最陽的夏至即成反轉點。夏至是陰陽爭生死的時節，古代有一種名為「半夏生」的毒草，此一喜陰喜濕的植物在夏至開始生長，如今京都人在夏至日還在祇園的建仁禪寺展示半夏生庭園，讓凡人悟得陰陽生滅之理。

夏至亦稱「夏半」，即夏天走了一半了，天氣雖然愈來愈炎熱，反而離立秋也只剩下了夏天的半程，夏半有如人生的中途，人到中年分外能體會夏半盛極而衰的意思。

在《月令七十二候集解》中記載的夏至三候現象為「鹿角解、蜩始鳴、半夏生。」古人認為鹿、麋雖然同科，但鹿的角向前生屬陽，麋的角向後生屬陰，夏至陰氣生，鹿角在夏至因陰氣生而開始脫落，但麋的角卻要等到冬至才脫落。我迄今還沒機會仔細觀察鹿、麋脫角之事，但很想觀察此一物象，因為真是太奇妙了。至於蜩始鳴，指的是夏天叫的夏蟬，即俗稱的知了，雄性的知了在夏至因陰氣感應而開始鳴叫，但另一種寒蟬卻要到秋天才會鳴叫。至於半夏生也因感受到夏至的陰氣而開始生長。

夏至有不少節氣俗諺，如「夏至響雷三伏熱，重陽無雨一冬晴」。古人在夏至起開始數九來代表氣溫的變化，每九日為一伏，例如「夏至過日一九、二九扇子不離手、三九雪水甜如蜜，四九出汗如沐浴，五九頭涼秋葉舞，六九秋涼不入菜、七九上床尋被單、八九涼涼蓋夾被、九九家家打炭罄」。在沒有氣象報告的年代，至少可屈指數數，一年中最熱的日子大概就是夏至過後的三伏天（即小暑、大暑節氣期間）。

台灣民間也有「夏至，風颱就出世」之說。意思是夏至後熱帶氣流增加，颱風侵台的機率就多了，但現在全球氣候來愈極端，這個諺語在我小時記憶中還挺真切，記得以前很少颱風會在夏至前撲台，但現在都沒準頭了。

夏至是中國古代的大節，直至清代之前，文武百官在夏至日都可放假三日，可回家「歇夏」，以避酷暑。民間也有歇夏的習俗，古代夏至日還有禁足，亦不可曬布、染布、燒炭，恐怕這些工作都容易增加中暑機會，才會禁止。

夏至時人們還有在門戶上繫彩色絲帶的風俗，如今在日本京都還看得到人們在夏至時結五色彩帶，據說可防百鬼亦可除疫。

古人亦有「夏至防痓夏」的食俗，例如在夏至節研磨豌豆粉拌蔗霜為糕，雜以桃杏花紅各果品，食之不痓夏（意思是不容易生夏天的疾病）。碗豆有退火去夏的功效，中國西南雲貴一帶的人在夏天亦多食碗豆粉，除了碗豆，綠豆也有清涼退火之效，我家小時候在夏天的晚飯就常吃綠豆粥，配上涼拌小黃瓜。

夏至食俗中還有「冬至餃子夏至麵」之說。夏天多食麵少食白米不易得腳氣病，日本幕府時代的天皇就因只吃白米不吃麵而易得腳氣病。中國古代像今天的日本人般愛食蕎麥麵，夏天吃涼麵的多，尤其夏至正是新麥登場，夏至食麵嚐的可是新麵，滋味特別好。

夏至是重要的節氣，詩人自然會在此時節大抒感興，白居易寫過一首〈思歸時初為校書郎〉，其中寫道：

夏至一陰生，稍稍夕漏遲。
塊然抱愁者，長夜獨先知。
悠悠鄉關路，夢去身不隨。
坐惜時節變，蟬鳴槐花枝。

好詩反映了物我合一，藉節氣天地之變點出人間亦有變。年少時不懂「塊然抱愁者，長夜獨先知」，到了現在的年紀，偶爾也會在長夜獨坐惜時節之變（尤其是看台灣政事的變化多端）。

白居易另一首夏至詩〈和夢得夏至憶蘇州呈盧賓客〉中這麼寫：

憶在蘇州日，常諳夏至筵。
粽香筒竹嫩，炙脆子鵝鮮。
水國多台榭，吳風尚管弦。
每家皆有酒，無處不過船。

可見古人有夏至筵之食風，除了吃竹筒飯外，還有燒鵝，今年何不邀親朋好友來個夏至筵？

元曲中有兩首和夏至有關的，讀來都很開心，例如《老莊周一枕蝴蝶夢》的〈金盞兒〉：

恰春到百花紅，早夏至綠陰濃，秋來不落園林空。呀！早霜寒十月過，春夏與秋冬。今日是一個青春年少子，明日做了白髮老仙翁。豈不聞百年隨尹過，萬事轉頭空？

哎啊！春花夏綠要懂得珍惜啊！一個青春年少子，明日做了白髮老仙翁，人生真是匆匆又忽忽，萬事轉頭空。還有一首〈一半兒．風花雪月〉：

花春來杜宇遍青山，夏至芙蓉浮碧軒，冬到梅花鋪玉巒，品和觀，一半兒奇萊一半兒仙。

人生不正是這回事，一半兒奇萊一半兒仙，開開心心過日子最重要。

夏至節氣民俗——夏至節吃新麵

中國漢代已有過夏至節和冬至節的傳統，這兩大節氣是一年當中兩個最重要的節日，比清明節還重要，宋代的官員在夏至時還會放假三天。夏至和冬至也是天子親率三公九卿在宮社祭天拜地的日子。

夏至、冬至如今都不再是節日了，只是重要的節氣，但節氣不會放假，節日才可能會放假，二十四節氣中只剩下清明既是節氣又是節日，可見得華夏節氣文明的體制如何被改制（元清兩代）與毀壞，如今若要復興華夏文化，節氣是重要的文明符碼。

古代夏至是大節，除官方會舉行祭夏大典外，民間也會大肆慶祝，夏至筵即民間在夏至這一天宴請親友，吃的內容有土地上三鮮的莧菜、蠶豆、杏仁；樹上三鮮的櫻桃、梅子、香椿；水中三鮮的海蜇、鮒魚、鹹鴨蛋。但這麼複雜的夏至筵並未流傳下來，如今比較常說的夏至飲食是冬至餃子夏至麵，這個食俗和天文現象有關，冬至的日光最短，天地彷彿合成一片混沌（如餛飩或餃子的形狀），但夏至日光照射最長（麵條細長的形狀即長長的日光），如今冬至吃餃子或餛飩或湯圓，在華人社會還很常見，反之夏至吃麵卻較少聽說。

夏至吃麵，指的是吃新麵，因夏至前正值稷麥成熟，有的地方沒有新麵，便改吃豌豆粉（但會切成條狀似麵）。日本人至今仍有夏至吃蕎麥麵的傳統。

夏至吃麵是有保健功能的，因為夏至容易患腳氣病，吃麵可預防此病。

夏至也有送彩扇的風俗，我記得小時候只要到了天氣明顯變熱的夏至，家中長輩就會開始搖扇納涼，其風情比吹冷氣、電扇要雅致多了。華人現在搖扇的人很少，但我在京都旅行時，卻看到不少婦女還在搖扇過夏至，看了也讓人覺得清涼。

夏至節氣餐桌——清涼過長夏

有一年在夏至那一日，又打雷又下雨。民諺有句話：「夏至響雷三伏熱。」果然，才到小暑，台北氣溫一日熱三分，已逼近攝氏三十九度，到了會熱到狂的大暑時節，恐怕要破四十度，當年的三伏天真是個酷暑年啊！

外在環境既然如此，人也只好面對，也不能光靠降低冷氣度數來解決，其實在沒有空調的時代，古人在適應酷暑生活時，也有許多調節之道，譬如說台灣早年在長夏漫漫時，不少人家會在家中窗前裝上竹簾隔熱，我在南歐的西班牙、義大利一帶旅行時，當地人也一定在上午十時左右熱空氣開始蒸騰前就關上玻璃窗阻隔熱，然後緊閉百葉窗阻隔光線，一直要到黃昏後才開窗。這樣一天下來，室內就有種岩洞般的清涼，可以省下不少電扇及冷氣機的電力，也盡了小小的環保之力。

我還記得阿嬤在盛暑時，會在夜裡睡前儲一大缸水備用，不是因為第二天要停水，而是盛夏時水龍頭從上午到傍晚流出來的都是天然的太陽能熱水，用來一點都不涼爽，但用靜置了一晚的水來洗臉擦身才能透心涼，這也是生活中順手的小智慧。

現在也很少見人用蒲扇了，其實扇子在夏天很好用，慢慢搖著，不僅有涼風吹，而且搖扇的動作會讓人容易平靜下來，所謂心靜自然涼，今年夏天大家一起來搖扇吧！

除了盡量創造外在的清涼，身體內的清涼更重要，這就得靠食物調節了，光吃冰喝涼水是不夠的，只會降低身體表面的溫度，對身體內部的清熱降火並無效，冰吃多了身體反而會升虛火。中國民間傳統中有許多夏日清涼食，像綠豆，不管是用冰糖煮成的綠豆湯，冰鎮了來喝，真消午後暑氣，晚餐吃綠豆粥配小菜或煮綠豆海帶排骨湯，等放涼了去掉油脂再當涼湯喝也可去暑熱。夏日早上胃口淡，有時吃銀耳蓮子羹當早餐，吃完心裡一陣涼，中午也可以吃蓮藕排骨糙米粥或甜藕粉羹配醋藕片，一甜一酸，吃來別有風味。

炎暑要多補充水分，最好的就是多喝青草茶，可以清體熱，也可把苦瓜、芹菜、蘋果、鳳梨打成綜合果汁，不僅補充水分也補充多種礦物質。

酷暑時節一定要忌口，千萬別禍從口入，油炸物、辛辣刺激物、火鍋等一定要少吃（以前有的賣火鍋的店家一年只做半年的生意），否則等於把熱暑吃進肚，體內一火爐，體外又是火爐，誰人受得了？炎夏漫漫難渡過，只能清涼過長夏。

夏至節氣旅行——夏至京都花樹紀行

有一年夏至前才在南村落的節氣生活美學課堂上談到「夏至半夏生」的物候現象，還有學員問半夏生是什麼？古籍上記載是一種有劇毒的植物，在夏至節氣時茂生。沒想到，夏至後一日赴京都，才抵達京都車站，赫然看到車站大廳中貼著建仁寺兩足院特別公開半夏生庭園的海報。原來中國古籍中記載的事，還有人在認真守護，千里迢迢，我終於跟半夏生結上了緣，第二日就赴建仁寺觀半夏生。

每次閒逛祇園，一定會去建仁寺走走，座落於浮華花樣的祇園之中，看著舞妓、藝妓的豔麗容顏春來秋去，聽著建仁寺中黃昏的烏鴉徘徊孤鳴，花街禪寺咫尺天涯，真是頓悟之地。我本來就很喜歡建仁寺，如今又知道寺方有庭園種著半夏生更感慨。半夏生是劇毒植物，微量可治病，但用量一拿捏不準，就會全身痙攣，麻痺死亡。禪寺種這樣一線生死相隔的植物，也是禪機一味。

之後的幾天，動了心這回要好好走一趟夏至花樹紀行。一般人逛京都，最思慕的都是春櫻行或秋楓遊，偏偏你想的也是別人愛的，櫻季期間，走到哪裡都是遊人如織，整條哲學之道上人頭鑽動，櫻花熱鬧人也熱鬧，只可惜少了賞花的清雅。楓期也是，大原三千院中也都是人擠人著看紅葉醉人，掩蓋了原本庭園中的石、杉、苔的幽靜。

六月下旬的京都是旅遊淡季，那年因為H1N1事件，遊客少到不行，難得漫走在哲學之道上的我們，整個下午竟沒遇到超過十位的行人，其中還遇上了一位穿著鐵灰底淺綠荷葉紋樣的中年京都女子手持綢扇慢步走來，也只有京都女人才能穿出這一身時令地景。

六月下旬的哲學之道，紫陽花一路茂盛地延展著深紫色、白色、粉紅、粉紫的花團，卻不見多少人來賞花，京都人真是被妖豔的櫻花寵壞了，但我看著怒放的紫陽花，卻覺得此花在炎夏時看了頗有讓人靜心的效果，尤其是紫陽花的紫花色調有著清涼的能量。後來我去嵐山的天龍寺，庭園中也四處散植著盛開的紫陽，最令人驚奇的是大原三千院中有超過三千株的叢生紫陽，一片紫色花海，有如禪坐的花席。後來看資料，才知道種植紫陽花不只為觀賞，還可偵測土壤的酸度，開出愈豔麗色彩的紫陽花，其花叢下的土壤愈酸化。哎呀！原來愈美麗愈危險，紫陽花可提醒人們注意土地的環境保護。

除了紫陽花當令外，還有季末的菖蒲。被視為水劍的菖蒲本是在端午時節的節令植物，來京都前才到台北植物園的我，當時見到的都是殘花敗葉的菖蒲，沒想到來了京都，在平安神宮的西神苑，卻看到花開荼靡的菖蒲，再過幾日就要凋萎謝落的花容，此時卻努力地釋放著最後盛放的能量。

在台北植物園，六月下旬已是蓮花遍遍，但到了南禪寺天授庵，池中的白蓮卻還含苞待放，在蓮池邊小坐，看庭園設計的小竹筒的水滴不斷地流淌出一波又一波的水影天光，整個池塘有如變化不定的玻璃萬花筒中的幻象，看著人都入定了。池本不變，風動水流，白蓮在上，真是一方禪池。

天授庵也只能種植白蓮，如果種的是台北植物園中嬌豔的紅蓮粉蓮，不知庵中的修行人要怎麼按得下紅池紅塵之心。

夏日亦是赴嵯峨野看真竹的佳日，走進了空靈的綠竹林中，難得也是遊人稀少，空氣十分的沁涼，聞著暑熱蒸騰過的竹葉氣息，真想一路沿著竹林幽徑無盡地走下去。

從前來嵐山，都不曾順著桂川往山裡行，這一回為了避暑熱，遂沿著山徑綠蔭愈走愈深，走進了龜山後背，再走到了愛宕山的正面。桂川之水愈走愈綠，映照著天光樹影，一路行來都無人影，終於識得了嵐山真面目。

最後一日，安排自己先去下鴨神社。每回到糺之森，都有不可置信之感，這裡可是京都的市中心，竟還存有這種太古森林的景緻，原生林相的壯觀清幽、御手洗川的雅趣清涼，社中放著今年才剛舉辦過的葵祭的影片。今年雖錯過了盛會，但今日前來，神社中幾無他人，走在林間，還可獨行慢步，才知道有時錯過盛事也不可惜，只有今日如此的寧靜，才真懂了太古之森的原始之心。

在下鴨神社旁的花折吃了口味十分高雅清淡的鯖壽司後，決定此趟京都花樹紀行就以上賀茂神社為最後的場景。

到了上賀茂神社旁，遇見一些年輕媽媽帶著四、五歲的小孩在神社前的楢の小川中戲水。這裡的水十分清澈，小孩喝到水都不令人擔心，我坐在離小孩戲水不遠處的石瀑觀水花，不過是幾粒大圓石的庭園設計，竟然就能展現如此驚動的水捲瀑湧，坐在溪旁觀水瀑，看著看著都失了神，忽然了解，下鴨神社、上賀茂神社本無神，只有社，社乃神聖之土，人類最原始的感動與信仰都源於自然，但當人類愈趨向文明，離土地的能量愈遠時，文明的統治者遂以神來超越社，神也從自然神、人格神再到國格神。像靖國神社這樣的地方，早已離神聖之地十分遙遠了，但不是所有的日本人都已忘了神社的本質所在，在上賀茂神社中我看到了呼籲民眾捐款恢復種植原生植物葵，海報上只寫了大大的「社」字，而非神社，這才是回到對土地尊敬的初心。

夏至節氣詩詞

〈夏至避暑北池〉唐・韋應物

晝晷已云極，宵漏自此長。
未及施政教，所憂變炎涼。
公門日多暇，是月農稍忙。
高居念田里，苦熱安可當。
亭午息羣物，獨遊愛方塘。
門閉陰寂寂，城高樹蒼蒼。
綠筠尚含粉，圓荷始散芳。
於焉灑煩抱，可以對華觴。

〈思歸〉唐・白居易

養無晨昏膳，隱無伏臘資。
遂求及親祿，僶俛來京師。
薄俸未及親，別家已經時。
冬積溫席戀，春違采蘭期。
夏至一陰生，稍稍夕漏遲。
塊然抱愁者，長夜獨先知。
悠悠鄉關路，夢去身不隨。
坐惜時節變，蟬鳴槐花枝。

〈和夢得夏至憶蘇州呈盧賓客〉唐・白居易

憶在蘇州日，常諳夏至筵。
粽香筒竹嫩，炙脆子鵝鮮。
水國多臺榭，吳風尚管弦。
每家皆有酒，無處不過船。
交印君相次，褰帷我在前。
此鄉俱老矣，東望共依然。
洛下麥秋月，江南梅雨天。
齊雲樓上事，已上十三年。

〈夏至日作〉唐・權德輿

璿樞無停運，四序相錯行。
寄言赫曦景，今日一陰生。

〈田家苦〉宋・章甫

何處行商因問路，歇肩聽說田家苦。
今年麥熟勝去年，賤價還人如糞土。
五月將次盡，早秧都未移。
雨師懶病藏不出，家家灼火鑽烏龜。
前朝夏至還上廟，著衫奠酒乞杯珓。
許我曾為五日期，待得秋成敢忘報。
陰陽水旱由天工，憂雨憂風愁殺儂。
農商苦樂元不同，淮南不熟販江東。

〈夏至二首〉（其一）宋・范成大

李核垂腰祝饐，粽絲繫臂扶羸。
節物競隨鄉俗，老翁閒伴兒嬉。

〈夏至後得雨〉宋・蘇轍

天惟不窮人，旱甚雨輒至。
麥乾春澤匝，禾槁夏雷墜。
一年失二雨，廩實真不繼。
我窮本人窮，得飽天所畀。
奪祿十五年，有田潁川涘。
躬耕力不足，分穫中自愧。
餘功治室廬，棄積霑狗彘。
久養無用身，未識彼天意。

〈和昌英叔夏至喜雨〉宋・楊萬里

清酣暑雨不緣求，猶似梅黃麥欲秋。
去歲如今禾半死，吾曹遍禱汗交流。
此生未用慍三已，一飽便應哦四休。
花外綠畦深沒鶴，來看莫惜下邳侯。

夏

節氣11

小暑

陽曆7月6日～7月8日交節

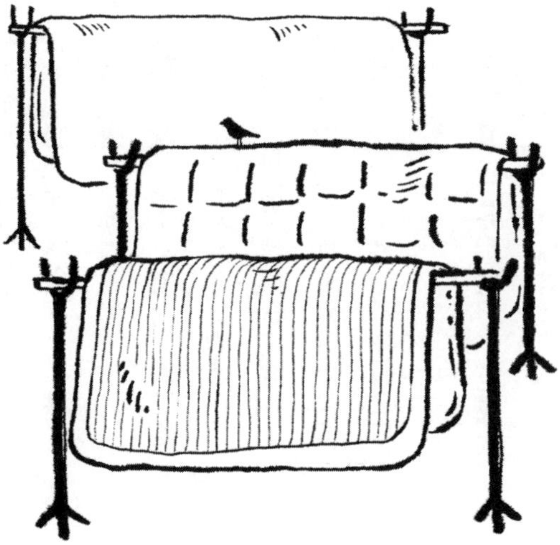

小暑節氣文化

小暑過，一日熱三分。按照大自然二十四節氣，小暑在地球公轉運行到黃道一〇五度時，始於陽曆七月六日至七月八日之間（二〇二五年為七月七日），這時天氣開始炎熱，在華南地區，最高氣溫可到攝氏三十八度，但此時雖熱，卻還熱不過大暑，因此才稱小暑。

小暑之前，天氣也並非沒有炎熱的時候，卻可能一日熱一日溫，不是天天高溫，早晚也會稍涼，但小暑來了，連早晚的天氣都熱，又說，「小暑，溫風至」，代表連風都變溫熱了。

在《月令七十二候集解》中記載的小暑三候現象為「溫風至、蟋蟀居壁、鷹始擊」。小暑一到，熱浪夾風，連蟋蟀都怕熱，躲到了屋角下避暑，而老鷹此時也生起肅殺之氣，充滿了攻擊性。

中國人有熱在三伏之說，這三伏天如何計算呢？就是從夏至過後第三個庚日定為初伏，例如二〇一五年的夏至是六月二十二日；夏至後第一個庚日是六月二十三日，第二個庚日是七月三日，第三個庚日就是七月十三日，這一日即是初伏，只要查看每年出版的黃曆（即農民曆）上就會有記載。初伏日再過十天的庚日（天干以十天為一輪）為二伏（二〇一五年為七月二十三日），一直到立秋後第一個庚日為末伏（二〇一五年為八月十二日）。在一般情況下，三伏天三十日，但如果入伏日早，就有四十天，那一年會特別炎熱，比方二〇一五年的三伏天計算起來就有四十天。

避三伏天是從春秋時代起就有的民間習俗，到了漢代後成為重要的風俗，古人認為三伏天火太旺，是一年之中最要小心身體的時候，因此要懂得伏，即躲藏的意思。因為天氣太熱，人容易脫水，尤其年老體弱之人更要小心中暑暴斃，像前幾年巴黎突然熱浪襲城，由於當地缺乏足夠的冷氣空調設施，就發生了不少憾事。

中國古代早有歇暑的生活風俗，民間屋房設計會有夏屋，帝王宮殿更有夏宮。到了三伏天，除了苦力還得在熱浪下工作，一般人少在大太陽下出門。南歐的法國人在

七、八月（三伏天中）會放暑假，有能力出走的市民會往海邊山裡去避暑；西班牙人在七、八月中也都會在下午太陽最火毒時躲在家中拉上百葉簾午睡，黃昏後才出門。

古詩詞中吟詠小暑的詩，不少藉小暑代表人生的考驗與難關的寓意來砥礪人心，如「不怕南風熱，能迎小暑開」、「小暑金將伏，微涼麥正秋」、「小暑開鵬翼，新萱長鷺濤」，但小暑天氣恐怕真的太熱了，詩人詞人的靈感怕也熱乾了，好詩真的不如春心秋思時多。

小暑時間為了避暑，人們想出不少消暑食物，果然老天有眼，在小暑節氣的時令蔬果都有消暑之用，如西瓜、絲瓜、冬瓜、苦瓜、小黃瓜、大黃瓜都在小暑時盛產，在民間食療中，三伏天吃絲瓜麵線，喝冬瓜湯或冬瓜茶、涼拌小黃瓜、炒鹹蛋苦瓜，煮大黃瓜排骨湯再加上飯後一大片西瓜，都可消暑氣。古人有浮瓜沉李之說，即在夏日用沁涼的井水冰瓜，瓜會浮在水盆上，而李子卻會沉在水中。吃瓜李不僅可補充維他命C，還可增加身體的水分新陳代謝來調節體溫。

小暑亦是南方兩季稻成熟之際，小暑食新即嚐新米之意，會在此時用新米釀新酒。民間在小暑過後第一個卯日（二〇一五年即七月十四日）的這天食新米，並用新米做好的飯和新酒祭祀五穀大帝，並請幫忙割稻的人一起享用新米與新酒（台灣亦有割稻飯之說）。

小暑時節，天氣炎熱，也過了梅雨季，很少下雨，剛好適合來曬東西，古人會在三伏天中逢陰曆六月初六天門開時洗衣曬衣。據說這一天因天門開，太陽光特別烈，可曬出深藏的陰氣，曬過的衣服特別不容易遭蟲蠹，因此這一天也成為寺廟的曬經日，民間的曬書日，相傳這一天日光有苦味，能把黴氣曬掉。

小暑的養生之道，要特別保護心臟。夏日苦悶，容易心煩氣燥，心煩即心律不正常，也容易心力衰竭，因此在高溫中，飲食一定要少鹽低鹽，也不可過飽；要多吃含維生素、礦物質的食物，蔬果的攝取也要足夠；避免吃油炸、油膩、刺激食物，冷飲冷食也要節制，因為消暑是五行的調整，如喝溫的冬瓜湯、苦瓜湯，反而比吃冰品急速降體溫要好。

古人有夏煉三伏之說，即好好渡過三伏天，反而可以強壯體魄，因小暑為火，火雖剋金亦可煉金，所謂金剛不壞之身，即懂得用三伏天調節身體陰陽之道。

小暑節氣民俗——小暑過三伏

據說在陰曆六月初六這一天（二〇一五年為陽曆七月二十一日），天門會為人間而開。有一年我剛好到了艋舺龍山寺，看到了平常緊閉的寺前中央的柵門大大地敞開了，從廣場上遠遠就可以看到廟埕上的天公爐。

這一天，善男信女如果有什麼願望或苦惱想向上天訴說，可以不必經過神明轉達，不管是三皇五帝或媽祖關公等等都可以暫放一旁，只要心裡有話說，就可以直接對老天說，因為天門開了，民間的話語可以直達天聽。

我一直很喜歡這個開天門的傳說，反映了百姓民間的天真智慧，雖然平常依賴神明慣了，卻又覺得凡事都該有例外，雖然相信有形的神明法力巨大，卻又盼望著無形的老天有更無邊的力量，但這樣的力量又不能常用，於是一年就這麼一天，讓上天開門廣澤民間吧！

因為天門開了，民間也就相信這一天的陽光有獨特的能量，因為是從上天那映照下來的，中間沒有阻隔，於是又有了十分詩意的說法，說這一天的日光有苦味。我第一次聽到就愛上這句話，為什麼日光有苦味呢？為什麼不是甜味呢？這就跟中國陰陽五行的道理有關了，在六月初六時，多半在小暑節氣、三伏天的日子之中，這時的天氣特別酷熱，熱到心火炙烈，在五行之中夏日主火，五味要用苦味，火太盛時，吃些苦味食物可以清心消火，因此六月初六的苦味日光也可以讓人間清涼一下。

古人相信六月初六的日光不一樣，可以曬經書、曬佛書、曬龍袍、曬棉被……經過這一天日光的照射，蛀蟲跳蚤就不敢放肆了。這有什麼科學道理，我想也沒多少人明白，但不明白的事也可以相信，愛情不就是這樣？有一個特別的人，就像有一個特別的日子，你會願意去做一件你相信有特別意義的事，送玫瑰花和六月初六曬棉被的道理是可以相通的。

若想再窮究其理一下，六月初六是雙六，在靈數學中，六代表把人間的雜垢清除（如是西方占星學的理論，就等同處女座的力量，這麼說也許比較多人聽得懂，只要想想處女座的潔癖），以迎接完美的七，但這些道理也很多人不信的，反正，一年有一天會想到曬棉被曬書總是好事，更何況這一天真的很少下雨，因為是在三伏天的期間。

三伏天剛好在小暑和大暑的節氣中，但三伏天為什麼會熱呢？這也必須從陰陽五行的道理來說。夏日從立夏到夏至再到立秋，照五行之說，木生火、火生土、土生金、金生水、水生木本是自然循環之理，因此屬木的春日過了到屬火的夏日是自然之道，而屬金的秋日過了到屬水的冬日，而水的冬日之後又是一年復始到了屬木的春日。在這樣的循環中，唯獨屬火的夏日到屬金的秋日並非生生不息，而是火剋金的現象，這正是民間對夏日熱到不行的理解，也因此在夏日中的庚金日（伏日即庚日）更是夏火剋金的炎夏，必須等到入秋後（立秋），夏火熄了，剋金之氣才會平息。

中醫的道家之學，主張身體的小宇宙對應著天地的大宇宙，一年之中，夏火最旺的時候，本是心力最不濟之時，為了慎防心力衰竭，夏日養生最重清心，尤其是三伏天之中，尤重心的調養。

我記得童年時，每到大人口中的三伏天，阿嬤一定在家親熬青草茶，煮絲瓜麵線，爸爸則煮綠豆粥配荷葉排骨，還有蓮子涼湯，長大後才明白吃的都是清心消暑的食物。

在人們通常在家吃飯過日子的年代，四季飲食自有民間依五行節氣的養生之道。印象中，阿嬤是絕不會在夏天煮麻油雞的，爸爸也從不在冬天煮綠豆湯，但看看現在天天外食的人，夏天吹冷氣吃火鍋，冬天喝涼茶的人比比皆是，但也造成了許多人在三伏天皮膚出問題，只知道往皮膚科拿類固醇藥膏治標，卻不考慮治本之道，調節心火過熱。

懂一些節氣五行的學問，這不僅只是知識，而是關於身體、自然的道理。三伏天是一年中必須經過的日子，與其抱怨酷暑，還不如好好安頓身心，吃些消暑的瓜果，如苦瓜、西瓜、黃瓜、絲瓜、綠豆、蓮子等等，長夏有涼食為伴，自然就較清心自在了。

小暑節氣餐桌——開心做消暑夏食

每當生活中得閒空時，最喜歡做的事就是去住家附近的小菜市，買一些新鮮的食物回家烹煮，但現在做菜和從前的心態不同，以前總喜歡大做特做、呼朋邀友來共享，雖然好玩，但因為準備的食物太多，往往不能細心品嚐，也常常做得太累，反而失去了閒情。

現在年齡長了，表演欲淡了，回到了和食物素面相見的初心，跟著季節過日子，每每在不同的節氣時令，心中會自然浮起對某一些食物的渴望和想像，有的或許是來自童年的經驗，有的也許是看了某一本老食譜書而有的想法，而且每一次的念頭都不多，都只想做好一兩樣食物給自己和身邊親愛的人小小分享即可，小日子吃小食，才有小自在。

這一陣子天氣炎熱，常想到的都是消暑的夏食，特別懷念小時候住的平房，後院園中蓋了絲瓜棚，夏天掛著滿滿的絲瓜串，阿嬤傍晚會摘下絲瓜用蔥油煮麵線，非常簡單的晚餐，但吃來一點也不單調。後院還種了小黃瓜、大冬瓜和番茄，夏天的晚上有時會煮荷葉綠豆粥，配上涼拌小黃瓜和薑絲燜冬瓜，再加上唯一的葷菜是番茄炒雞蛋，這些食物吃來都好吃極了。當年食材的來源比較自然，吃到口中的滋味也比較豐富。

這些年我追求的美味，愈來愈不是珍奇的盤中饗，而是簡單、清淡的原味主張，腦中常常想到的，會讓自己想下廚的菜譜都不是大魚大肉而是小菜小食。

夏天常熬一些消暑粥，例如用冬瓜、薏仁煮排骨粥，不說有去濕的療效，也好喝極了，有時會熬甜粥，用鮮百合、蓮子、冰糖、糯米熬成百合蓮子粥當甜點。

夏天也特別喜歡吃各種涼拌菜，像麻油素拌大頭菜、黃豆芽拌豆皮、涼拌番茄豆角木耳、涼拌香菜茄子、雪菜拌毛豆、糖醋藕片，做這些小菜都很容易，重要的是有閒心，小菜可配小米粥也可烙一兩張荷葉餅夾菜吃。

夏天吃冰品，圖一時涼快，身體內裡卻反而容易上火，要消散體內的熱濕，還不如熬湯。適合夏日喝的湯，有海帶綠豆牛肉湯、荸薺藕片排骨湯、冬瓜草魚片湯、芥菜胡蘿蔔牛肉湯、蘿蔔白肉片湯、山藥蓮子豬肚湯，這些湯都有除濕、去熱、補充元氣之效。

夏日最需要一塊好豆腐，我從不買超市的豆腐，只買傳統市場裡標明非基因改造的板豆腐，豆腐一定要結實飽滿富含豆味，拿來用蔥白油煎淋上好醬油就好吃極了，也可用芹菜煮豆腐，或用毛豆、雪菜煮豆腐。夏天千萬不要做炸豆腐，一吃火氣就上，要留到冬天再做炸豆腐沾鹽水。

夏天時總忍不住想喝果汁，不管是自己打或在市面上喝的新鮮蔬果汁，有幾種配方雖然較少見，卻很好喝，又有消暑功效，例如光喝西瓜汁很普通，但西瓜加番茄或西瓜加鳳梨，也不必加糖或蜂蜜就可以打出風味豐富的果汁。

夏日少炒菜，但偶爾也想吃較多的滋味，就會做一些小炒，選的食材也都是可清熱的，例如苦瓜炒牛肉，蓮藕片炒木耳、大黃瓜片炒豬肉片、番茄鳳梨炒魚片、豆角炒牛肉絲、黃豆芽炒豬肉絲等等，用這些小炒下飯也特別開胃。

我們每天都要吃東西，對食物的本質多一些認識，再對食物的烹調多一些想像，很簡單很日常的食物也可以帶來生活上很多的樂趣，重要的是有一份閒心，有了閒心做消暑夏食，炎夏也會過得輕逸涼靜起來。

小暑節氣旅行——京都尋夏慢味

小暑時分，至京都小遊數日。行前才剛到台北植物園看過盛開的蓮花與謝落的菖蒲，來到京都卻看到平安神宮滿開的菖蒲與南禪寺天授庵正在綻放中的白蓮，深刻地感受到亞熱帶與溫帶氣候不同的步調。

京都夏日滋味，一定有京都方圓五十里內的風土產物，加茂的紫色圓茄，可切片汆燙後涼拌吃，也可塗抹白味噌烤成田樂。

京都夏慢味中還有萬願寺的青椒，居酒屋中沾薄醬油串烤，或輕油小火炸成天婦羅沾昆布鹽吃。

夏日也是吃生麩、生湯葉的好時節，生麩加上抹茶末揉製，口感柔軟清涼，吃了暑氣頓消。生湯葉是僧人的刺身，沾一點新鮮山葵末和純釀醬油，薄如羽翼的豆皮一層一層入口，彷彿與舌輕吻，吃來全神貫注。

京都產好水，自然產好豆腐，到南禪寺奧丹，可叫湯豆腐膳，也可叫冷奴膳，都是簡單清雅之味，豆腐沾山椒粉、青蔥、醬油、配上抹著山葵味噌烤的豆腐田樂，再來一碗白飯和漬物。

夏日京野菜淺漬，最當令的當然是加茂圓茄淺漬，還有四葉胡瓜淺漬、夏南瓜淺漬、小番茄淺漬，都是清爽宜人的夏日風味，只要配上一碗新米炊成的白飯，再喝一

小暑

陽曆7月6日~7月8日交節

碗加了少許山葵醬的白味噌湯，就是夏日正午消暑之餐。到了黃昏夕陽下山後，用這些淺漬沾上少許麵衣輕炸成天婦羅，又有另番滋味。

京都夏日有四種旬魚風味，一是早夏新綠的鰹魚，只在外皮燒烤微焦後帶皮生吃，是不同於生魚片的燒霜作滋味，有夏日烈陽的炙烤氣息，這種風味俳人芭蕉都歌頌過。

第二種是若狹八十八道的鯖魚，京都人講究吃的是真鯖，經過一夜昆布醋漬，吃來有股高雅的味道，價格雖然不菲，但京都人本來吃就不貪多，老鋪花折的鯖壽司一份才三片，價格卻要一千七百日圓，但吃後滋味長駐心中。

第三種季節魚是若鮎，即夏日新上市的鮎，京都人愛惜溪川如今仍有野生的川鮎可吃，野生鮎極愛乾淨，愛吃溪底的青苔，才會有種清淡的香氣，也因此俗稱香魚。

第四種魚是鱧魚，形似鰻魚，身分卻大大不同。鱧魚是立夏祭祀用魚，最好的吃法是汆燙後沾梅醬吃，此魚也是中國古代的祭祀魚，不知為何在中國失蹤。

日人叫六月水無月，京都處處可見水無月的京果子，還有各種配合夏日地景心象的京果子，如做成菖蒲、紫陽花、若鮎魚形狀以及擬竹林、荷池、煙火景象的京果子，把天地風光吃入口中。

倘佯在京都夏日慢味中，感受天地人與節氣時令的變化，一起隨著自然的節奏生活著，這一趟京都小行，真是靜心禪意的慢旅啊！

小暑節氣詩詞

〈答李滁州題庭前石竹花見寄〉唐・獨孤及

殷疑曙霞染，巧類匣刀裁。
不怕南風熱，能迎小暑開。
遊蜂憐色好，思婦感年催。
覽贈添離恨，愁腸日幾迴。

〈贈別王侍御赴上都〉唐・韓翃

翩翩馬上郎，執簡佩銀章。
西向洛陽歸鄠杜，回頭結念蓮花府。
朝辭芳草萬歲街，暮宿春山一泉塢。
青青樹色傍行衣，乳燕流鶯相間飛。
遠過三峯臨八水，幽尋佳賞徧如此。
殘花片片細柳風，落日疏鐘小槐雨。
相思掩泣復何如，公子門前人漸疏。
幸有心期當小暑，葛衣紗帽望回車。

〈端午三殿侍宴應制探得魚字〉唐・張說

小暑夏弦應，徽音商管初。
願賚長命縷，來續大恩餘。
三殿褰珠箔，羣官上玉除。
助陽嘗麥彘，順節進龜魚。
甘露垂天酒，芝花捧御書。
合丹同蝘蜓，灰骨共蟾蜍。
今日傷蛇意，銜珠遂闕如。

〈暮秋重過山僧院〉唐・李頻

卻接良宵坐，明河幾轉流。
安禪逢小暑，抱疾入高秋。
靜室聞玄理，深山可白頭。
朝朝獻林果，亦欲學獼猴。

〈送魏正則擢第歸江陵〉唐・武元衡

客路商山外，離筵小暑前。
高文常獨步，折桂及齠年。

關國通秦限，波濤隔漢川。
叨同會府選，分手倍依然。

〈久雨六言四首〉（其四）宋・劉克莊

平陸莽為巨浸，晴空變作漏天。
明朝是小暑節，重霧必大有年。

〈夜望〉宋・方回

夕陽已下月初生，小暑纔交雨漸晴。
南北斗杓雙向直，乾坤卦位八方明。
古人已往言猶在，末俗何為路未平。
似覺草蟲亦多事，為予悽楚和吟聲。

夏

節氣12

大暑

陽曆7月22日～7月24日交節

大暑節氣文化

在二十四節氣中，夏日最後的一個節氣是大暑，最熱的三伏天也多集中在此一節氣裡。此時地球公轉運行至黃道一二〇度，始於陽曆七月二十二日至七月二十四日前後（二〇二五年為七月二十二日）。

有一說「大暑熱不透，大水風颱到」。不像小暑時天氣穩定，大暑時常伴有雷陣雨，因為大暑時已快接近立秋，水氣漸旺，而水旺火熱，天氣容易濕熱，民間因此有大暑淹死老鼠之說，大暑之後常伴隨颱風大水，要多加小心防汛。

在《月令七十二候集解》中，大暑有三候現象「腐草為螢、土潤溽暑、大雨時行」。大暑時，螢火蟲卵化而出，古人誤認為螢火蟲是腐草變成的；大暑帶來的雨水，會使暑熱漸消，早生的秋意到了立秋時就漸漸浮現了。

大暑因為是夏日最後一個節氣，敏感的詩人在詠大暑時，也容易為季節的過渡而心生感觸。古人常把夏季代表生命之盛，是人生的高峰，但秋氣一生，人生就往往由盛轉衰，因此雖然還身處大暑，卻不免已能預知生命的轉折變化了。

宋代司馬光身處政壇，卻也寫出了陰曆〈六月十八日夜大暑〉這樣感嘆政事之詩：

老柳蜩螗嘩，荒庭熠燿流。
人情正苦暑，物怎已驚秋。
月下濯寒水，風前梳白頭。
如何夜半客，束帶謁公侯。

此詩用季節之變暗指政治之變，物怎已驚秋？指的就是政治上各種不可避免的驚變啊。（台灣近年政壇多變，人民看戲之餘，也看懂了古今從政者皆身不由己也。）

大暑時節雖仍處於炎熱之中，但已是季節之末了，宋代詩人曾幾在〈大暑〉一詩中寫道：

赤日幾時過，清風無處尋。
經書聊枕籍，瓜李漫浮沉。
蘭若靜復靜，茅茨深又深。
炎蒸乃如許，那更惜分陰。

此詩表面寫大暑之熱，底層卻寫出了大暑將由炎蒸轉分陰的清涼之感。

大暑時節中，正值中國人訂為陰曆六月二十三日的火神誕辰，中國各地的火神廟拜的是炎帝，因五行之中火的方位為南，而十二地支中巳、午屬火，因此火神誕辰便從巳時（上午九點至十一點）開始直到午時（中午十一點至一點），火神祭的夜晚有火把節，會燒起篝火及舉火把徹夜唱歌舞蹈（如今中國西南一帶的少數民族仍會舉行夏夜火把祭）。

在民間養生食療的習俗中，往往在大暑時節會吃羊肉和荔枝，一般人往往不了解為什麼在炎熱的大暑中，要吃這兩種溫熱性的食物，殊不知這正是天地五行的奧祕。大暑時天地五行已漸漸由陽轉陰，又進入養脾主土德的長夏，人體也容易表面熱內裡陰，因此邪濕容易入侵體內，因此吃一些溫熱食物可以增加身體的免疫力，但體質過熱者卻不可吃太多羊肉及荔枝。

大暑時剛好是閩南、台灣荔枝上市之時，閩南的狀元紅、十八娘紅，台灣的糯米、黑葉，都已是滿樹紅了，小時候在阿嬤家吃荔枝，外婆都會打井水泡荔枝，說泡過井水的荔枝吃來不易上火，為什麼？小時候問阿嬤也問不出名堂，長大了才猜是否因井水性陰之故？但現在誰家可以打井水？而的確長大後吃荔枝也比較容易上火了。

大暑時人們容易胃口不開，寫《本草綱目》的醫家李時珍則主張食藥粥養生，簡單的如海帶綠豆粥或苦瓜菊花粥、扁豆荷葉粥、薏米杏仁粥等等都是很好的大暑養生粥。

大暑時調理身體，要特別小心中了陰暑，所謂陰暑即俗稱的熱感冒，即身體外熱內冷不平衡。得陰暑之疾常常和天氣太熱時貪涼，如喝過多的冷飲，流汗後立即沖涼，吹太多冷氣或夜晚露宿或在屋外乘涼過久，導致寒涼侵入已有虛寒的體內，造成陰氣入侵的陰暑病症。

大暑雖然不好熬，但想想也不過再十五日後就是立秋了，秋天的腳步已經慢慢靠近了，人生不也這樣，盛年事忙容易累，但生命的盛景繁年會有多長？人生之秋也悄悄靠近了，只有那更惜分陰了。

大暑節氣民俗——「土用の丑日」的五行之道

二〇一五年的陽曆七月二十四日，適逢陰曆六月初九的辛丑日，這一天即所謂的「土用の丑日」，日本有食烤鰻的風俗，日本各大市場、餐館凡有賣鰻者，都會掛上用書法寫的「土丑日の鰻」的布條，據說這一天吃蒲燒鰻，最能增進身體的元氣對抗漫漫長夏。

台北這幾年，似乎也有一些店家開始流行起這樣的食俗，但不少愛此風的人卻未必懂得什麼是土丑日，什麼是土用の丑。也有人以為這純是日本人的食俗，其實就跟不少日本的文化風俗都起源於中國，土丑日食鰻或泥鰍或鱔魚等高蛋白的河鮮的傳統也源自中國漢代，並且和漢醫的五行養生術大有關係。

在漢醫的五行觀中，四季的輪迴和五行的相生相剋與五臟的運作有密切的關係，以五行的消長為例，金可生水，水可生木，木生火，火生土，土生金，金又生水，構成了宇宙大自然運行的邏輯，而漢醫又有五行相應五臟之說，金對應肺，水對應腎，木對應肝，火對應心，土對應脾。保養五臟之道，要以五行為用，而五行之用和四季的運行又大有關係，秋天是金用之時，冬天是水用之時，春天是木用之時，夏天是火用之時。朝這個邏輯來看，四季輪迴由秋金生冬水，再由冬水生春木，再由春木生夏火，都符合相生之理，但到了夏天要過渡到秋天時，卻出現了不一樣的現象，因為夏火不能生秋金啊！反而是夏火剋秋金，那怎麼辦？於是就必須要土用，即夏火要先生土，再從土生金，這五行之理才行得通。

土用的智慧，是中國人思考四季五行之理而得知的，因此古代中國人的四季不只是春夏秋冬四階段，而是四季五時的春、夏、長夏、秋、冬。長夏是一年之中最悶熱的時段，在這段時間中，因夏火和秋金的相剋之象，漢醫認為此時人體的心火和肺金最弱，因此要特別保養心與肺這兩臟器，而保養之道即土用，藉著脾臟的強健以調和金火相剋之氣。

陰曆六月長夏本來就是五行五時之中的土用之月，而在長夏中逢地支丑日，因丑為土，即土用之日，在陰曆六月丑日多吃土用之物，如鰻魚，也就成了五行養生的食俗。

漢醫的飲食五行之道，是把身體看成一個整體的養生之道，五臟相生相剋，不能單獨看待，吃西藥的人都知道，有的西藥可治某臟器，卻會對另一臟器造成傷害。飲食也同理，某些食物有益於某臟，卻也會傷害另一臟，偏食之弊就在此，而食物若不能和天時地令順應，也會有害人體。

長夏時節，身體內部的火氣仍熾，最怕所謂「寒包火」的現象，所謂寒包火，即不讓身體的火氣消散，而一味用外在的寒氣壓火，最後反而造成身體全身過敏出疹塊的現象，例如漢醫多不主張吃冰，即因為冰品食用過多，身體的皮膚冷縮，反而不能發散體內之熱，要發散內熱，最好是吃常溫的涼性食物，如溫的綠豆湯、蓮子湯、青草茶等等，在解內熱的同時，讓皮膚仍可發汗以洩體熱。

長夏要預防「寒包火」，一是不要吃太多冰品，免得身體過寒，二是不要讓身體上火，像先吃麻辣鍋後吃冰就很容易發生寒包火，或者是吃冰時，冰的餡料若選容易上火的花生、紅豆等等熱性食物，也容易增加體內之熱。真貪圖涼快，想要吃冰時，也要記得多吃綠豆、銀耳、蓮子等等涼性之食，身體不過火的人，自然也比較不怕寒包火了。

大暑節氣餐桌——大暑吃羊肉

節氣大暑的那天上午到台南，住進了老房子改造的佳佳西市場旅店，安頓好了後就出門找吃的，附近的西市場有不少我喜愛的小吃，魠魠魚羹、芋粿、餛飩意麵等等，但這一天我卻想吃羊肉湯和白飯。

同行的伴侶說天這麼熱，幹嘛喝熱羊肉湯呢？我說就是因為濕熱，才要在大暑喝羊肉湯。道理在漢醫的五行之說，原來每個季節都有不同的養生之理，春季養肝，夏季養心，秋季養肺，冬季養腎，那麼何時養脾呢？脾主土，位於東木南火西金北水之中，養脾的時令在每一個季節的最後一個節氣，如春季的穀雨，夏季的大暑，秋季的霜降，冬季的大寒，從這四個節氣的前三日起共十八日（四季共七十二日）都是養脾的季節。

夏季養心，心主火，夏季養生宜清熱降火，要多吃苦瓜、黃瓜、絲瓜、西瓜、綠豆等涼性之物，但到了大暑，人體卻由陽轉陰，雖然外面的天氣還很熱，但身體裡面卻因陰暑而濕，就要開始吃一些溫性的食物來調節體內陰陽，因此民間才有大暑吃羊肉的食俗。

我坐在西市場的羊肉老店內，看著老嫗細心支解一隻全羊，喝著清甜毫無羶味的羊肉湯，一邊想著古書上讀來的節氣五行食經，更覺得漢文化的醫食同源，帶來豐富有趣的常民生活（只可惜羊肉老店在二〇一四年歇業了）。

除了大暑吃羊肉外，還有大暑吃鳳梨之說，我想到西市場不遠處的水仙宮市場前的國華街上，有家專賣鳳梨的老鋪，信步走到那，果然女主人正在削鳳梨，竹簍中早已裝滿了鳳梨皮，果然在大暑日，鳳梨銷售得特別好。

大暑吃鳳梨的道理，和羊肉近似，在水果中，西瓜很涼，因此大暑前的夏天吃西瓜解熱是避暑之道，但到了大暑，卻要開始吃一些溫性的水果，因此就宜鳳梨而非西瓜了，但也有人會喝西瓜加鳳梨混在一起打的果汁，以降低西瓜的涼性。

大暑亦是芒果豐收之時，在旅店附近的水果行，看到了從未見過的烏香芒果，深綠色圓滾滾的芒果，聞起來有很濃的龍眼香，吃起來口感比較脆，和愛文芒果或土芒果的味道都不一樣，卻很像我家陽台的芒果樹長出來的綠芒果。

水果店的老闆告訴我烏香是老品種，很少人種，連很多台南人都沒見過。我也問了一位台南老輩知不知道烏香，對方亦回答不知，我反而就起疑了，如果真是老品種，應當老人會知道，於是上網一查，果然是新品種，但種的產量很少，可見不能全聽水果行老闆的話，雖然老品種的故事比較浪漫。

大暑到台南，是為了下午在國家文學館演講府城與京都的古都物語，但人還沒進文學館，就一路吃羊肉、鳳梨、芒果。不只是吃，還東想西想吃這些食物的道理，文人吃食的樂趣真是一箭雙鵰，感官與思想同樂也。

大暑節氣旅行——大暑夢花火

早年夏天在日本旅行，常常在七月底八月初遇到各地的花火大會，印象深刻的有在東京隅田川的花火會、伊東松川的花火會、京都鴨川的花火會等等。

曾經有一年去伊豆半島的伊東，剛好住在離松川不遠的老式溫泉旅館內，旅館提供可穿至戶外的浴衣，我和夫婿全斌在用完豐盛的伊豆半島傳統的潮味溫泉料理後，按照地方風俗，穿上浴衣前往松川看花火。

我們到了松川，看到不少民眾也身著浴衣、木屐，等待八時正的花火會，整整有一個小時，各式各樣的花火在夜空燦爛奔放、美不勝收，而涼涼的夜風從松川上陣陣傳來，真讓人迷醉的有若夢中，我突然懂得了日本人為什麼稱花火會為夢花火，真是如夢如幻。

當年並未意識到舉辦夢花火的期間，正是大暑節氣，本是一年中最熱的日子，如果待在白日積滿了暑熱會在夜晚釋熱的房子內，人就會困暑，這時離開室內出外是最好的消暑之法。夏天的夜晚宜於在戶外乘涼，再加上有放花火的誘惑，人們就更容易出外納涼了，而花火總是在水邊舉行（如台北的大稻埕煙火也在水門旁），除了空曠、安全外，河海本是大自然的空調機，夏天夜晚的水邊有風生水起的沁涼。

有了夏天夜晚的夢花火，大暑雖熱也成了美好的日子，放花火也象徵著夏天的火要結束了，秋日的金氣已近。

大暑節氣詩詞

〈登殊亭作〉唐・元結

時節方大暑，試來登殊亭。
憑軒未及息，忽若秋氣生。
主人既多閒，有酒共我傾。
坐中不相異，豈恨醉與醒。
漫歌無人聽，浪語無人驚。
時復一回望，心目出四溟。
誰能守纓佩，日與災患并。
請君誦此意，令彼惑者聽。

〈似賢齋竹〉宋・曾幾

大暑不可度，小軒聊復開。
只消看竹坐，不必要風來。
豈待迷時種，何妨臘月栽。
葉端須雨打，有句索渠催。

〈清風謠〉宋・范仲淹

清風何處來，先此高高臺。
蘭叢國香起，桂枝天籟迴。
飄飄度清漢，浮雲安在哉。
萬古鬱結心，一旦為君開。
有客慰所思，臨風久徘徊。
神若遊華胥，身疑立天台。
極渴飲沆瀣，大暑執瓊環。
曠如攜松丘，騰上煙霞遊。
熙如揖莊老，語人逍遙道。
朱絃鼓其薰，可以解吾民，
滄浪比其清，可以濯吾纓。
願此陽春時，勿使飄暴生。
千靈無結慍，萬卉不摧榮。
庶幾宋玉賦，聊廣楚王情。

〈七夕後一日諸公攜酒見過〉宋・朱翌

昨夜天孫擁翠軿，餘光猶此照河津。
且欣大暑去酷吏，更辱諸君為主人。
庭桂釀花香有信，盆荷迎露綠長新。
浮雲掃盡天無滓，仰面爭看月半輪。

〈秋懷十首〉（其一）宋・汪莘

形骸敧仄面皮黃，破屋三間號柳塘。
自大暑來真畏暑，到微涼處便知涼。

〈夏日閒書墨君堂壁二首〉
（其一）宋・文同

先人有敝廬，涪水之東邊。
我罷漢中守，歸此聊息焉。
是時五六月，赤日烘遙天。
山川盡熸燥，草木皆焦燃。
塵襟既暫解，勝境乃獨專。
高林抱深麓，清蔭密石綿。
層岩敞戶外，淺瀨流窗前。
邀客上素琴，留僧酌寒泉。
竹簟白石枕，穩處只屢遷。
忽時乘高風，遠望立雲烟。
野興極浩蕩，俗慮無一緣。
氣爽神自樂，世故便可捐。
卻憶為吏時，荷重常滿肩。
几案堆簿書，區處忘食眠。
冠帶坐大暑，顙汗常涓涓。
每懼落深責，取適敢自便。
安閑獲在茲，悅若夢游僊。
行將佩守符，復爾趨洋川。
山中豈不戀，事有勢外牽。
尚子願未畢，安能賦歸田。

〈大熱過散關因寄里中友人〉宋・文同

六月日正午，大暑若沸鑊。
時行古關道，十步九立腳。
煙雲炙盡散，樹木曬欲落。
喉鼻喘不接，齒舌津屢涸。
擔血僮破領，鞍汗馬濡膊。
幽坑困猿狖，密莽渴鳥雀。
至此因自謂，胡為就名縛。
所利緣底物，奔走冒炎惡。
塵心日夜迫，欲住不能略。
因念吾故園，左右悉林薄。
昔我未第時，此有文酒樂。
長松借高蔭，飛瀑與清濯。
層崖對僧詠，大石引客酌。
畏景雖赫然，無由此流爍。
于今只夢想，欲往途路邈。
所效殊未立，期歸尚誰約。
徒爾發短歌，回首謝巖壑。

〈和王定國二首〉（其一）宋・晁補之

可憐好月如好人，我欲招之入窗戶。
人言明日當大暑，君看繁星如萬炷。
想君映月讀書時，清似列仙臞不肥。
我正甘眠愁日出，朝騎一馬暮還歸。

〈扇〉宋・謝枋得

蒲葵也解歸掌握，紈素未應捐篋中。
莫把暗塵涴明月，好驅大暑來清風。

〈和張仲通學士苦暑思長安幕中望終南秋雪呈鄰幾〉宋・司馬光

秋雲覆秦川，小雨野未濕。
誰言終南頂，已有霰雪集。
返景開新晴，孱顏照都邑。
初疑江津闊，遠浪橫風急。
又疑龍蛻骨，逶迤委原隰。

詞客登高樓，四望清興入。
當時應百篇，遺散不復拾。
今茲宦帝城，大暑困鬱悒。
紅塵滿九衢，出入冠帶襲。
家居賓旅來，俯僂煩拜揖。
回思幕中趣，引領安可及。
江翁養文采，正如玄豹蟄。
君往犯其嚴，騰起誰敢縶。
嗟予素恇怯，旁睨毛髮立。
強復綴此章，庶幾勇可習。

〈六月十七日大暑殆不可過然去伏盡秋初皆不過數日作此自遣〉宋・陸游

赫日炎威豈易摧，火雲壓屋正崔嵬。
嗜眠但喜蘄州簟，畏酒不禁河朔杯。
人望息肩亭午過，天方悔禍素秋來。
細思殘暑能多少，夜夜常占斗柄回。

〈大暑水閣聽晉卿家昭華吹笛〉宋・黃庭堅

蘄竹能吟水底龍，玉人應在月明中。
何時為洗秋空熱，散作霜天落葉風。

秋

節氣13

立秋

陽曆8月7日～8月9日交節

立秋節氣文化

立秋節氣始於陽曆八月七日至八月九日之間（二〇二五年為八月七日），還正烈陽當頭，燠暑難忍，卻已進入立秋節氣了，此時地球公轉運行黃道一三五度。

中國人的節氣觀念，反映出對天地氣候變化的幽微觀照。立秋又稱交秋，這時太陽照射地球的角度又將再度偏離，天氣亦將以五日的平均氣溫逐漸涼爽，但立秋前小暑大暑節氣相連的暑氣卻也仍在天地中盤旋未退，因此雖然天地整體的趨勢往低溫走，然而短時間小暑大暑的熱溫仍在累積，這種熱冷溫同會，只有用中國人的陰陽相連、禍福相倚的觀念才能理解。

在《月令七十二候集解》中指出，秋，揫也，物於此而揫斂也。萬物在夏長大，在秋卻要縮小，亦即氣溫的熱漲冷縮之理。《月令七十二候集解》中記載立秋三候為「涼風至、白露降、寒蟬鳴」。立秋後因太陽威力縮小，風吹時不再只有暑日的熱風，亦已摻雜著較低溫的涼風，尤其早晚時分，敏感的人就會感受到沁人的涼風吹拂。因氣溫略降，在陽光未出現的黎明，經過一夜涼意浸潤的大地也將霧氣凝結出晶瑩的水晶露珠，一眼望去白閃閃的，有如白露誕生，同時喜陰的寒蟬因遇寒而鳴，正宣告著寒氣的逐漸降臨。

不管是涼風、白露還是寒蟬，都是知天地之變的先覺者，反而人類還比較後知後覺。宋代的太史官會在立秋前，把原本放在殿外的梧桐盆栽移入殿內，等待立秋時辰一到，就高聲宣示秋到了，此時梧桐樹就會應聲落下一兩片葉子（一葉知秋的成語即源於此），這叫梧桐報秋，天地有靈，動植物都比人類靈動。

立秋在古代是重要的祭日，有立秋迎秋的風俗，古代的太史會告知天子當年那一日是立秋日，在立秋前三日，天子就要齋戒，待立秋當日帶領三公九卿與諸侯大夫，到西郊九里處設壇迎秋神。

古代詩人對這個夏秋之交的立秋節氣也十分看重，當然就應立秋寫了不少詩。白居易對立秋特別有感應，寫了不少好詩，例如〈立秋日曲江憶元九〉：

下馬柳陰下，獨上堤上行。
故人千萬里，新蟬三兩聲。
城中曲江水，江上江陵城。
兩地新秋思，應同此日情。

秋思是人到中年後對世事成熟的感悟，知道人生苦短，不再有盛夏的猖狂，白居易在〈立秋日登樂遊園〉時又寫了一首詩：

獨行獨語曲江頭，回馬遲遲上樂遊。
蕭颯涼風與衰鬢，誰教計會一時秋？

人生是不許回馬槍的，立秋一到，夏日已過，「蕭颯涼風與衰鬢」說得好，只有珍惜秋日和了。

杜甫也寫了一首〈立秋後題〉：

日月不相饒，節序昨夜隔。
玄蟬無停號，秋燕已如客。
平生獨往願，惆悵年半百。
罷官亦由人，何事拘形役。

這樣的詩，只有自己也入中年後才能和詩人心心相映。「何事拘形役」是個好提醒，時間不多了，不要再為俗事羈身了。尤其是杜甫，還好在生命之秋時留下了不少好詩，因為他可沒活到生命之冬時。

不讓唐代兩位大詩人獨吟立秋，宋代大詩人蘇轍亦唱和其後，也寫了〈立秋偶作〉：

十年憂患本誰知，慚愧仙翁有舊期。
度嶺還家天許我，斸山種粟我尤誰。
秋風欲踐故人約，春氣潛通病樹滋。
心似死灰鬚似雪，眼看多事亦奚為。

這首立秋詩寫得頗喪氣，難得豪放東坡寫出這種身不由己之感，可見立秋喚起的人生憂患意識的急迫了，「秋風欲踐故人約」，其實是和生命的約定，可見詩人想回歸田園的本心啊！

宋代詩人陸游寫了一連串和立秋有關的詩，從立秋前九日，寫到立秋前四日，再寫到〈立秋前一夕作〉：

螢度梧楸徑，烏鳴蒲葦洲，
寧知八十老，又見一年秋。
賀監稱狂客，劉伶贈醉侯，
吾身會兼此，已矣尚何求。

做為人，陸游可比杜甫、蘇軾好命，早想通的他，真是活出了放翁的生命格局，一句「寧知八十老，又見一年秋」，是用生命的冬日回顧秋日暖而非秋日寒的心情，再加上幾杯老酒，難怪說已矣尚何求！

立秋的卦象是天地否卦，三個陽爻在上，三個陰爻在下，已現陰生陽退之象，在秋日養生的觀念中，已進入秋日養陰的時節。秋屬金，在金木水火土的五行中肺亦屬金，立秋後肺功能開始旺盛，容易燥動，加上肺在志為悲，如果情緒悲哀，更容易傷肺氣。古代秋日養生，最重心志的安定，換今日現代話即情緒管理，要「使志安寧，以緩秋刑，收斂神氣，使秋氣平，無外其志，使肺氣清。」秋日的情緒管理，也可反映在人在中年後的生命態度，明明已進哀樂中年、悲欣交集了，哀悲固然可使人成熟，卻不可太陷入哀悲的悲觀情緒中，仍然要懂得心平氣和地活到老。

在飲食養生方面，秋天宜收不宜散，要少吃蔥薑等辛味食品（剛好和春日相反），因肺主秋，肺收斂，辛瀉之，用酸輔之，在秋日宜多食酸味果蔬，以滋陰潤肺，如鳳梨、山楂、蘋果、葡萄、楊梅、檸檬等等。

秋日燥氣當令，肺金太旺會克肝木，因此秋日不可食太燥之食，像芒果、荔枝等燥性果類，本來自然界過了立秋就不生產燥性食物了，但現在人類一年到頭都用人工生產控制，反而容易讓人們吃到不當令的食品，不當令不只貴，還對身體不宜，人類真應該好好反思了。食道要道法自然啊！

立秋節氣民俗——七夕的傳說

立秋節氣最常遇到的民俗祭典即陰曆七月初七的七夕節日（亦稱乞巧節），民間流傳七夕是牛郎與織女一年一次在鵲橋上相會的夜晚。

牛郎和織女是遠古天文信仰中重要的星辰崇拜，屬天鷹座的牛郎星和屬天琴座的織女星，這兩顆星辰會在秋日西方的星空中銀河附近隱約可見，這樣的天文知識後來把星辰轉換成人格神（牛郎、織女）和銀河（鵲橋）的故事，的確較易於記憶與流傳。

中國在《天平御覽》中還有個古典記載，漢武帝和西王母曾在陰曆七月七日相會，而西王母正是用銀簪畫河為界分開牛郎與織女的神仙。為什麼會有這樣的傳說呢？其中隱藏了什麼樣的訊息？我推測，因牛郎星、織女星是印度占星學中和婚事相關的星辰，漢武帝通西域，是否因此從西域獲知印度的牛郎、織女信仰？

陰曆七月初七是牛郎織女一年一次相會的日子，這其實是很悲哀的故事，卻不知為什麼七夕竟然變成中國情人節？一年只能見一次面，這樣的情人節有什麼好？但中國情人即使天天相見，七夕之夜還要當成特別的日子相會吃大餐、送禮物，甚至到飯店開房間，也許七夕相會已成為男女特殊關係的發生日？即印度占星學中牛郎、織女星辰代表的緣定之意。

在台灣的七夕傳說中，七夕是七娘媽（七星娘娘）的節日，七娘媽是生育之神（看吧！也有男女發生關係的聯想）。台南人相信七娘媽是小孩的守護神，在孩子出生後的第一個七夕，便去供奉七娘媽的廟中許願，求得絭牌讓孩子戴在身上，一直戴到滿十六歲的那年七夕，再去七娘媽廟中脫絭，台南人稱此為做十六歲，有成人禮之意（《紅樓夢》中的婢女滿十六歲後，主人也會為她們婚配）。

七夕除了祭祀牛郎和織女外，還有乞巧節的民俗，在夜晚婦女會置香案、供瓜果，祈求自己心靈手巧，民間亦流傳一首〈乞巧歌〉：「乞手巧，乞貌巧；乞心通，乞顏容。乞我爹娘千百歲，乞我姊妹千萬年。」

七夕節轉為乞巧節，可說把對織女星求得好姻緣的星辰崇拜，轉成天助自助者，意思是女人若習得手巧的工夫，如女紅、織布、針線等等，才能嫁到好人家。總之，古時候女性的一生都不能仰賴自己，七夕一直是個悲哀的日子啊！

立秋節氣餐桌——安心定神的秋日食

不管是東方的華夏文明或西方的希臘文明，都看待人類的身體是對應著浩瀚大宇宙的小宇宙，希臘人有身體包含風火水土四象之說，人體也因此分為冷乾濕熱的四氣。中國人的道家思想視身體為小周天，有一套配合宇宙大周天的運行之道，這套身體循環之道，亦符合天地季節的運轉之理。

中國道家認為人體的五臟，是以五行之理在維持平衡，因此要以配合時節的飲食來調節身心，肝臟屬木，在春天最弱，因此春天宜補肝，又因為春季陰氣太盛，補肝要多吃能夠起陽的五辛，如蔥蒜韮蕎蕗。春天吃春餅，春餅中除了植物性蛋白質的豆乾和動物性蛋白質的肉絲外，最重要的就是要包五辛的春草來讓身體像大地回春般的還陽。

夏天屬火，身體中最弱的就是屬火的心臟，因此夏天要補心。為了抑制身體的火氣，夏天宜食涼性的瓜，如大小黃瓜、西瓜、苦瓜、涼瓜、絲瓜等等。瓜性涼可調節心火，尤其是夏季三伏天時，最需要吃各種清心食，涼拌小黃瓜、鹹蛋苦瓜、涼瓜牛肉、小黃瓜涼粉、大黃瓜炒肉片都是盛夏清爽降心火的食物。

其實人只要跟著時節吃東西就不容易吃錯，像春季宜吃香草及野菜，而這類食物本來就是在春天盛產，才會有「夜雨剪春韮」，「清明前韮是寶」的這些說法，而各種春菜，不管是薺菜、馬蘭頭、空心菜、毛毛菜等等，也是春天的最好吃。夏天本來就是瓜果盛產的季節，人體需要吃涼性的瓜，大地果然就長滿了各種時令瓜供人享用。

秋天是吃秋果秋蕈的季節，不管是銀杏、栗子、柚子、柿子、松茸、秋蕈，都在秋天成熟，這些秋果秋蕈正是為人體的肺氣調養所準備著。在道家的養生之說中，秋天肺臟最弱，要補肺就要調節金氣，因為肺臟屬金，秋季要小心金太旺，因此要多食各種可調和金氣的秋果，如銀杏、杏仁、核桃、紅棗、芝麻、芡實，以及溫潤的梨子、柿子、柚子。

中國人以金木水火土五行配四季，表面上看來不若希臘人四象配四氣有次序，卻更蘊藏深意，五行有相生相剋之理，如秋季之金可生冬季之水，冬季之水可生春季之木，而春季之木可生夏季之火，季節的運轉從秋冬春夏剛好符合五行的金生水、水生木、木生火。但接下來就是玄奧的所在了，夏季的火並不能生秋季的金，反而呈現夏火剋秋金的相剋之象，這正是夏季三伏天的由來，五行之氣若要從夏日循環至金，必須要先用土，讓夏火生土之後，再從土生秋金。

在一年之中，從夏日到秋日是調養身心的重要時候，因為在這段日子火金相剋，陰陽不濟，因此人心容易起夏煩秋燥，而氣候除了三伏天的酷熱外，也容易有旱澇之災（如這一些年台灣及大陸華南、華中的水災），因此不管是人的身體或大地的身體都要小心應變。

在用飲食照顧人的身體時，從夏到秋，先要用土以安定身心，中國古人在三伏天之中有土用的丑日，即在三伏天中的丑日補充蛋白質，像日本人在土用の丑日吃蒲燒鰻即源於此理。

在防秋燥方面，清補之湯水最能調和肺氣。日本京都在白露之秋後，就開始喝土瓶蒸，道地的土瓶蒸要用一小陶土製成的瓶狀茶壺，在壺中放兩粒銀杏（銀杏一天不宜吃超過六粒）、一片松茸，小片柚子。土瓶像秋日的風物詩，裝著秋日大地豐收的果物，一口一口啜飲著蒸煮出來的清湯，想著春去秋來的季節感懷，人在秋天最需要的就是可以安定心神的食物。

用新栗蒸飯也是京都人的秋炊，金金黃黃的栗子蒸得鬆鬆軟軟的，最好配上新米的爽口，吃起來有秋高氣爽的風味。

中國人把食物分成寒涼、平性、溫熱三大類，秋季最宜平性的食物，如百合、蓮子、花生、銀杏、黑白木耳，我記得小時候家中長輩在入秋後就會開始煮冰糖百合蓮子白木耳湯，說是有潤肺止咳的效果，現在我自己每逢秋日覺得喉頭乾乾的時候，也會熬上一鍋慢慢品嚐著記憶中的家庭滋味。

廣東人最會熬四季靚湯，春夏秋冬各有專長，在秋季的湯水中，用得多是平性的豬肉及牛肉，配上平性的木耳、川貝、杏仁、百合、芡實等等秋果，尤其體質偏溫熱的人，要喝雞湯還早，請等到立冬後再煮雞湯吧！

中國人相信吃肺補肺，秋日的湯水中常見如木耳花生豬肺湯，川貝雪梨豬肺湯、杏仁核桃豬肺湯等等，如不吃豬肺，均可換成豬肉或豬骨，一樣有潤肺的功能。

秋季也是喝粥的好季節，因為米粥亦有潤肺安神的作用，想想看手捧著一小碗慢慢熬成的米粥，小心地吹著米湯，心當然就安定下來了。

秋日粥食品項很多，如紅棗銀杏蓮子粥、百合銀耳蓮子粥、百合芡實粥、山藥大棗小米粥、山藥桂圓粥、銀杏蘿蔔粥等等，我最喜歡在睡前定好電鍋熬粥，早晨起來就有早粥可喝了，喝了早粥就覺得啟動了一天的幸福感。

希臘人也有一套食物與季節對應的養生之道，受希臘文明的影響的義大利人，在拉丁文的字根中也把食物分成陰陽兩性，例如雞是陽性、但牛肉是陰性，和中國人認為雞性溫熱，牛肉性涼的道理竟然互通。希臘人在秋日喜食無花果，而無花果中醫也認為有潤肺止咳的功能。希臘人、義大利人在秋日會去森林撿拾新栗烤來吃，吃時配上新釀好的葡萄酒，而栗子、葡萄亦是平性的食物，可解秋燥。東方西方的古老飲食智慧竟然相去不遠。

秋天也是吃各種蕈類的好季節，中國人愛吃黑白木耳，日本人偏愛香氣特濃的松茸，除了放入土瓶蒸外，更豪華的吃法是直接灑一點海鹽烤來吃，就是日本人心目中的頂級秋之味。而好吃蕈的還有義大利人，秋天風和日麗時赴近山採菇，最受人歡迎的是牛肚菌菇，可生吃，也可灑鹽烤來吃，或加橄欖油燴成醬汁拌義大利麵吃，都是迷人的秋蕈料理。

秋天是多思的季節，大地將逐漸充滿肅殺之氣，人也容易興起多事之秋的感慨，秋日料理多以圓熟飽滿的秋果秋蕈之物來撫慰人心，讓人們有個心靈飽滿的秋日。

立秋節氣旅行——聖母升天日

立秋後到了義大利古城維琴察（Vicenza）旅行，在陽曆八月十五日，當地朋友告知當天是聖母升天節，會放煙火送聖母升天，朋友邀請我們到他們郊外的別墅去吃晚飯，如果想玩水的話，可以帶泳衣去。

當晚我們到了朋友家，發現院子裡有一大塑膠浴池，讓大人小孩玩水，我覺得很奇怪，難道也和聖母升天有關？朋友說因為八月十五這一天代表夏天結束了，以後要玩水的機會不多了，因此親朋好友就會想在一起過最後的夏天。

立秋

陽曆8月7日~8月9日交節

我突然意識到此時正是立秋期間，原來義大利人雖無立秋之名（義大利人只知秋分），但身體對大自然的感受也讓他們創造出聖母升天這樣的節慶（聖母離開是否代表夏天的結束呢？）。

朋友也準備了威尼斯有名的貝里尼白桃氣泡酒請我們喝，這款酒要用手工現榨過濾扁白桃汁再調和波歇可氣泡酒，朋友也說夏天當令的扁白桃的產季快要結束了，要享受貝里尼得趕快把握啊！

聖母升天日也會放煙火，當我們返回古城時在護城河旁看到滿天燦爛的火花，讓我想到在日本旅行時，從七月中旬到八月底，總是會和花火不期而遇，花火很美但很短，會提醒人們生命的美好和短促。二〇一四年的夏天到秋天一路在歐洲旅行，雖是長假，心中卻知道再長的假期其實終究也是短暫的，人生苦短，所以更需要偶爾以長假珍惜匆匆的每一日。

立秋節氣詩詞

〈立秋夕有懷夢得〉唐・白居易

露簟荻竹清，風扇蒲葵輕。
一與故人別，再見新蟬鳴。
是夕涼飆起，閒境入幽情。
迴燈見棲鶴，隔竹聞吹笙。
夜茶一兩杓，秋吟三數聲。
所思渺千里，雲外長洲城。

〈立秋日〉唐・令狐楚

平日本多恨，新秋偏易悲。
燕詞如惜別，柳意已呈衰。
事國終無補，還家未有期。
心中舊氣味，苦校去年時。

〈立秋雨院中有作〉唐・杜甫

山雲行絕塞，大火復西流。
飛雨動華屋，蕭蕭梁棟秋。
窮途愧知己，暮齒借前籌。
已費清晨謁，那成長者謀。
解衣開北戶，高枕對南樓。
樹濕風涼進，江喧水氣浮。
禮寬心有適，節爽病微瘳。
主將歸調鼎，吾還訪舊丘。

〈秋日後〉唐・王建

住處近山常足雨，聞晴曬曝舊芳茵。
立秋日後無多熱，漸覺生衣不著身。

〈立秋日禱雨宿靈隱寺同周徐二令〉

宋・蘇軾

百重堆案掣身閑，一葉秋聲對榻眠。
牀下雪霜侵戶月，枕中琴筑落階泉。
崎嶇世味嘗應遍，寂寞山棲老漸便。
惟有憫農心尚在，起占雲漢更茫然。

〈立秋後〉宋・蘇轍

伏中苦熱焦皮骨，秋後清風濯肺肝。
天地不仁誰念爾，身心無著偶能安。
詩書久為消磨日，毛褐還須準擬寒。
謾許百年知到否，相從一日且盤桓。

〈立秋二絕〉（其一）宋・范成大

三伏熏蒸四大愁，暑中方信此生浮。
歲華過半休惆悵，且對西風賀立秋。

〈立秋有感寄蘇子美〉宋 歐陽修

庭樹忽改色，秋風動其枝。
物情未必爾，我意先已淒。
雖恐芳節謝，猶忻早涼歸。
起步雲月暗，顧瞻星斗移。
四時有大信，萬物誰與期。
故人在千里，歲月令我悲。
所嗟事業晚，豈惜顏色衰。
廟謀今謂何，胡馬日以肥

〈宣府逢立秋〉清・計東

秋氣吾所愛，邊城太早寒。
披裘三伏慣，擁被五更殘。
風自長城落，天連大漠寬。
摩霄羨鷹隼，健翮爾飛搏。

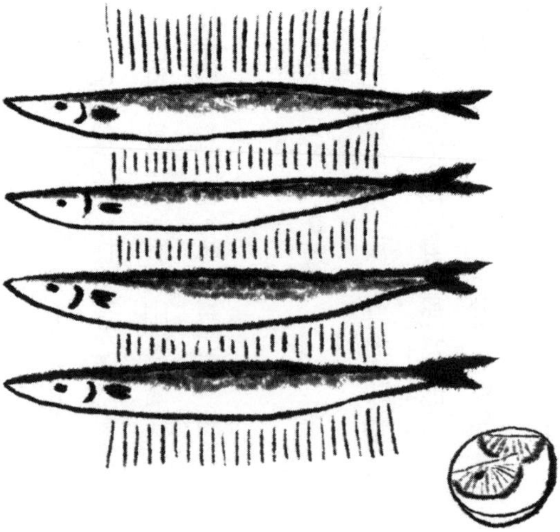

秋

節氣14

處暑

陽曆8月22日～8月24日交節

處暑節氣文化

地球公轉運行至黃道一五〇度，始於陽曆八月二十二日至八月二十四日之間（二〇二五年為八月二十三日），是為二十四節氣中的處暑。處有終止之意，處暑即終止暑氣之意。雖然早在十五日前的立秋時，秋氣早已降臨，但小暑大暑相連的暑熱卻一時也無法全退，就像大烤箱中的熱氣要一小時才會退盡，大地做為一個超級大烤箱，蘊藏其中的暑熱那裡是幾日可退。所謂的秋老虎，指的正是明明秋天來了，但怎麼還熱的像老虎咬人般，因秋屬白虎，才叫秋老虎。

但到了處暑，終於夏日的暑氣也慢慢蒸騰了，早晚天氣因秋意而略溫涼，但經一上午的日頭照耀，下午時分還是挺熱的，秋白虎之威仍盛，真正要等白虎閉口不咬人，還得等前人所說：「土俗以處暑後，天氣猶暄，約再歷十八日而始涼。」諺云：「處暑十八盆，謂沐浴十八日也。」處暑雖然來了，還得流十八天的汗。

處暑在《月令七十二候集解》中記有三候「鷹乃祭鳥、天地始肅、禾乃登」。這時候老鷹開始大量捕殺野鳥，但老鷹會把死鳥放在巨石上擺列，彷彿行祭祀般，是謂祭鳥，亦謂秋決，天地間的萬物此時都有肅殺之感。黃葉落下了，禾穀成熟後收割了，樹上的果子也開始採摘了。

處暑的暑氣終止，可從氣溫發現，從立秋到處暑，中國大陸北方平均氣溫仍在攝氏二十二度以上，但過了處暑，氣溫就開始從攝氏二十二度往下降，氣溫下降除了和陽光的照射角度與長度有關，也和冷空氣南下帶來的午後雷陣雨有關，這種午後雷陣雨即西北雨，雖然一天只下半小時至兩小時，卻對氣溫的降低起了莫大的作用。處暑後也是颱風威力最大的時候，這種颱風叫秋颱，比夏颱更厲害（因秋颱水氣較旺），也是農人最怕的颱風，尤其是收獲季還沒過時，農諺云：「處暑若逢天下雨，縱然結實亦難留。」

處暑節氣不若立秋之交容易讓人傷感，大詩人詠詩較少，但因事關農事，農業詩反而較多，反映的是民間智慧而非文人感懷，如「處暑優盡秋色美，玉黍甜菜要灌水，糧菜後期勤管理，冬麥整地備種肥。」此詩雖粗陋，卻見農民心思。

宋代詩人蘇洞寫的處暑詩〈長江二首〉：

處暑無三日，新涼值萬金。
白頭更世事，青草印禪心。
放鶴婆娑舞，聽蛩斷續吟。
極知仁者壽，未必海之深。

所謂世態炎涼，人情冷暖，但人生若處暑，到了「白頭更世事」的時候，就會懂有時炎暖也頗累人，反而珍惜「新涼值萬金」了。難怪宋代詩人仇遠也寫了這樣的一首〈處暑後風雨〉的詩：

疾風驅急雨，殘暑掃除空。
因識炎涼態，都來頃刻中。
紙窗嫌有隙，紈扇笑無功。
兒讀秋聲賦，令人憶醉翁。

所謂天涼好個秋，不僅是天氣，也是心境，人到中年，心志不再燥動，才懂得珍惜中年之靜涼。

處暑時節，適逢道教的中元鬼節，和佛教的盂蘭盆節，民間既祭祖靈也祭亡魂，舊時宮府、東嶽廟、城隍廟都會舉行佛、道兩種宗教儀式融合的活動，道場、佛會雙修，民間燒路紙祭祖，各地有齋醮，搭高臺棚座、施放焰火濟孤魂、紮法船焚化放水流謂之慈航普渡，捏各式麵人、麵果，如羊、兔、虎、魚、桃、梨、柿、瓜、大頭娃娃等等，以紅豆點嘴，黑豆安眼，最後用玫瑰花裝身。

中元節是神、鬼、人共聚的秋收祭，有所謂告報秋成之名。因是秋收，贈予長輩的多用梨、桃等防秋燥之果，而戀人之間送秋石榴，因石榴除了形狀多子多孫外，現代人發現石榴亦富催情成分，只是古人不知怎麼也知曉的？

處暑時的養生之道在防秋燥，因為此時天乾地燥，人們的皮膚變得緊繃，容易起皮脫屑，頭髮也失去光澤，口唇容易乾裂，鼻咽上火，容易便結，這種現象即體燥。

體燥最容易引起乾咳，咽喉不適，手腳發熱，嚴重時會引起支氣管擴張，肺結核現象。防秋燥的飲食之道在於多喝溫水、淡茶、新鮮果汁、豆漿等等，但要如小鳥般量少而次多，而非牛飲，也要多食蔬菜及水果，如百合、蘿蔔、菠菜、蓮子、青椒、木耳、魚腥草、薏仁、燕窩等性平涼之物，要少食韭菜、大蒜、辣椒、薑、八角、茴香、青蔥等等食物，油炸之食亦須避免。如果因天氣一涼，就想吃麻辣鍋、炸臭豆腐等，只會使秋燥上身，不僅傷了秋肺，也往禍延冬日養身。

處暑節氣民俗——中元節日與天地水三界公

民俗節日有其演變的過程，初民社會多以自然崇拜萬物有靈為主，神格最高的是不具固定形象的天、風、地、水等等。隨著文明社會的進展，常民需要更貼近人類經驗的神格想像，以人為本的各種神話人物就登場了，如掌管天界的玉皇大帝，之後神話的信仰變成了宗教信仰，從佛教的釋迦牟尼、觀世音菩薩到基督教的耶穌到回教的穆罕默德等等，也變成了重要的神格，由宗教故事產生的各種神誕日及事蹟也成為民俗節日的源由。宗教之神十分尊榮，但民間更需要了解生民之苦之欲的普及神格，因此歷史人物死後變成的鬼神，就成為更大量的神格生產中心，如台灣民間虔拜的媽祖、關帝爺、城隍爺、王爺等等，也豐富了台灣各地的民俗節日。所謂民俗，必須有民間自發的約定成俗的力量，譬如媽祖過生日，從廟方祭典到民間神桌祭拜，都匯集了各種慶祝的儀式。

民俗節日有其民間的生命力，相形之下，由官方訂定的節日卻常常遇到後繼能量不足，像我在受國民教育時期，孫中山誕辰、蔣中正誕辰都是極受重視的節日，到如今卻逐漸遭受漠視。

節日也有其風水輪流轉，背後自有人為的因素，例如古代極受重視的陰曆三月初三上巳節，現今在台灣幾乎被遺忘，反而日本京都仍然舉行上巳修禊的神事。有的節日雖然繼續舉行，但原始的意義卻可能改變。

例如陰曆七月十五日的中元節，一般人都知道中元要普渡祭亡魂，家家戶戶在門口準備五牲給無人祭祀的好兄弟吃，以確保人間平安，但中元節成為鬼節是受了佛教目蓮救母的傳說所發展出來的盂蘭盆會的影響，許多人反而忘記了中元節日原本祭拜的並不是鬼而是自然界。

在台灣民間信仰中，有天地水三界公，分別是陰曆正月十五上元節日祭拜天官大帝，陰曆七月十五中元節日拜地官大帝，陰曆十月十五日下元節日拜水官大帝，這天地水原本指的是自然界最原始的生命力，天地水既是人之所需，又可毀滅人類，因此敬天地水與畏天地水是一體之事。

但當人類逐漸脫離自然之後，談天地水對有些人而言是不夠具體的，自然崇拜反而需要人間的想像力，於是就把天地水的自然力，轉換成人間社會的官職與帝位，天地水就變成了天官、地官、水官大帝。其實世上那有什麼官、什麼大帝的力量比得上自然力？只是短視的人們，往往只看得到人間社會的力量，在平常日子裡，小小地方的官都好像很夠力，但碰到天災大難臨頭時，卻是皇帝大人都不管用的。

中元普渡的日子裡，我們需要好好思索三界公的真實意義是什麼，拜天地水三界公的前提要先接受自然法則的力量，把天地水封成大帝拜拜卻不顧自然力是不管用的，我們需要神聖的節日來提醒我們自然界的神聖。在中元的日子裡，我們應當好好反省先民信仰中在中元祭地官大帝的原始意義是什麼，如把房屋蓋在斷層帶上，遇到地牛翻身，地官大帝也保佑不了，我們必須反省人類的受難，尋求生命的昇華。

今年，讓我們過個回復對天地水敬畏的中元節吧！

處暑節氣餐桌——秋刀魚之味

台北的處暑，還不會強烈感覺到夏天被處決了，來到溫帶氣候的東京，雖然東京夏日也很炎熱潮濕，我就認識一對東京老夫婦，每年夏天都會去歐洲避暑，處暑前才回來。

老夫婦約我們見面，說要吃新上市的秋刀魚，秋刀魚是節令魚，每年在處暑左右最美味。我年輕時看小津安二郎的電影《秋刀魚之味》，還不太明白電影中的中老年爸爸捨不得嫁女兒的心情，及至自己也中年近老了，才明白電影用秋刀魚暗喻人生之秋的滋味，就如秋刀魚清甜中帶苦澀，而秋刀魚的形狀正如一把尖刀，象徵著把人生之盛夏給處決了。

東京的處暑，晚間已有涼風，秋天的腳步已慢慢接近身邊了。我們在赤坂的小料亭先吃新鮮秋刀魚做的生魚片，這個滋味在台北難以品嚐，因為秋刀魚不耐擺，容易生腥氣，新鮮的秋刀魚不沾芥末醬油用薑蔥沾酸桔醬，吃來清爽脆口，再吃炙到半生熟的秋刀魚壽司，這種口味我也沒吃過，真是創意做法（一般只用鰹魚、鮪魚做如此燒霜處理）。最後當然吃我熟悉的炙燒秋刀魚，但因為是新鮮的魚，烤好的魚肉仍然鮮活有彈性，尤其是魚內臟的苦味迴旋口中異常豐富，比頂級莊園黑巧克力之苦還令人迷戀，秋刀魚之苦是有肉體氣息的苦味。

三味秋刀魚吃下來，美味催眠了我，我變得十分歡欣，對人生的看法也更正向了。何必懼怕人生之秋呢？人生之秋若能像品味美好的秋刀魚般，也可以過得很豐富，畢竟有的滋味只有秋天才有，秋刀魚的苦味、柿子的澀味，懂得品味者，苦澀亦是美味，人生不也如此？懂得生命微苦微澀，才會更珍惜人生的甘甜。

處暑節氣旅行——羅馬晚夏早秋的美味

八月下旬歐洲已進入夏天的尾巴（此時是處暑節氣，已有早秋氣息了）。我們來到羅馬，旅程已近尾聲，好胃口也想休息了，威尼斯式海鮮、佛羅倫斯式牛排都不再引人唾液，只想吃些清爽的食物。還好朝鮮薊和筍瓜花還未下市，猶太式炸朝鮮薊要到猶太區去吃，炸的是比一個拳頭還小深紫色的朝鮮薊，筍瓜花瓣中夾軟乳酪和鹹鯷魚裹蛋汁麵衣炸，兩式炸物都處理得不油膩，不輸日本人的天婦羅（炸物本是日本人學南歐人），配上清淡爽冽的奧維多白酒，讓暑熱的晚夏也有了食興。

羅馬的歷史中心區不大，我喜歡住在近萬神殿一帶，往南走十分鐘，可以到老猶太區吃炸朝鮮薊，往西南走十分鐘到花市廣場吃炸筍瓜花，花市廣場上有個當年因堅持宇宙擴張說而被教廷判在廣場上受火刑的布魯諾，但世人多忘了他，反而貪生的伽利略知道惹不起教廷而收回地動學說保住了命，日後也證明了伽利略是對的。人生在世是否要和強權抗爭，布魯諾和伽利略的兩例，真令人為難啊！

從旅館住西走七、八分就是費里尼電影《甜美生活》中有著四大洲噴泉的娜諾瓦廣場（當年澳洲還未發現），這座巴洛克式廣場旁的餐廳食物比庶民的花市廣場細緻，我喜歡坐在一家熟店的露天座位上，吃強調不用冷凍食材只用新鮮作料現做的義大利麵。羅馬人在晚夏會吃很簡單的麵，例如帶點辣味的番茄醬汁拌蛋麵或用新鮮番茄、茄子、羅勒調製的螺旋麵，我用午餐時看到店家黑板上寫的時令菜單，我雖不會義大利文，但和飲食有關的義大利文卻認識不少，看到了剛上市的秋日牛肝菌，叫了一份生吃另一份油烤，撲鼻的菌香讓我提前享受到早秋的風味。

在義大利旅行時，尤其是大城市的觀光區，想隨便吃到美味的食物並不容易，有些生意人只愛賺錢，都賣千篇一律的觀光客餐。對沒閒工夫看城市飲食指南或上網查Trip Adviser 的人，有個簡單的方式，就是看店家有沒有在餐廳外張掛時令菜單或主

廚建議。不管什麼城市，總有對自己工作有理想的人，即使服務觀光客，也想對自己城市的美食盡一份介紹責任。

我在旅館附近的小披薩店，吃到了用四種較不平常的新鮮番茄做的手工羅馬披薩，用了黃色的櫻桃番茄、紅色的葡萄番茄、長方型的番茄、瓣狀的紅番茄，每一種番茄都有自己的口感和甜味。店家還替這個綜合番茄披薩取名Slow Food慢食披薩，大概是受慢食運動保育特殊品種的影響，有保育也要有消費才可生生不息，吃一份照滿夏季陽光的不同品種的新鮮番茄披薩，也可支持辛苦栽種特殊品種的農人。

晚夏的羅馬，吃沙拉也是不錯的選擇，有幾種羅馬人愛吃的菜式，水牛奶乳酪、番茄配芝麻菜或蜜瓜生火腿或各式香草葉配炭烤黃椒紅椒紫茄，這幾種冷食當成晚夏夜晚的輕食，之後再放縱地吃上一大杯四色水果雪酪冰淇淋。義大利的確是世界的冰淇淋之國，每一個城市都會有幾家好吃極了的優質手工天然冰淇淋。羅馬的冰淇淋有高達一百五十款的口味，夏天我絕不吃巧克力口味，都吃檸檬、白桃、羅勒、鳳梨、西瓜等等，這些夏天的時令水果冰淇淋是最好的晚安曲。

我們的旅行在羅馬即將告一段落，在晚夏早秋溫暖微涼的天氣中，我吃到了季節交替的滋味，而飛返台北之後的我，又將展開新的生活，人生一程又一程，一季又一季，旅行中許多瑣事日後或許會遺忘，忘不了的是季節的美味和人生有伴相隨的甜蜜。

處暑節氣詩詞

〈襲美見題郊居十首，因次韻酬之以伸榮謝〉唐・陸龜蒙（其八）

強起披衣坐，徐行處暑天。
上階來鬬雀，移樹去驚蟬。
莫問鹽車駿，誰看醬瓿玄。
黃金如可化，相近買雲泉。

〈秋日喜雨題周材老壁〉宋・王之道

大旱彌千里，群心迫望霓。
簷聲聞夜溜，山氣見朝隮。
處暑餘三日，高原滿一犁。
我來何所喜，焦槁免無泥。

〈七月二十四日山中已寒二十九日處暑〉宋・張嵲

塵世未徂暑，山中今授衣。
露蟬聲漸咽，秋日景初微。
四海猶多壘，餘生久息機。
漂流空老大，萬事與心違。

〈次韻畢叔文苦旱嘆〉宋・趙蕃

爾何不歸乎故宇，卻向殊方書閔雨。
江東數月不得書，憶弟看雲在何許。
舊傳重湖北之北，米賤真成等泥土。
如何比歲公及私，衰竭不能堪再鼓。
貧家一飯有併日，遠市朝炊或亭午。
朱門但知粱可厭，我輩翻嫌字難煮。
晚且禾秀早向實，春簸不須逾處暑。
胡為旱勢復如此，坐致詩人形苦語。
如聞巫覡有通靈，肸蠁似逢人問嫗。
前朝一雨苦不難，況今靡神無不舉。
會當勞以三日霖，綠浪黃雲看掀舞。

〈處暑氣候農業詩〉佚名

處暑伏盡秋色美，玉黍甜菜要灌水，
糧菜後期勤管理，冬麥整地備種肥。

秋

節氣15

白露

陽曆9月7日～9月9日交節

白露節氣文化

當地球公轉運行至黃道一六五度，始於陽曆九月七日至九月九日之間（二〇二五年為九月七日），就到了秋天的第三個節氣白露，因此白露也稱為「三秋」。

白露是物候現象，指的是因氣溫下降天氣變涼，每天晚上的寒氣從入夜到清晨在地面或草木上結成了白茫茫亮晶晶的露珠，因而稱之白露。白露是個很美的節氣之名，唐代大詩人李白形容白露最巧，「玉階生白露，夜久侵羅襪，卻下水晶簾，玲瓏望秋月」，把白露的形、色、光、情都描寫得十分傳神。

古人觀察到白露三候現象，《月令七十二候集解》記載「鴻鴈來、元鳥歸、群鳥養羞」（羞同「饈」）。意思是此時大雁開始南飛避寒，北方的燕子開始南歸，而百鳥為了過冬開始儲備乾果做冬饈。

白露的天氣，是秋天中日夜溫差最大的時段，在〈夏九九歌〉中，夏至過後，到了處暑七九六十三，夜裡入睡要上床尋被單，到了白露是八九七十二，夜裡就會思量蓋夾被了。就是怕夜露濕重而受涼，因此才有「白露勿露身，早晚要叮嚀」的俗諺，叮嚀人們要注意早晚溫差以免受涼。白露在處暑後十五日，也還在「處暑十八盆」所說的處暑後十八日仍然需要水盆沖涼，但過了白露三日後天氣就真正涼了，身體也不再會流汗了。

白露季節和農事、花事關係密切，處暑時收獲高粱、玉米等新糧，白露是種麥、育菜苗的季節。有些農諺，如「秋靠露，冬靠雨，白露勿攪土」和「白露白迷迷，秋分稻秀齊」，都在說明白露有露水的重要性，但這些露水千萬不可變成雨水，因為白露後若下雨就慘了，農諺的「白露前是雨，白露後是鬼」，就指離秋分愈近，愈不可有雨來攪土破壞收成。白露亦是秋天花事多事之秋，蓖麻、腸草、藜科等植物紛紛開花，南方的桂花也在此時處處飄香，白露之秋和清明之春正是一年之中重要的兩大花期，也是人們最容易發作花粉熱的季節。

白露節氣也因白露兩字入詩容易，不少大詩人都寫過白露的節氣詩。李白對白露節氣十分鍾情（是否和他叫李白有關？），除了前面提到的「玉階生白露」外，還寫了幾首和白露相關的詩，比方〈金陵城西樓月下吟〉：

金陵夜寂涼風發，獨上高樓望吳越。
白雲映水搖空城，白露垂珠滴秋月。
月下沉吟久不歸，古來相接眼中稀。
解道澄江淨如練，令人長憶謝玄暉。

這首詩以白露入詩，假藉了季節的清冷轉換成歷史的空涼，讀來才如此靜寂，「白露垂珠滴秋月」，幾乎可以聽到清冷的露珠點滴聲。

李白還有一首〈代秋情〉：

幾日相別離，門前生穭葵。
寒蟬聒梧桐，日夕長鳴悲。
白露濕螢火，清霜凌兔絲。
空掩紫羅袂，長啼無盡時。

白露與清霜對的真好，以物述情，躍然紙上，「寒蟬聒梧桐」彷彿聽到自然界在彈古琴，「空掩紫羅袂」，「紫」字用出眼下清涼蕭瑟之色。

除了李白外，李白的好友杜甫也不遑多讓，寫下了膾炙人口的〈月夜憶舍弟〉：

戍鼓斷人行，邊秋一雁聲。
露從今夜白，月是故鄉明。
有弟皆分散，無家問死生。
寄書長不達，況乃未休兵。

一句「露從今夜白」的千古名句，立即點出了世態人生的淒涼，「無家問死生」一句，也讓我想起我父親那一代所承受的台海兩岸親人相隔四十年的時代之苦痛，真悲涼啊！

李白、杜甫的白露詩，都深藏著秋思秋悲，令人不勝感懷。但陸游有一首〈秋日睡起〉卻寫出了另一種達觀的生活之道，讓人讀來很釋懷：

白露已過天益涼，練衣初覆篝爐香。
天其閔我老且憊，付以美睡聲撼牆。
離騷古文傍倦枕，砥柱巨刻懸高堂。

睡餘一讀搔短髮，萬壑松風秋興長。

這首詩讀來就讓人感受到陸放翁的活到老看透人生的可愛，銀髮族應多讀放翁曠達之詩，才可提振生命力，面對老境能樂觀相處。一句「萬壑松風秋興長」，語氣真豪邁啊！

白露起，陰氣逐漸旺盛，人體內若陰濕過重，就容易產生支氣管哮喘、咳嗽、風邪與關節風濕的現象。在中國江浙一帶，白露節氣有吃十樣白的食俗（秋日五色主白），十樣白即十種以白為字首的草本植物，如白朮、白芨、白木耳、白木槿、白果、白蓮子、白百合等去熬煮烏骨白毛雞，據說可以補陽去身體的風濕。

白露時節亦要補肺，在五行五色養生的思維中，秋天以白色養肺金，而秋季當令的食物中又以白色為主，想想看，柚子、銀杏、梨子、川貝、百合、山藥、木耳不都是白色的嗎？用以上這些食材，就可做出如水梨燉豬肺、白果燉燕窩、百合燉鴨蛋、蜂蜜核桃山藥、杏仁牛奶、白果豆腐皮粥等等，都是白色的白露養生飲食。

白露季節身體容易過敏，要特別小心容易引起過敏的食物，例如螃蟹、蝦、韮菜花、辣椒等等，凡是容易引起火氣、刺激性強的食物都要忌口。另外，對花粉特別敏感的人，出外要戴口罩，還要多吃可潤肺化痰之物，如百合、杏仁、川貝、西洋蔘、沙蔘等。

白露節氣民俗——中秋節日的傳說

二〇一四年的中秋節來得特別早，陰曆的八月十五日竟然在陽曆的九月八日，比往日常在秋分（陽曆九月二十二日至二十四日之間）前後才遇上的中秋節，整整早了快一個節氣（十五日），因此二〇一四年的中秋特別熱，連晚上都沒涼風。未到秋分涼風不至，悶熱的夜晚使得烤肉的興致也減少許多，再加上餿水油事件，二〇一四年的中秋節對台灣民眾而言特別沒情調。

中秋節當天有位美食界的朋友送來一盒月餅，此兄說他今年收到了四十幾盒月餅，只有到處分送，現今收月餅成災的人或許應該發起月餅待用的愛心活動，把收到根本吃不下的月餅送至某集中地，再分送到想吃卻買不起月餅的人手中，這種活動就叫月亮代表我的心吧！

在一年三大節日（端午、中秋、陰曆新年）的食俗中，送月餅的人多過送粽子和送年糕，可能和粽子、年糕如今平常日子也吃得到有關，不像月餅，大多在中秋節才會買、才會想吃。我平常會吃粽子、年糕，但一年中只有中秋會應景吃月餅，因年紀一長，吃月餅的興頭愈來愈小，外子也說他小時候最期盼吃月餅，但現在卻對月餅沒什麼胃口，反而是湖州粽每個星期都會想吃一粒。

關於月餅起源，以前大家都聽過這樣的故事：漢人要對元代韃子起義，相約在陰曆八月十五夜活動，密約就寫在紙上塞進月餅中，起義之士互相送月餅告知。但月餅早在宋代的《燕京歲時記》中已有記載，想必漢人早就有吃月餅的風俗，才會想到在餅中放密信。至於送餅到他家，也許真的起源於元代，後來就以相贈月餅來慶祝漢民族抗元大團圓。

這則月餅故事太泛政治了，恐怕和後來反清復明，中華統一的政令宣導有關。我喜歡的關於月亮的傳說，是早在屈原寫〈天問〉中就提到的玉兔，之後漢晉的傳說中有了桂樹，唐代又有吳剛伐桂樹的傳說，而民間在祭月時，也會祭兔。

這些傳說，本來只當故事聽，一直到開始研究節氣、八字、五行後，有一天忽然想通了極簡單的道理，就是陰曆八月地支是酉，酉屬金，木的地支是卯，酉卯冲即金剋木。這些八字五行相剋相生之理，一般民眾，尤其小孩哪裡會懂，於是抽象的八字邏輯的酉金剋卯木就用吳剛伐木來象徵（這就是為什麼吳剛要叫剛了，形容其刀之堅銳），而卯既象徵木又代表兔子，伐桂樹（桂樹是秋天的樹）有木在酉（金）月受剋之意。至於為何不殺兔子，而讓吳剛伐桂時，玉兔在旁觀看，則是編故事者的高明，如果故事編成兔子被砍得血淋淋，這則故事還能說給小朋友聽嗎？早就流傳不下去了。我們聽過殺雞儆猴，吳剛是砍桂（木）儆兔（卯），有趣的是酉卯相冲的八字道理，就深藏在中秋節的傳說之中，等待有心人的發現。

白露節氣餐桌——秋果的恩寵

一過白露，時近秋分，上市場走走，就可看到許多秋果上市，就讓我想起了銀杏。

記得十幾年前陪父親回大陸老家探親，到了江蘇省的如皋市，當年已八十歲的父親，仍然有不少父親的長輩來飯店歡迎他，這些父親也得叫叔叔嬸嬸、表哥表嫂的人，個個看起來氣色紅潤，臉上皺紋不多，老人斑也少，還有騎腳踏車來的，一問年齡，這些人竟然大都已九十來歲了，簡直不可思議。

如皋市在大陸以平原上的長壽鄉出名，因為其它長壽的地方都在高山幽谷，不像如皋市位於江北挺繁榮的地方，離省會南通市不過一個多小時的車程。

我問當地的耆老長壽的祕方是什麼？他們說因為這裡家家戶戶都種銀杏樹，連街道上的行道樹也是銀杏樹，而許多銀杏樹都有七、八百年的歷史了，平常綠蔭滿街，一到秋天，都是黃金般燦爛的黃葉。

當地人說他們都有吃銀杏的傳統，而且是吃樹上採下來最新鮮的銀杏，但每天吃不多，因為銀杏有微毒，一日不可吃超過六粒。

我也想起每年秋天一到，日本京都人的土瓶蒸內一定會放進幾粒新鮮的銀杏，而居酒屋中也會推出鹽烤新鮮銀杏，一串三粒，吃兩串剛好。

京都的大街上也種了不少銀杏樹，像東本願寺的旁的烏丸通上，秋天金葉閃動的

白露

陽曆9月7日～9月9日交節

景象也十分美麗，其中的老銀杏樹，據聞也是當年開寺的僧人所植。

從家中院子到路上種銀杏樹，不只可以提供珍貴的銀杏果，銀杏樹對空氣還有淨化的作用，老樹的功效真大，這也是銀杏樹被稱為神樹的原因。

銀杏雖好，但不要以為去買冷凍的或包裝成錠粒的銀杏精也有同樣的作用，爸爸家鄉的人告訴我，他們從不吃不新鮮的銀杏。

要吃新鮮的銀杏，人得離銀杏樹不遠，這正是和自然共生的智慧，自然會提供恩典給予懂得和它們和平共處的人們。

我問當地老人會不會給銀杏樹下藥施肥，這些人奇異地睜大眼看著我，說幹嘛害這些樹，它們有老天爺照顧，的確，野放粗放的銀杏樹才有原始的生命力。

與自然和諧相處的人，懂得自然的真善美，不會受商人之欺，把人工製成的銀杏精說得天花亂墜。

秋果上市，我看著市場中的栗子、柚子、柿子、梨子、水蜜桃、蜜蘋果等等，這些都是防秋燥可潤肺的珍果，但有些還以粗放的方式種植，下藥施肥不重，有些卻藥多肥重，消費者可要懂得分辨，農人也當好好想一想，何必用化工農藥肥料這樣折磨大自然秋天的恩寵之果呢？

白露節氣旅行——京都白露懷石之味

在十六世紀的日本桃山時代，茶道宗師千利休大力推廣「清、靜、幽、寂」的茶道侘寂文化，但因空腹直接飲用發酵度十分淺輕的抹茶，很容易造成胃的不適，他於是想到了在用茶之前吃些茶食。

但這些茶食只宜小填胃，絕不能飽腹，因為之後的正事是品茶，這可是要跪坐在榻榻米上好長的時間，飽腹是絕對不耐久跪坐的，再加上品抹茶時，需要很敏感的味蕾及專注的心思，因此茶食宜清淡，絕不可奪茶之味。

千利休創出一汁三菜的懷石料理，取名「懷石」，用典甚雅，乃因有些修行中的禪宗和尚，為了止饑，會把石塊溫熱後，置於腹上，以減少腹中的空寂感。

懷石止饑，為了修行，懷石在此，取代了真正的食物，強調精神的力量，象徵取代實用。懷石料理由此出典，自然延續著這種象徵主義的作風，以空的境界、留白的韻味來布陳食物的手法，彷彿宋人的山水畫中，在空間大量留白的畫風。

記得我第一次去京都旅行時，在龍安寺的方丈庭院，看著室町時代留下的枯山水，細紋白砂上，散落著幾塊島狀的灰石，如此簡單，如此空靈，意思卻是天地無限。

九月下旬，秋華的香氣飄散在洛北山林間，熱愛秋茸的京都人等了一年，又到了可以在土瓶蒸內放上新鮮而非乾燥的秋茸的時候。我和朋友坐在位於東山附近的「菊乃井」料亭吃懷石料理，吃著加了秋茸的御飯和土瓶蒸，沉醉在秋茸無與倫比的香氣之中。朋友說，秋茸的香氣把大地豐收的滋味，全收成一縷幽香了。

懷石料理的分量極少，跟近代中國人團圓飯的概念正好相反。懷石尚「空」，如一輪新月掛在枯枝頭，雖冷清，但月意幽遠；中國人的團圓飯尚「滿」，要像圓月般豐滿完整。

吃中國飯，大口吃菜大塊吃肉，飽足後，也就解脫了：從中國歷史上無數的饑荒與動亂的憂慮與恐慌中解脫。因此，食物要「滿」，來填滿腹中、心底的不安全感。

懷石料理卻是修道人的食物，食物只是人和天地對話的媒介，而非阻隔，一點點食物，讓人懷想春風秋月夏綠冬雪。

懷石料理講究食物的原始本色，時令和季節感是食材的靈魂，小小口的懷石食材，要吃得出季節的律動。

白露節氣詩詞

〈白露〉唐・杜甫

白露團甘子，清晨散馬蹄。
圃開連石樹，船渡入江溪。
憑几看魚樂，迴鞭急鳥棲。
漸知秋實美，幽徑恐多蹊。

〈洞庭秋月行〉唐・劉禹錫

洞庭秋月生湖心，層波萬頃如鎔金。
孤輪徐轉光不定，遊氣濛濛隔寒鏡。
是時白露三秋中，湖平月上天地空。
岳陽樓頭暮角絕，蕩漾已過君山東。
山城蒼蒼夜寂寂，水月逶迤繞城白。
蕩槳巴童歌竹枝，連檣估客吹羌笛。
勢高夜久陰力全，金氣肅肅開星躔。
浮雲野馬歸四裔，遙望星斗當中天。
天雞相呼曙霞出，斂影含光讓朝日。
日出喧喧人不閒，夜來清景非人間。

〈和松樹〉唐・白居易

亭亭山上松，一一生朝陽。
森聳上參天，柯條百尺長。
漠漠塵中槐，兩兩夾康莊。
婆娑低覆地，枝幹亦尋常。
八月白露降，槐葉次第黃。
歲暮滿山雪，松色鬱青蒼。
彼如君子心，秉操貫冰霜。
此如小人面，變態隨炎涼。
共知松勝槐，誠欲栽道傍。
糞土種瑤草，瑤草終不芳。
尚可以斧斤，伐之為棟梁。
殺身獲其所，為君構明堂。
不然終天年，老死在南岡。
不願亞枝葉，低隨槐樹行。

〈秋懷詩十一首〉（其二）唐・韓愈

白露下百草，蕭蘭共雕悴。
青青四牆下，已復生滿地。
寒蟬暫寂寞，蟋蟀鳴自恣。
運行無窮期，稟受氣苦異。
適時各得所，松柏不必貴。

〈送別〉唐・高適

昨夜離心正鬱陶，三更白露西風高。
螢飛木落何淅瀝，此時夢見西歸客。
曙鐘寥亮三四聲，東鄰嘶馬使人驚。
攬衣出戶一相送，唯見歸雲縱復橫。

〈秋日睡起〉宋・陸游

白露已過天益涼，練衣初覆篝爐香。
天其閔我老且憊，付以美睡聲撼牆。
離騷古文傍倦枕，砥柱巨刻懸高堂。
睡餘一讀搔短髮，萬壑松風秋興長。

秋

節氣16

秋分

陽曆9月22日～9月24日交節

秋分節氣文化

當地球公轉運行到黃道一八〇度，始於陽曆九月二十二日至二十四日之間（二〇二五年為九月二十三日），這一天太陽直射赤道，剛好晝夜的時間均分，因此稱秋分。秋分亦是黃道天秤星座的起點。秋分也稱秋半，因為這一日正是秋日九十天的一半，過了這一天，太陽直射的位置逐日向南移動至南回歸線，北半球每天的白晝慢慢減短，黑夜增長，在西洋人是非黑白的氣候觀中，秋分才代表夏天的真正結束以及秋天的正式開始。

中國人則把秋天區分成立秋的「迎秋」和秋分的「祭秋」，這兩者有何不同呢？立秋時天子率百官到城西門外九里處迎秋，這時祭拜的是秋神在天的概念，因為中國人知道秋天已經在天上成形了，但要等秋天走到了一半，秋天才真正現身地上，因此秋分時天子和文武百官會在城中央的土地祭拜秋神，這時拜的是秋神在地的概念，區分這種祭天拜地的觀念亦是中國人對天地較幽微的看法。

城中央之地即社，代表神聖的土地，中國人最早的城邦意識即來自結社所在，因此對中國人而言，春分與秋分的社日都十分重要。

中國古代春分與秋分都有春秋大祭，春社大祭以春耕為主，秋社大祭以秋收為主，春社許願希望當年風調雨順收成佳，秋社時還願謝神明慶秋收。古代天子的政事和農事密切相關，如果一年農事不佳，在秋社時天子就得向天地告罪。

社的觀念原本只是神聖的土地，後來自然有靈的思維慢慢轉變為人格神，就有了土地公的概念，秋社也成了民間祭拜土地公（社公）的日子。後來人們怕土地公寂寞，才又有了土地婆（社婆）的出現，藉著祭拜土地公婆的名目，秋社也成了人們在秋天請客吃飯的日子（否則祭品誰吃？）。社日要吃社飯喝社酒品社糕，也都和新米入荷的習俗有關，新米煮飯最香，飯上鋪著煮熟的豬羊肉、肚、肺；社酒即新米酒（因此日本人才把當年新釀成的清酒叫社酒）；社糕亦是用新米做出來的各種甜米食，米糕上要插五色旗代表五行俱足。

秋分是重要的收成季節，天氣的穩定性很重要，秋分的農諺「秋分天氣白雲多，到處歡歌好晚禾，最怕此時雷電閃，冬來米價貴如何」說明了秋分不怕多雲小雨，卻不可有電雷暴雨。

《月令七十二候集解》上秋分記有三候現象「雷始收聲、蟄蟲壞戶、水始涸」，表示秋分後陰氣旺盛，喜陽盛的雷就不該發聲，如還發聲，就代表當年天地的陰陽不平衡。此外，天氣趨冷，要準備冬蟄的小蟲開始藏入土中，並且用細土封戶以防寒。這時候的雨量漸小，即使秋雨綿綿，但都是小雨，天氣也愈來愈乾燥，以至水塘、沼澤、河流、湖泊的水都愈來愈乾涸。

秋分時秋天已成形，對詩人而言反而不如立秋、白露等節氣引發秋思，因此詩人多喜歡詠早秋或晚秋而非中秋。在秋分詩詞中，宋代詩人陸游卻有一首反映日常生活的好詩〈秋分後頓淒冷有感〉：

今年秋氣早，木落不待黃，
蟋蟀當在宇，遽已近我床。
況我老當逝，且復小彷徉。
豈無一樽酒，亦有書在傍。

飲酒讀古書，慨然想黃唐。
耄矣狂未除，誰能藥膏肓。

對陸放翁而言日日皆好日，只要飲酒讀古書，心態真是老而彌堅，令人嚮往。

秋分時節，亦是中秋佳節，宋代楊公遠有首〈癸未中秋〉：

涼入郊墟暑漸微，奈何節序暗推移。
景逢三五秋分夜，光異尋常月滿時。
按舞霓裳仙綽約，長春靈藥兔迷離。
廣寒宮桂花空發，近世無人折一枝。

秋分夜逢月圓，天地人一起慶月圓地滿人團聚。此詩也暗藏寂寥，「近世無人折一枝」，道出詩人的難遇知己。

秋分節氣由於晝夜相等，也代表天地的陰陽平衡，人體也應當陰平陽祕，不可失衡。在秋分的養生之道中，要注意涼燥現象，在秋分之前因仍有暑熱，秋燥以溫燥為主，但秋分之後天氣轉涼就成為涼燥，涼燥常見的現像是乾咳無痰、容易怕冷、頭痛鼻塞、口乾舌燥，此時要多食益肺潤燥的食物，如核桃、甘蔗、雪梨、糯米、蜂蜜、芝麻、柑橘、山楂、蘋果、葡萄、水梨等等。

預防涼燥要忌口食物，要遵守「少辛增酸」（秋季五味主酸味）的原則，要少吃蔥、蒜、茴香、薑、辣椒，千萬不要以為天氣涼了就可以大啖麻辣鍋，否則火氣上身可不好受。

秋分節氣民俗——孔子爲何作春秋？

二十四節氣是怎麼來的？早在遠古上三代時，古人最早發現一年之中土圭投射之影最短的夏至與最長的冬至。換用今日天文學的解釋，地球繞著太陽公轉的路徑即黃道，對北半球的人而言，當太陽直射北迴歸線時，北半球受日照最長的一天即夏至，但當太陽直射南迴歸線時，則是北半球受日照最短的一天，即北半球的冬至。夏至晝最長夜最短，反之，冬至晝最短夜最長。到了周代時，除了夏至、冬至外，也有了春分、秋分的記載，春、秋分是古人發現的另兩個天文現象，即一年之中會有兩天土圭投射的日影等長，照今日天文學的解釋則是一年之中，當太陽從北迴歸線折返往南直射赤道後，繼續往南迴歸線後折返往北再直射赤道後再往北行，直射赤道的兩天即日夜等長的春分、秋分。

夏至、冬至、春分、秋分即古代的四大節，後來再發展成八大節，到了漢代，在〈淮南子天文訓〉中已可以看到完整的二十四節氣的記載。

節氣是記錄地球繞著太陽公轉的黃道路線的二十四個標記，對地球上的人而言，可標記一年當中太陽和地球的日照關係，這就是所謂的太陽的曆法（陽曆），希臘人的黃道十二宮開始的牡羊星座，亦即黃道春分的開始。

我們可以想像，在天文知識還是新興的探索領域時，古代好學的人對各種天文現象一定懷抱著極大的知識熱情，也許當時有一個智者，後人稱他為孔子，對太陽施予地球的日照竟然有極多與極少的兩種，但也有平等平均的兩種感到好奇。這位從自然天文現象中思索，進而把自然哲學發展成經世哲學的人，領悟出一個重大的道理，即好的君主應當學習有平等精神的春分與秋分的太陽，而不能學習行事不均衡的夏至與冬至的太陽。從這個思想的原點，這位智者又想到了能實踐春分與秋分日夜等長哲理的人一定不是普通的人，而是仁人，我們仔細來看看仁這個漢字吧！那兩橫不正像春分與秋分日夜相等的天文記號嗎？

當我想到了孔子或許從春分秋分天文現象中發展出他的政治哲學時，我也看到了一個對天地人的天文關係有感應有想法的人，也突然懂得了孔子為何作春秋。春秋大義談的就是平均平衡中庸的中道精神，所以孔子作春秋而不作夏冬，而所謂天道不仁也成為很容易理解的話，天道有春分秋分但也有夏至冬至，故天道無法仁，但人如果肯奉行春分秋分的平等精神行事，反而可以行仁道。

孔子真是浪漫的思想家，仁道精神雖美，但想想老天一年也只有兩天是日夜等長的春分、秋分現象，要人類三百六十五天都學春分、秋分多難啊！怪不得自古以來，只見天道不仁，還見不到真正實行仁道的統治者，孔子雖明白鮮矣仁，卻仍然堅持一視同仁的精神，真是知其不可而為之的仁人志士，而後世儒家不談仁的平等精神，反而多談君臣相處不平等的五倫，當然和不敢違抗古代帝王的封建思想有關。

秋分節氣餐桌——秋分米食豐

秋天這個字，一看就見到了原野上的禾穀火紅了，秋天的大地形狀，就是禾穀成熟了，所謂的秋收，最重要的收成就是禾狀的百穀。

雖然說的是百穀，恐怕早已無人能說出原始的百穀為何，從神農氏創立了農業以後，「因天地，相天宜，教民藝五穀」，五是中國人天地五行秩序的識別系統，百穀成了五穀雜糧。黃帝「藝五種，撫萬民」，《詩經》中記載后稷獲良種如麥、痲、菽，再到了〈周禮．天官〉列出痲、黍、稷、麥、豆五穀，至此都還不見今人熟悉的稻主糧，一直要到〈孟子．滕文公〉中提到樹藝五穀，指的五穀才是稻、黍、稷、麥、菽。

稻米登場成為五穀之一，代表了古代農業技術的日漸成熟。農人都知道種稻不容易，比起黍、稷、麥、菽、痲都困難，一直到先秦時代，從《詩經》的各種記事中，我們都會發現當時人們主食以黍、稷、菽為主，加上今日不再當成飯吃的麻籽與菰米（茭白筍種籽）。

在糧食之中，稻一直因為稀有而視之尊貴，是適合神明吃的食物，用秋收入荷的新米釀製的甘酒與清酒，也成為先民在秋分秋社大祭時祭拜社神、農神、土地公的祭酒，一碗白米上插三支香（代表天地人），直到今日仍然是神壇祭桌上的重要祭品。

稻米成為南方人的主食，在人類的歷史上是很晚期之事，白米飯一直不是窮人的那一碗飯，窮人是以雜糧為食的，即使在日本人統治台灣的期間到台灣光復初期，吃番薯簽都比吃米飯普及。白米飯的珍貴，也可以從不少民諺中顯現，像「誰知盤中飧，粒粒皆辛苦」、「米粒吃不淨，臉上長痲子」。

台灣吃的稻米，最早的品種是由先人從閩南帶來的，到荷蘭人據台期間，已成退化的品種，為了改良品種，荷蘭人從東南亞引進了如今我們稱之為在來米的品種。在來米是熱帶、亞熱帶地區的米種，米心的澱粉質較少，米粒較鬆、口感較脆，口味也比較不那麼甘甜，這種米和今日泰國的香米較接近，和台灣、閩南的氣候風土也較接近。

但對主要來自溫帶氣候的日本人而言，在來米卻粗鬆難以下口，他們喜歡的米，要像新瀉越光米那樣黏軟的米才好。因此日本人治台後，就在氣候較似溫帶風土的陽明山竹子湖山區培育種植了今日著名的台灣蓬萊米。蓬萊米種的米粒黏性高，口感軟而甜，和中國大陸江浙一帶的米種較相似，古代有名的浙江嘉興米就以米粒黏甜著稱（因此嘉興才以粽子出名）。

所謂米有百種，以米做成的米食更何止百種，早期先民社會因米貴重，直接吃白米飯的機會較少，反而創造出豐富的米食文化，讓米食風景更多彩多姿。

品嚐米食，最極致的上品，當然就是直接由米粒炊煮蒸熟的那一碗白飯。煮飯的學問大，先談選米，上品的米當然是一年一收的米口味豐厚，歷經了完整的春耕夏長秋收的天地節氣循環。淘米要先醒米，就跟醒酒一樣，老米需要較長的時間醒，冬天要的時間也比夏天長，至於新米則跟新酒一樣不可醒太久，否則米香容易流失。

煮飯不管是用先民的釜（如日本人今日用的土鍋）或甑，都是用直火把飯炊熟，現代講究吃飯的人仍然認為用柴火蒸飯比電鍋煮飯好吃。日本人迄今仍很看重吃飯這件事，因此米飯就等同食事的代表，而茶懷石中左下角那一碗白米飯就象徵天地初心。

在日本食堂中，煮飯這件事常常由店老闆娘負責，就像古代神官一樣，供飯者要執事莊嚴，沒有三年工夫學不好煮飯。三年時間學什麼？從選米（包括判斷米種、米穀、米鋪的好壞）、淘米（判斷天氣的溫度與濕度）、加水升柴以及做人處事等等通通要學，煮飯往往是廚子練修養的生活道場。

白飯蒸煮好了，愈早吃愈好吃，所謂「只有人等飯、沒有飯等人」這回事，因此小鍋現煮的飯當然比大鍋飯好吃，之所以用大鍋飯形容粗陋之食即源於此理。早年人們一天要煮三次飯也是這個道理，那有像今日煮一頓飯回蒸一整天或兩、三天都用微波爐回溫的馬馬虎虎。

米飯適宜回蒸的只有糯米（因此粽子才包糯米），否則飯冷了就只能炒飯吃，炒飯倒是一定要用冷飯，而且用較鬆脆的在來米飯更適合（港式炒飯用泰國香米）。炒飯只宜用長筷攪，不宜用鍋鏟壓擠，才能炒得粒粒分明而不碎、米心透熟、鬆脆可口。

熱飯並非隨手可得，上海人愛吃的湯泡飯和日本人講究的茶泡飯，就是信手拈來的米食傑作，加熱湯熱茶就可以讓冷飯復活成一朵盛開的花，尤其日本人食茶泡飯，不只有止饑之用，還成了簡樸生活之道的象徵（注意泡飯不宜胃不好者）。

至於稀飯，反而不能用冷飯加水繼續煮。考究的粥，得用生米滾成熱粥，潮州人的白粥要用小火魚眼慢滾七、八小時讓米粒溶化成糜，台灣人的鹹粥講究湯清飯明，也不宜用冷飯加肉湯煮成濁糊糊。

台灣人早期吃的米都是在來米，也因此台灣古早味的米食多半都是由在來米製成，一碗飯兩碗粥三碗粿，可見得豐富的米食比飯可以養活更多人。此外，米食還可善用舊米，新米因米香足，口感鮮甜，吃來最好吃，但一年中新米入荷的時間不過短短兩個月，再碰上饑年就需有兩、三年的老米渡災。老米不香，但因澱粉質沉澱，米的延展性較佳，反而更適合做各式各樣的米食。

像閩台人的各種粿，就是用一至兩年的在來米打成的粿糰或米漿，可分別依器具形制做成米苔目、鼎邊趖、菜頭粿、甜粿、客家粄條等等。

早期的米苔目都是用純在來米製成，不會加地瓜粉或太白粉，用竹板製的器具為「粘」，可製成四、五公分眼睛狀的米苔「目」（命名之由來），不像今天的米苔目都用機器製成二、三十公分的條索狀。手工米苔目不易保存，要當天做當天吃，米苔目口感佳，甜鹹兩相宜，像我記憶中的童年，夏天的早上去北投市場喝一碗透心涼的綠豆米苔目冰，冬天的早餐就在同一攤家吃韭菜豆芽肉燥米苔目湯。

我很愛吃碗粿，碗粿用的是在來米漿，要選一年半左右的在來米，先製成粿糰蒸熱再打成米漿，這樣製成的碗粿，吃來不容易脹氣，台灣南部人愛吃的碗粿要在米漿中加肉燥，蒸出來是褐色的，不必加醬油膏料就夠味，北部人愛吃的卻是只加了蘿蔔乾的白色碗粿，當然要沾自製的醬油膏料才好吃。

客家粄條，廣東人稱之河粉，閩南人稱粿仔，也是常見的米食，以米漿入平板上蒸熟再切為粄，早期是人工，現在大多是機器。粄條口味在台灣也分南北，南部較厚，適合炒，北部較薄，適合做湯，客家炒粄條和廣東人的乾炒牛肉河粉是同工異曲之味，越南人的牛肉河粉湯和閩南人的粿仔條湯也有相似之風。

米粉亦是重要的米食，以南部埔里為主的水粉較粗，久煮不爛，適合做米粉湯，北部新竹則製成細米粉，是炊粉的一種，要用當期的新米和上一期的舊米混合，取新米的香味和吸水性以及舊米的韌性。炊米粉適合煮切仔米粉、鴨肉湯米粉與炒米粉。

好的米粉要選天然曬乾的米而非機器烘乾的米，據說天然曬米的口感紮實飽足，也比較容易保存。

在來米可變身為各種米食，還有爆米香、草仔粿、米血等等，米飯也可變形，如白米飯加滷肉燥，就成了台灣小吃中的名食滷肉飯了，此外用長糯米蒸出來的筒仔米糕以及用圓糯米炒出來的油飯，也成為過年喜慶的祭典米食。端午節吃的粽子，南部粽是用生的長糯米水煮，北部粽則用圓糯米拌炒再蒸，也從祭典米食變成一年四季一天早晚的加餐米食。南部人早餐吃花生菜粽配味噌湯，台北人宵夜吃燒肉粽配蘿蔔清湯，都有太平時代的足食之感。如今，米食已經夠吃到成為點心的時代了。

到了米食豐的現代，有些怕胖的人只吃菜不吃飯，但從前的人有句話：「飯好吃，菜才好吃。」不懂得吃飯，恐怕也很難懂得品嚐食物的真味吧！

秋分節氣旅行——東北溫泉鄉探秋

曾經聽說日本東北一帶有不少溫泉祕境，都隱藏在山麓深處，而且不少露天風呂還保持著傳統的茅草木造風格，還有男女混浴的風情。

前幾年的秋分，得空赴日本東北一遊，特別選在仲秋，是因為陸奧山區的楓紅景觀來得早，一向被日人推崇備至。想想看，如果泡在溫泉池中，天空飄下金黃的楓葉，慢慢掉入池中，該是多麼迷人的事。

日本朋友推薦我們去位於田澤湖附近的乳頭溫泉鄉，一來交通方便，從東京車站搭JR秋田新幹線，不到三小時就可到田澤湖車站。田澤湖是日本最深的湖泊，湖畔附近有不少現代化的旅館，有的旅人會在此先過一夜，遊遊湖、逛逛附近的田澤湖高原地帶的山毛櫸原始森林，至於想直接去乳頭溫泉鄉的旅客，也可從田澤湖車站換羽後交通巴士，約一小時就可到達乳頭溫泉鄉。

乳頭溫泉鄉有七處溫泉勝地，我們按照朋友的建議，先去乳頭溫泉鄉最古老的元祖溫泉鶴之湯，這個溫泉據說是一隻受傷的鶴為了治療自己而發現的，以富有療效出名，過去秋田的藩主即以此地當成溫泉療養地。

二百年歷史的鶴之湯至今仍有原始的古老茅原屋頂，這裡有四種不同的泉質，其中以被喻為美人湯的白溫泉最受歡迎，據說這種白溫泉洗後人的皮膚會變得特別柔嫩光滑。鶴之湯的露天風呂就對著一大片金黃、豔紅的秋葉，白溫泉的顏色有如可爾必思，當楓紅掉入池中時，紅白輝映，分外撩人。

旅館提供的溫泉料理是東北的鄉土料理，有各種山菜雜煮，涼拌蕁菜、松茸星鰻鍋和用仙台味噌燜滷的仙台牛肉等等，當然還有東北特色料理的蕎麥麵。

東北的溫泉和食物，妙就妙在「鄉土」兩字，因此別具自然的風味，令人回味無窮。許多日本的溫泉老饕，在遊遍各處溫泉鄉後，都對東北的溫泉鄉最為稱道。

第二天，我們轉往乳頭溫泉鄉中位置最偏遠的黑湯溫泉，這是乳頭溫泉鄉中第二古老的溫泉，由於位處山中，又都是茅草屋頂的木造屋，讓人覺得此處不像旅館，而像某人的山間木屋一般。

黑湯溫泉的電力來自發電機，因此入夜後，露天溫泉旁只掛上煤油燈，燈火在硫磺泉的白霧中迷離搖曳，讓人有如身在幻境之中，此時特別不宜聽鬼故事。

東北溫泉鄉，最適合喜歡尋幽探祕的旅客，身處荒野之中，泡著熱熱的溫泉，任山風吹拂，聽山語呢喃，想早一點就看到初楓變色，從日本東北山區開始，剛好和春日櫻前線路徑相反的秋日楓前線，從秋分到霜降，由北而南，歷經四十五日看盡秋楓燦爛的旅程。

秋分節氣詩詞

〈晚晴〉唐・杜甫

返照斜初徹，浮雲薄未歸。
江虹明遠飲，峽雨落餘飛。
鳧雁終高去，熊羆覺自肥。
秋分客尚在，竹露夕微微。

〈夜喜賀蘭三見訪〉唐・賈島

漏鐘仍夜淺，時節欲秋分。
泉聒棲松鶴，風除翳月雲。
踏苔行引興，枕石臥論文。
即此尋常靜，來多祇是君。

〈老人星〉唐・趙蕃

大史占南極，秋分見壽星。
增輝延寶曆，發曜起祥經。
灼爍依狼地，昭彰近帝庭。
高懸方杳杳，孤白乍熒熒。
應見光新吐，休徵德自形。
既能符聖祚，從此表遐齡。

〈秋分一首〉宋・蘇籀

礎濕嵐昏近海多，劍霜清刮手親磨。
輪囷馬棧非難整，索漠牛衣且勿呵。
好住延陵皋澤去，強同溱洧濟人過。
坐令幽谷遷喬木，盛論中原喻尉佗。

〈懷潘鄖屋〉宋・劉學箕

洛陽纔解佩，過眼忽秋分。
四海一明月，千山共白雲。
雁煙迷曉樹，蟲露濕香芹。
滿紙相思字，臨風欲寄君。

〈無言師還道院求詩〉宋・趙師秀

師已無言矣，今吾何所云。
惟知佛照子，曾管雁山雲。
天下閒為寶，人間熱似焚。
筠州郡齋近，安坐過秋分。

〈八月四日晚霹靂碎大柳木〉宋・樓鑰

秋分雷自合收聲，白露明朝忽震霆。
怪得坐中驚欲倒，鄰牆萬柳碎中庭。

〈秋分後十日得暴雨〉宋・曹彥約

負固驕陽不忍回，執迷涼意誤驚猜。
傾盆雨勢疑飛瀑，揭地風聲敵迅雷。
階下決明添意氣，庭前甘菊剩胚胎。
可憐歲事今如此，麥壟蔬畦尚可培。

〈秋分日憶子用濟〉清・紫靜儀

遇節思吾子，吟詩對夕曛。
燕將明日去，秋向此時分。
逆旅空彈鋏，生涯只賣文。
歸帆宜早掛，莫待雪紛紛。

秋

節氣17

寒露

陽曆10月7日～10月9日交節

寒露節氣文化

大陸南方十月的白天豔陽高照，正當秋高氣爽好金秋，但早晚卻已是露濕階冷了，所謂「寒露十月已秋深，田裡種麥要當心」。寒露節氣始於陽曆的十月七日至十月九日之間（二〇二五年為十月八日），此時地球公轉運行至黃道一九五度。寒露是天氣現象，指的是因早晚氣溫下降，露氣受寒而凝結，不像白露那樣容易蒸發而白茫茫，寒露似霜凍，因散發著寒氣，更要小心受寒。

《月令七十二候集解》記載著寒露

三候「鴻鴈來賓、雀入大水為蛤、菊有黃華」，意即此時在天際可看到大雁排成人字形的陣式，為了避寒向南遷飛；古代的人看到雀鳥在寒露時飛入大海中消失，而海邊卻出現不少如海貝的顏色與條紋的蛤蜊，就以為蛤蜊是雀鳥變的，這其實是古人的誤解；寒露之後，秋菊盛開。菊自古就被人們視為秋花之尊，農曆九月有「榮鞠」之名，鞠是菊的古字，陰曆九月，陽曆十月的寒露亦是舉行菊花花會的佳節。

寒露節氣中，亦逢陰曆九月初九的重陽日。九是陽數中最大數，九九更大，重陽九九日有長長久久之意。這一天有個傳說，話說在東漢時，有位懂仙術的費長房者，對其徒恒景曰：九月初九有大難，要登高避邪，並囑避難者臂上要插茱萸，到了山上要飲菊花酒。恒景照辦，待九日晚間回返，果然家中雞、犬、牛、羊俱死。

九是天數，九九是天數中的天數，九九登高，遠離人間，即象徵著人數不可違抗天數，登高而思危，則是人要學習謙虛，但現代人往往視登大山之高為征服高山，正是現代人的愚蠢與傲慢。

為何九九有災？這就和中國古代的陰陽學有關，數分陰陽，偶數為陰，奇數為陽，九為奇數中最大者，九九是最大的奇數，九九陽最盛，萬事萬物盛極必有災。陽亢有悔，九九數過陽則有禍，若要消災免禍，便需要化陽之道。茱萸是陰木，菊花是金水之精，插茱萸、飲菊花酒則有以陰調陽之效。

重陽亦有食花糕之食俗，糕同高音，吃的是菊花糕或桂花糕，吃糕亦有象徵登高消災之意，但後人逐漸忘了重陽登高吃糕的原意，反而視吃糕可步步高升，殊不知古人官做愈大愈危險，步步高升最後反而有身家之禍。

重陽節後來也演變為敬老節，祝賀老人長壽都說活到九十九，但人光歲數活得久是不夠的，活到天數之年要有德才能活得好啊！

寒露的字型與意境皆美，自然入詩極多，隨手拈來就有不少唐宋大詩人寫過寒露節氣詩，白居易在〈池上〉一詩中寫：

嫋嫋涼風動，淒淒寒露零。
蘭衰花始白，荷破葉猶青。
獨立棲沙鶴，雙飛照水螢。
若為寥落境，仍值酒初醒。

果然是詩人神來之筆，用「寒露零」三字點出「涼風動」、「花始白」、「葉猶青」、「寥落境」、「酒初醒」的天地人一心的境界，讓人回味不已。

唐代詩人李賀寫的寒露詩〈花游曲〉又是另一番心境：

春柳南陌態，冷花寒露姿。

今朝醉城外，拂鏡濃掃眉。
煙濕愁車重，紅油覆畫衣。
舞裙香不暖，酒色上來遲。

李賀這個少年郎，寫的都是寒露來青春遲晚的惆悵，但寫的真美，有如情詩。

宋人白玉蟾寫的〈江亭夜坐〉：

月冷松寒露滿襟，天容紺碧鶴聲沉。
夜深獨把欄杆拍，只有長江識此心。

此詩寫出了寒露江亭夜坐的蒼涼心境。蘇東坡寫的〈水龍吟〉中的一段：

青鸞歌舞，銖衣搖曳，壺中天地。
飄墮人間，步虛聲斷，寒露風細。
抱素琴，獨向銀蟾影裡，此懷難寄。

天地無言，只有向廣寒月宮訴宇宙衷腸，東坡一向有「我欲乘風歸去」的外星人情懷。

寒露天氣多變，正是古人所言多事之秋，要多食潤肺祛燥與活絡心腦血管的食物，最宜多食秋果，如大棗、銀杏、山藥、桂圓、核桃、栗子、柿子等等，這些溫平型的秋果，富含不飽和脂肪酸，對血液的淨化與暢通頗有療效。秋日微寒，煮些核桃栗子粥、百合銀杏粥、山藥桂圓粥，當成朝粥喝一碗，有益於精氣神之滋養。

秋燥時節，不宜多食油膩、鹽分之食，要特別小心容易引起血壓增高與血液黏稠的飲食。除了飲食保健外，寒露時早晚氣溫變化大，老人要特別注意肺部疾病，秋燥傷肺，對容易引起過敏的環境也要注意，不要到多煙塵、空氣品質不佳的場所，同時也要多散心，不要積聚肺部鬱積之氣，所謂天涼好個秋，是心境上也要保持開朗寬心。

寒露節氣民俗——九九重陽節日

陰曆九月初九重陽節，經常出現在寒露節氣期中。

華夏以奇數一、三、五、七、九為陽數，偶數二、四、六、八為陰數，奇數中九最大，而九月九日是兩個最大的奇數，又是雙陽數，因此叫重陽。在陰陽學中，陽數雖是正面的力量，但物極必反，陽盛則陰生，九是陽數最盛，雙陽更不得了，陽亢必有悔，因此古代東漢有則故事說有位費長房者（長房恐有寓意是一族中的長房，即繼承家業者），頗通仙道之學，能預知人間禍福，某日他對汝南恒景說，九月九日你全家有難，讓你家人在臂上縫上插茱萸的布袋，再往山上登高，並在山間飲菊花酒，就可避此大難。恒景照辦，後在九日夜從山上返家，見家中雞犬牛羊俱死。

重陽是極大的天數，恐有災禍，這則故事雖未說明動物是怎麼死的，但看過海嘯新聞的人難免不會聯想到，當鋪天蓋地的大海嘯湧來時，只有預先往山上登高者才可以逃此大劫。恒景的故事，讓人們對九九重陽的陽盛陰生之理有了深刻的理解，但在陰陽學不再受到重視，甚至斥為迷信時，九九重陽也從避災消禍的節日逐漸演變成敬老節。至於為什麼是老人節，還是跟九數代表老陽有關。

雖然重陽不再強調避災防邪，但我對插茱萸飲菊花酒之事還是很有興味，覺得既風雅又有節氣之理，因為寒露時隨著氣溫的下降的確寒氣（陰氣）滋長，容易受風寒，茱萸是中藥材，雖是陰木但性溫熱，有驅寒避風邪的作用，而開在寒露時節的菊花，是金水之精，製成了酒也有除風邪解虛熱的效用。

觀賞秋菊是重陽節日、寒露節氣期內重要的花事。我年輕時不太喜愛菊花，和菊花常用來布置靈堂有關，但三十多歲後就開始懂得欣賞菊花冷清孤絕之美。中國人會用花形容女人，像《秋菊打官司》，就可見到生於金水月、稟性剛烈女人強出頭的志氣，若換成說春櫻、夏荷打官司，就沒那種氣勢了。

重陽節有食重陽糕的習俗，台灣只有台南（受明代風俗影響）才會吃重陽糕。日本人也吃重陽糕，但在陽曆九月九日。日本近代最大的傳統文化淪喪，就是被明治天皇改曆，不僅把陰曆改成陽曆，還把陰曆節日改成在陽曆過，如端午節在陽曆五月五日過，根本和午月無關，中秋節在陽曆八月十五見不到月圓。日本只剩下原是過陽曆的二十四節氣仍依天地運行之理，但陽曆節氣和陰曆節日的相互關聯卻完全亂了套。

我曾在南村落辦過兩回吃重陽糕的小節慶，重陽糕即花糕，台灣有些江浙點心店還會賣，花糕有三層，每一層包綠色、紅色、黃色的蜜餞絲乾果。吃重陽糕即取糕高同音之意，怕人不登高，但吃糕（高），既有避禍之意，又有做官步步高升之意，只是做官高升卻可能是惹禍的開端啊！

寒露節氣餐桌——京都深秋食事

十月下旬，京都銀杏樹黃葉燦爛，趁著小休，到京都體驗秋光情緒一周。

京都，可說是我的舊愛新歡，前些年在倫敦過日子，每遇假，一定往巴黎跑，回到了台北，轉換時空的地方換成了京都，幾乎每兩三個月就去一趟，只想多沉浸在京都四季的歲時記中。

我旅遊的國家已超過五十多國，能讓我時時想殷勤探望的城市，其實只有巴黎和京都兩地，有一天突然悟出這兩城，一是西方生活美學的代表，另一是東方生活美學的象徵，兩城的食衣住行均美，京都更有順應天地曆法二十四節氣的生活之美。

常去京都，對京都的旬味覺自然熟悉，但不同日子前往，常有不同的驚喜，像這次正值深秋，新栗、新柿、新柚都是盛產，「鶴屋吉信」用這三果做出了三色京果子，錦小路通的錦市場裡堆著新鮮的果子，黃、橘、褐，有如季節的紅葉正在變色般，賞楓食果，眼下繽紛絢麗。

在京漬物老店「西利」，品嘗菊葉漬、千枚漬、壬生菜漬，鮮黃色、鮮白色、鮮綠色，吃著心情都輕盈起來，光是一碗入荷的新米蒸出的白飯，配些漬物，再來一碗京都人喜愛的白味噌湯，就是十分清敬和寂的禪意午膳了。

晚膳時，京都朋友帶我去先斗町的「先多」吃京風創作料理。先斗町是沿著鴨川從三条河原町到四条河原町間的小路，建築都是傳統兩層的和式木屋，每一間都小小的，有的面向鴨川，夏季可設納涼床。我們去的這家先多，像先斗町上其他小店般，這些年流行起有料理達人印記的創作料理。我們光是排隊就等了近一小時，進去才發現是只能容納十幾人不到的小店，而且為了保持出菜品質，客人以每回四至六人的方式輪番上桌，因為地方甚小，還必須併桌共餐。

還好當天的創作料理十分有特色，彌補了等候及併桌的不適。料理的主題當然是深秋味覺，有芋棒、栗子飯、烤甘鯛、松茸土瓶蒸、豆花、柚餅，一席餐下來，竟然只要日幣五千，想想附近不遠的美濃幸、平野家動輒兩三萬以上的京料理，怪不得這

家小店會大排長龍了。

這回下榻在東本願寺附近的日式老旅館，臨走前當天晨起，在旅館附近發現一大彌食堂，可吃豆皮烏龍麵當早餐，吃完早餐，從下京順著東洞院通一路北行到錦市場，買了山椒、柿乾、紫蘇漬、糖柚條、香魚煮、鯖壽司等等當伴手禮。買回去的這些食材，將在我的秋日餐桌上繼續提醒我豐盛的味覺之秋。

寒露節氣旅行——三城味覺之秋

有一年寒露去杭州，發現此地和日本的京都、義大利的佛羅倫斯是國際姊妹市，當下就覺得這三城真有不少契合之處，說是有文化血源關係的姊妹果然貼切。杭州、京都、佛羅倫斯都是歷史名城，都以紡織、金工著稱，三城物產也很相像，尤其是味覺之秋，這三個城市我都曾在秋日旅行過，都是心靈和胃口皆豐收的秋日遊。

杭州一到秋日，各種秋果如銀杏、核桃、山核桃、秋菌、百合、紅棗、栗子、柿子都上市了，友人在家中特別做了幾味小菜，像紹酒清炒銀杏百合、紅棗栗子燒雞、秋蕈炒核桃、百合鵪鶉蛋，甜食上了杏仁奶，都是用時令秋果製成的秋日潤肺補氣的療食。吃完晚飯後，在離友人家外不遠的西湖散步，吹著天涼好個秋的晚風，看著秋夜高潔的明月，又回到了上有天堂下有蘇杭的好日子了（只可惜近年來杭州過度開發，清朗閒適的杭州竟成往事了）。

我幾乎年年去京都，春夏秋冬四季輪著去，京都以秋日最受遊人喜愛，因此旅館最難訂，早年我還會湊熱鬧看黃金之秋的紅楓盛景，這些年都寧可選人較少的早秋，好好享受悠閒的秋味。

京都秋食中最著稱的首推秋茸，居酒屋中喝著清淡的吟釀，吃著簡單的灑著海鹽的鹽烤秋茸，再配上一串三粒的鹽烤銀杏，就是清雅極了的秋之京味。

還有當令的土瓶蒸，小小的土瓶中，裝了一小塊粗放的地雞肉、兩粒銀杏、一小塊剛在三尾摘下的香柚、一小片秋茸、一小隻蝦、一小粒干貝，就是秋日豐富極了的山珍海味土瓶蒸，用小缽小口小口啜飲，原汁精華香氣盈繞。

京都的四条通上也開始賣炒新栗，炒法據說是從中國傳去的，也是用大鐵鍋爆炒，新栗極爽口，許多知名的京果子老鋪也紛紛推出栗子大福。

秋日新米上市，京都有一種炊飯，用百合、蓮子、銀杏、芋頭、秋茸和新米蒸成什錦飯，在考究的料亭中賣的價格極高，其實是很簡易的家庭料理，只要食材新鮮，就可以完成的健康養生餐。

佛羅倫斯的秋日，附近山城中有白松露季，是比秋茸貴上許多的昂貴食材，和商人的炒作也不無關係。我認識的佛羅倫斯老人家就說他們小時候（二次大戰前）白松露根本不值錢，可以隨便吃，如今他們卻吃不起了。

還好佛羅倫斯好吃的秋果很多，像是栗子、山核桃、胡桃、榛果等等，都會做成各式各樣的巧克力和糕點。

深秋也是葡萄和橄欖成熟的季節，有新酒和新油可試，各種評鑑比賽到處舉行，要選出今年的好酒與好油。秋日森林中採摘的野生牛肚菌，也像京都的秋茸般，被佛羅倫斯人視為秋日的大地之味。

美味的佛羅倫斯大牛排，也是在秋日最可口，大市場旁幾家老鋪的爐火鎮日猛烈地燒著，客人的食慾在秋日大開，一人吃下半公斤都沒問題，難怪有食慾之秋的說法。

佛羅倫斯街上竟然也有小攤賣烤新栗的小販，旁邊另一攤則是賣有名的牛肚內臟料理的小販，入秋後的生意也比夏日好多了。

深秋後野味料理開始上市，別說吃野味太殘忍，獵人必須有執照才可獵捕一定的量，應當想到還有山林可供野獸活動。把偶爾吃野味當成自然的祭祀，也許反而提醒人類應當好好守護山林。

杭州、京都、佛羅倫斯都是兼顧自然之美與人文之美的古城，有秋日賞楓、賞菊的美境，更是品嚐味覺之秋的佳處。

寒露節氣詩詞

〈晚次宿預館〉唐・錢起

鄉心不可問，秋氣又相逢。
飄泊方千里，離悲復幾重。
迴雲隨去雁，寒露滴鳴蛩。
延頸遙天末，如聞故國鐘。

〈授衣還田里〉唐・韋應物

公門懸甲令，浣濯遂其私。
晨起懷愴恨，野田寒露時。
氣收天地廣，風淒草木衰。
山明始重疊，川淺更逶迤。
煙火生閭里，禾黍積東菑。
終然可樂業，時節一來斯。

〈晨坐齋中偶而成詠〉唐・張九齡

寒露潔秋空，遙山紛在矚。
孤頂乍修聳，微雲復相續。
人茲賞地偏，鳥亦愛林旭。
結念憑幽遠，撫躬曷羈束。
仰霄謝逸翰，臨路嗟疲足。
徂歲方睽攜，歸心亟躑躅。
休閒倘有素，豈負南山曲。

〈八月十五日夜桃源玩月〉唐・劉禹錫

塵中見月心亦閒，況是清秋仙府間。
凝光悠悠寒露墜，此時立在最高山。
碧虛無雲風不起，山上長松山下水。
羣動翛然一顧中，天高地平千萬里。
少君引我昇玉壇，禮空遙請真仙官。
雲軿欲下星斗動，天樂一聲肌骨寒。
金霞昕昕漸東上，輪欹影促猶頻望。
絕景良時難再并，他年此日應惆悵。

〈古意〉宋・王安石

采芝天門山，寒露淨毛骨。
帝青九萬里，空洞無一物。
傾河略西南，昌射河鼓沒。
蓬萊眼中見，人世嘆超忽。
當時棄桃核，聞已撐月窟。
且當呼阿環，乘興弄溟渤。

〈夜坐偶成〉宋・文天祥

蕭蕭秋夜涼，明月入我戶。
攬衣起中庭，仰見牛與女。
坐久寒露下，悲風動紈素。
不遇王子喬，此意誰與語。

〈寒露日阻風雨左里詩〉宋・曹彥約

久謂熱當雨，茲來歸近家。
露寒遲應節，天變勇飛沙。
甕白應浮酒，籬黃可著花。
一江三十里，直欲問仙槎。

秋

節氣18

霜降

陽曆10月23日～10月24日交節

霜降節氣文化

霜降，本是個極幽美的名詞，可惜自從牛肉有了霜降之名後，提起霜降，都有奪珠之憾。

霜降非霜降牛肉也，霜降是天氣漸冷，露凝為霜而下降。霜降是秋天最後一個節氣，始於陽曆的十月二十三日十月二十四日之間（二〇二五年為十月二十三日），此時地球公轉運行至黃道二一〇度。霜降是晚秋，大陸北方的氣溫在夜間可抵達零度左右，怕寒植物要小心霜凍霜害，不怕寒的植物卻喜霜降，像大白菜只有打過霜的才更清甜。

霜指的是水氣凝結在植物或地面上，結成水晶狀的細冰，大部分的植物遇上霜降都無法活，因此霜亦含喪意，古人稱死了丈夫的婦女即為霜（同孀），有孤獨清冷之意。

《月令七十二候集解》中的霜降有三候「豺祭獸、草木黃落、蟄蟲咸俯」，指的是豺狼將捕獲的獵物先陳祭後食用，頗有秋決天祭之意，隱意為萬物生死皆有天地秩序；大地除了常春樹外的綠葉都遇霜而喪，其中尤以銀杏樹的黃葉紛紛落最美；蟲在霜降後進入冬蟄，躲在洞中不動不食。

霜降時氣肅，陰始凝也，秋季降下的第一次霜是初霜或早霜，霜降指的是初霜、早霜，但降霜現象會一直持續到隔年雨水節氣前降落的終霜、晚霜，從雨水到霜降之間為無霜期。

霜是六角形的冰針，遇水則褪，霜只能在晴朗的日子出現，古人有云「濃霜猛太陽」之說，在陽光或月光下閃爍的清霜最美。古人有許多詠霜降之詩詞，如白居易在〈謫居〉中寫霜降為天意榮悴：

面瘦頭斑四十四，還謫江州為郡史。
逢時棄置從不才，未老衰羸為何事？
火燒寒澗松為燼，霜降春林花委地。

遭時榮悴一時間，豈是昭昭上天意？

詩人用霜降自比人生升降，謫居是一時的，且待春回大地。但天意一時的榮悴，卻未必年年回春，白居易南遷一遷五年，寫下了另一首與霜降節氣有關的〈歲晚〉：

霜降水返壑，風落木歸山。
冉冉歲將宴，物皆復本源。
何此南遷客，五年獨未還？
命屯分已定，日久心彌安。
亦嘗心與口，靜念私自言：
去國固非樂，歸鄉未必歡。
何須自生苦，舍易求其難？

白居易終於懂得心安居易了，懂得了命屯分已定，與其自生苦還不如隨遇而安了，何況歸鄉未必歡。此霜降詩比起五年前的霜降詩，一樣的霜降，不一樣的天命領悟，「舍易求其難」一句話也暗暗點出白居易領悟的易理。

陸游也曾留下一首關於霜降節氣的詩作〈季秋已寒節令頗正喜而有賦〉：

霜降今年已薄霜，菊花開亦及重陽。
四時氣正無愆伏，比屋年豐有蓋藏。
風色蕭蕭生麥隴，車聲碌碌滿魚塘。
老夫亦與人同樂，醉倒何妨臥道傍。

老夫亦與人同樂，自然派詩人的老年詩看了最開心，霜降又何妨？還是可以醉倒臥道傍，一享田園樂。老年人應多看陸游詩，可讓人達觀同樂也。

霜降時陰氣重，古代定寒食與霜降是兩大掃墓日，因天氣趨寒，霜降節氣中訂陰曆十月初一為寒衣節。這天也是鬼節，當天晚上後人會在大門外焚燒裝有棉花的五色紙，意為送祖先鬼魂寒衣，以免他們在陰間受凍，活人真是體貼，只是不知鬼魂是否有體消受。

霜降起陰濕霜重，民間視為重要的秋補時候，民諺有「補冬不如補霜降」之說，即指秋補是早做預防，不補好秋身，到了冬補才補身就成了臨時抱佛腳了。

秋補時調養陰陽，以溫熱的羊肉最好，還不到用熱性的雞補身。民間有霜降後北方吃涮羊肉，廣東吃羊肉煲，閩台吃羊肉爐的食俗。除了羊肉外，秋補亦主張多吃霜降兔肉，民間自古有兔肉治氣喘肺疾之說（因兔為卯，秋酉金太旺，用卯木生剋平衡），因秋金傷肺，秋補以補肺為主，像紅柿子上結的一層白霜（亦稱之為柿霜），就有潤肺、鎮咳、清熱、祛痰的食療之效。

打過霜的大白菜、兔子都特別鮮美，原因是因寒冷會使動植物體內蛋白質收縮，蛋白分子的味道自然增強。這時各種鮮菜都特別好吃，但因為霜降後許多冬日植物無法生長，把各種正好吃的鮮菜醃起來也成為霜降的重要農活，像長江以北的大陸、東北亞的韓國、日本一帶，都有醃冬菜（冬日吃的菜）的習俗，這些醃菜都具有乳酸菌，可以在冬日補充維他命C。

霜降是季秋（晚秋），在五時（春、夏、長夏、秋、冬）中為秋，漢醫的五補有春升補，夏清補，長夏淡補，秋平補，冬溫補之說，霜降秋補要平，平什麼呢？其實就是平秋燥之氣，因此像可以消氣的白果、蘿蔔、山藥、黨蔘、大棗都是好食物。

霜降後人體也容易犯關節疼痛和慢性胃炎、十二指腸潰瘍等病症，原因是霜降是秋季最後一個節氣屬土，脾臟功能過於旺盛，此時絕不可溫補，如大吃火鍋、燒酒等，反而使病徵加重。平補之意即為平和地進補，用當歸、黨蔘燉山藥、豬腰，可補血益氣、滋補脾氣，用花生大棗燒豬蹄也可增進關節的血脈活絡。

霜降時節特別要忌口的食物是酒類，不可過度飲酒刺激胃腸，也不可多食過冷過熱的食物，這時不僅不可再吃冰了，也還不到時候吃火鍋，要吃霜降牛肉鍋請等立冬後再吃吧！

霜降節氣民俗——霜降鬼節掃墓

華人現在習於清明掃墓祭祖，其實清明本為節氣，古代宮中有傳新火的祭事（傳新火可能是石器時代從鑽木取火到部落集體保存火種的風俗的演變，因此子孫的延續才會有留火種傳香火之說），古代掃墓的大日子本來一年有兩次，一次是在寒食日，另一次在陰曆十月初一的鬼節。

十月初一的鬼節多在霜降期間，霜降是秋季最後一個節氣，在溫帶氣候是天氣開始微寒之際。古代把十月初一當成寒衣節，除了紀念孟姜女千里尋夫送寒衣，也會送鬼（祖先）寒衣。在十月初一鬼節的晚上，在自家門外燃燒包有棉絮的五彩紙，給鬼做寒衣。以前年輕時會覺得這樣的習俗很傻，但如今父母已逝，卻不免也想試試為父母送寒衣。

霜降，是秋冬節氣交換之時，民間有「補冬不如補霜降」之說，意思是與其到了下個節氣立冬才開始補身體的陽氣，還不如早一點在霜降就先調理身體。

霜降補身，以陽氣不那麼強的羊肉為主，北方開始吃涮羊肉也始於霜降，但補陽氣更強的麻油雞要等冬至後再補。

霜降也有秋補兔肉的習俗，尤其在自古以來就有沙塵暴風沙強的北方，當地人容易有支氣管和氣喘的毛病，據說吃迎霜（降）兔肉有滋潤肺氣的功效（依五行之理，是用卯去平衡過強的金氣）。

秋季多發呼吸道的疾病，南方人以秋季盛產的水梨、紅柿潤肺，尤其是經霜降製成的柿餅，表面會滲出白粉狀的柿霜，對鎮咳、止痰、潤肺、清喉很有效。

霜降是民間開始醃菜的季節，尤其北方人會醃打過霜的大白菜，等到立冬後就可以整個冬季大吃酸白菜白肉鍋了。爸爸活著時很愛吃酸白菜白肉鍋，十月初一的晚上，我會記得多為爸爸、媽媽留兩雙筷子，讓他們和我有味同在。

霜降節氣餐桌——大閘蟹的香味不再

十月下旬去上海，雖然過去幾年常常有遇不上好大閘蟹的遺憾，但依然免不了俗和上海老友約了一起去吃蟹，但跟過去十幾年來選吃蟹餐館的作風不同，不再敢選一些特色小店吃蟹，因為冒牌的陽澄湖大閘蟹四處氾濫，只好選了一家價格高昂，但號稱是幾百年老字號，又在陽澄湖有自己的大閘蟹養殖場的老店。

當六兩大的雌蟹蒸好上桌時，朋友才拆開蟹蓋，就嘆了一口氣說：「這大閘蟹香味不夠啊！」真的，吃大閘蟹最微妙之處，根本不在吃肉、吃黃、吃膏，而是吃香，大閘蟹的特色就在有迷人的野香，因為在鹹水生長的大閘蟹進入陽澄湖獨特的淡水微生物生態環境，所謂一方水土養一方蟹，就跟野生的樹林間長出的白松露和黑松露，特殊的水土條件造就出特殊的香味。

我記得最早吃大閘蟹，是父親的朋友在台北家中辦的蟹宴，當年的大閘蟹是從香港託友人帶來台的（說白了就是走私進口），還是孩子的我並不太懂用拆蟹工具吃蟹，但清清楚楚記得那一晚父親用小匙餵我的濃香蟹黃，那滋味停留在嘴中整個晚上，連晚上刷過牙後睡覺時都還覺得鼻心有幽微的奇香。

後來吃大閘蟹，都是在秋天去香港探親訪友時，尤其是在上海人聚居的北角一帶。農曆九、十月街角的商肆小館就會擺出一籠一籠從陽澄湖運來的大閘蟹，因為去香港時不見得是秋天，因此總是兩三年才吃上一回，卻也慢慢察覺到入口的蟹味似乎愈來愈淡了，但價格卻愈來愈高。

之後開始去上海旅行，逢到秋節，也一定吃蟹，也吃過不少這二十年來這個酒家那個飯館的蟹，卻忍不住覺得吃到嘴中的大閘蟹滋味，彷彿我的青春一樣年年褪色，總有青春不再的惆悵。

上海老友吃著一隻高達人民幣一百多的名店大閘蟹，說起三十多年前四人幫剛下台，上海小市場叫賣大閘蟹的情景。他說那年頭只要肯花點小錢，秋天時隨便去小市場，都買得到陽澄湖上好的野生大閘蟹，用紫蘇葉蒸好時，整個屋子都是異香。

我說只要想想當年全大陸吃大閘蟹的人有多少，再想想現在全中國，再加上香港、台灣，想吃大閘蟹的人有多少，就自然明白為什麼大閘蟹的香味會消失了。陽澄湖有多大的水土，能出多少蟹？不要說野生的不見了，連人工養殖的也都傳出施打過量致癌抗生素的災害。

大閘蟹正是人類近三十年來飲食生態浩劫的例子，世界上有許多美味都在消失中，代表著正是許多自然水土的破壞。我的青春即使不再了，但一代一代的人都還有他們的青春，然而大閘蟹的滋味消失了，卻意謂著比我年輕的世代再也沒機會懂得從明清以降許多文人歌頌的蟹趣，我們所喪失的不只是一種食物的美味，也是飲食文化的底蘊。

飲食文化，絕不只是口腹之欲，也不只是商業，一個民族無能延續傳統的美味，也是文化資產的喪失，大閘蟹滋味，是餐桌之味，也是文化殿堂之味。

霜降節氣旅行——京都霜降秋意

人在京都，才會突然領悟，為什麼秋這個漢字中有個火。京都的秋天是一把無聲無息、無煙無味的火，靜靜地在大街、山野中燃燒。這場季節的火有許多的顏色，東本願寺前的銀杏樹上跳著金色的火，東福寺的通天橋上一眼望去是滿山遍野燃燒的豔紅的火，嵯峨野古道上睡去的是快要熄滅的暗紅的火，青蓮院門跡前有深紅的夜之火在迷離的光影下舞動。

京都的秋天，如此燦爛、輝煌，人們的視覺都醉紅了眼，許多人憐惜春櫻匆匆，一片粉紅櫻雲剎那化成花雨紛飛，但春櫻雖短，日後仍有綠葉茁壯，秋楓卻是一片奼紫嫣紅開過，良辰美景不再。用盡全身力氣燃盡的秋楓是懂得年華易逝的中老年人的愛情，最紅烈的情事是生命最後的奔放，過去後只剩滿山枯枝陽春白雪，春櫻妖嬈，仍是青春迷幻的愛，早逝的戀情令人惆悵，仍有飽滿成熟的夏日激情可期待。

年輕的我，常感嘆春櫻無常，經常遠赴京都，在盛開的吉野櫻下鋪一素布，喝櫻酒、接落櫻，愁些少年不識愁滋味的變幻情事，但中年後卻不再無端為落櫻傷悲，反而輕易為紅葉生情緒。

某年秋深，我在洛北大原三千院散策，上午還晴空萬里、楓火豔麗，看得人都如拙火上身般熾熱起來，但午後突然一陣秋風秋雨，滿山紅葉紛紛在大雨中飄落，看得我心驚動魄，身旁的日本友人惋嘆地說，這場雨一來，紅葉季恐怕就要結束了。

還好當天晚上，友人說我們去吃紅葉狩季節料理來彌補吧！京都的四季旬味，都有主題色彩，秋季當然是各種的紅色，朋友帶我去的料亭，推出創作的紅葉便當，有各色繽紛的紅，鮭魚子的亮紅，伊勢蝦紅白相間、甘鯛烤魚的赤紅、醋漬章魚的暗紅、再配上胡蘿蔔雕成的紅葉，真是一片熱鬧的紅意。講究食物美學的京都人，懂得用美味來填補人生之秋的悲涼，我環顧料亭中的客人，果然正在吃紅葉料理的都是中年心情人。

餐後和朋友閒聊，忽然想到許多秋季的滋味，不僅都有著成熟絢爛的顏色，也還有微澀的滋味，像秋季的紅柿，秋風一起，京都洛北原野上的柿樹都結著斑紅的柿果，祇園的商家推出應景的柿餅京菓子。朋友說小時候不愛吃柿，怕吃時口中的澀感，但人入中年後，卻特別愛吃柿，尤其愛那股纏綿舌口的澀意。我想到了秋天成熟的葡萄，紫紅的果實也是甜中帶澀，釀成的新酒喝的也是飽滿的澀口，這些滋味心得，原來都是季節之秋對人生的提醒，雖然苦澀，卻是自然真味，而澀中帶甜，有如中年苦樂參半。

京都是四季城市，春夏秋冬皆有可觀之處，但我特別迷戀京都之秋，因為京都人纖細的心思，特別懂得欣賞秋季的況味。有一回閒逛曼殊院，看到庭中一株楓紅與一棵青松並列一巨石旁，忽然領略了這等布置乃畫中有話，楓紅是四季之變，青松乃四季之常，但巨石才是定，如此風景，立即顯現了京都人的禪心。

京都的秋天有特殊的香氣，清晨沁涼的空氣飄散著乾爽銀杏樹的味道，沿著旅館旁的鴨川堤道，步行至錦市場的早市，對季節敏感的商家在小風爐上架著鐵網烤新鮮的銀杏果，溫熱的銀杏剝開了露出青白的果心，在口中細嚼，清香微苦；另一攤上烤著秋茸，散發著芬芳的氣味，像是大地之母的乳房的滋味，再走幾步路，賣蔬菜的攤上堆起金黃色的秋柚，柚香聞得人神清氣爽。

當天傍晚，在木屋町通的居酒屋中，叫了一份土瓶蒸，撲鼻的香味中既有銀杏，也有秋茸與柚皮，浮沉在土雞塊與鮮蝦熬成的高湯內，這道三味秋香，是味覺敏感的京都人的秋之旬味，不喝就枉過了秋天。

銀杏、秋茸、柚皮，既香甜又苦澀，是複雜的滋味，也是生命之秋的領會。喝了土瓶蒸後，再暖上一盅京都南邊酒鄉伏見的新酒，喝得小醺後，閒逛至寺町通的古書街，隨手翻著日本平安時代出版的茶經，微苦的舊書墨香迎面襲來，一晚上不管是季節或歲月，聞到的竟然都是相似的氣味。

深夜，高瀨川運河上亮起紅燈籠，燈火搖曳在河岸的楊柳樹梢，抬頭一望，一輪下弦月高掛，異國酒徒或許不知曉風殘月楊柳岸之詞，遊子突然頓生離情，薄涼的秋風一陣陣吹來，路旁木屋中傳來三弦琴的樂聲，京都秋意，如人生之秋蕭瑟又令人依依不捨。

霜降節氣詩詞

〈大水〉唐・白居易

潯陽郊郭間，大水歲一至。
閭閻半飄蕩，城堞多傾墜。
蒼茫生海色，渺漫連空翠。
風卷白波翻，日煎紅浪沸。
工商徹屋去，牛馬登山避。
況當率稅時，頗害農桑事。
獨有傭舟子，鼓枻生意氣。
不知萬人災，自覓錐刀利。
吾無奈爾何，爾非久得志。
九月霜降後，水涸為平地。

〈觀村人牧山田〉唐・錢起

六府且未盈，三農爭務作。
貧民乏井稅，墝土皆墾鑿。
禾黍入寒雲，茫茫半山郭。

秋來積霖雨，霜降方銍獲。
中田聚黎甿，反景空村落。
顧慚不耕者，微祿同衛鶴。
庶追周任言，敢負謝生諾。

〈南鄉子〉〈重九，涵輝樓呈徐君猷〉
宋・蘇軾

霜降水痕收。淺碧鱗鱗露遠洲。酒力漸消風力軟，颼颼。破帽多情卻戀頭。
佳節若為酬。但把清尊斷送秋。萬事到頭都是夢，休休。明日黃花蝶也愁。

〈梨〉宋・蘇軾

霜降紅梨熟，柔柯已不勝。
未嘗蠲夏渴，長見助春冰。

〈和子瞻記夢二首〉宋・蘇轍

蟋蟀感秋氣，夜吟抱菊根。
霜降菊叢折，寸根安可存。
耿耿荒苗下，唧唧空自論。
不敢學蝴蝶，菊盡兩翅翻。
蟲凍不絕口，菊死不絕芬。
志士豈棄友，列女無兩婚。

〈謫居黔南十首〉宋・黃庭堅

霜降水反壑，風落木歸山。
冉冉歲華晚，昆蟲皆閉關。

冬

節氣19

立冬

陽曆11月7日~11月8日交節

立冬節氣文化

當地球繞著太陽運行至黃道二二五度時，始於陽曆的十一月七日或十一月八日（二〇二五年為十一月七日），古人稱此日為立冬。「立是建始也，冬是終也，萬物收藏也。」立冬被認為是冬季的開始。

同立春、立夏、立秋一樣，立冬這一天，也要舉辦迎冬神之禮，在立冬前三日太史公會告訴天子立冬的日期，天子便須行沐浴齋戒的儀式三日，直到立冬當日，天子親率三公九卿到北郊六里處迎冬。

在《月令七十二候集解》中記載立冬三候現象「水始冰、地始凍、雉入大水為蜃」。在這一節氣中，寒帶的水域已經開始結冰，連溫帶的土地也開始霜凍，而像野雞一樣的大鳥在立冬後都不見蹤影了，但海邊卻可看到外殼似野雞的斑紋與色澤的大蛤，古人便誤以為雉（野雞）幻化為蜃（大蛤）了。

立冬是重要的農事節氣，農諺云「立冬過，稻仔一日黃三分，有青粟無青菜」，指的是立冬後只能收成雜糧了，需要陽光的青菜就絕跡了，當然這裡指的是高緯度的寒帶氣候區。

立冬是古代的八大節氣，自然有不少的詩人會以此節氣入詩，明人寫了一首很有意境的〈立冬〉詩：

> 凍筆新詩懶寫，寒爐美酒時溫。
> 醉看墨花月白，恍疑雪滿前村。

詩人兩手凍僵，醉態可掬的模樣躍然紙上，令人真想與之千古相會共喝一壺寒爐溫酒。

擅長寫農家景物生活的陸游寫過一首〈今年立冬後菊方盛開小飲〉：

胡床移就菊花畦，飲具酸寒手自攜。
野實似丹仍似漆，村醪如蜜複如齏。
傳芳那解烹羊腳，破戒猶慚擘蟹臍。
一醉又驅黃犢出，冬晴正要飽耕犁。

這首詩中的田園生活，顯示了陸游的達觀，雖然天寒地凍了，趁著冬日難得的晴日，仍要努力做農活，否則那有盛開的菊花畦好觀賞。

陸游的詩中也顯現了立冬節氣中可愛的小陽春，因為雖然立冬了，北半球的太陽輻射熱能逐日減少，但地球上從當年夏季所儲存的熱能並不會一下子就用完，就彷彿地球這個大烤箱中的餘溫猶在。在立冬時遇到天晴無寒風之日，天氣還不會太冷，常有小陽春的天氣，仍適合某些冬作物的耕種，真正的寒冷，要到冬至才明顯。

菊花是立冬時的重要節氣花，宋人沈說寫過一首立冬日觀菊的詩〈次韻古愚立冬日觀菊〉：

閑繞籬頭看菊花，深黃淺紫自窠窠。
清於簷卜香尤耐，韻比猗蘭色更多。
九節番疑今日是，一樽未覺晚秋過。

從教白髮須簪遍，且任當筵作笑歌。

菊花不僅可觀賞怡情，還可入饍，古人從立冬起便可吃菊花火鍋，黃銅鍋中漂浮著美美的黃菊花瓣吃著涮羊肉。此時也是吃蟹飲酒賞菊的好日，秋菊與秋蟹年年相會，正是人生好個秋的佳節（以前的菊花都是自然農法種植，當然可以食用，但現在的菊花如果不是有機栽種，根本不能進食）。

立冬補冬不同於冬至補冬，此時陽氣潛藏，陰氣增強，但天氣尚未大寒，不宜大補，只宜輕補，涮羊肉、老鴨煲、芡實胡桃粥、芝麻糊等等，都宜此時補冬，至於麻油雞、薑母鴨、十全大補湯等等還得晚些時候。

從立冬起，就要增添衣裳，不可赤膊露體，也許一時不覺冷，但寒氣侵身，日久容易感染風濕風邪之病症。冬日天寒，在室內使用火爐式電暖器，要特別小心過分乾燥引起的呼吸系統的問題，在室內放置水盆可調節濕度，更風雅的方式是養水仙，慢慢從球根養起，從立冬到立春，剛好遇上水仙金黃燦放。

立冬起，平日也要開始略行日光浴，因為人體若缺乏足夠的陽光動能的滋養，身體的新陳代謝能力就會降低。古人有「負日之暄」的說法，指的就是在冬晴時曬太陽。

白居易寫過一首關於曬背的詩〈負冬日〉，寫的十分生動：

杲杲冬日出，照我屋南隅。
負暄閉目坐，和氣生肌膚。
初似飲醇醪，又如蟄者蘇。
外融百骸暢，中適一念無。
曠然忘所在，心與虛空俱。

這種悠然和暢的境界，真不是西方人夏天曬出黃銅肌膚所能堪比的。

冬日曬太陽也可減輕冬日的憂鬱症，因為陽光中的紫外線、紅外線和可見光，都分別可提高人體的免疫能力，刺激造血機能，改善醣類代謝，預防軟骨症，增進鈣、磷代謝與維生素D的合成，還可加快血液流通，促進血管擴張，增進消炎鎮痛的功能，老年人尤其需要曬冬陽以增進身體機能的活化。

所謂藥補不如食補，冬日食補還不如日光補，但日光浴不可曬太久，也不宜在空腹及過飽時進行，有嚴重心臟病、高血壓、自律神經失調與生理期間的婦女，都要小心不可日曬過度。

立冬後天氣趨寒，排尿增加，隨尿排出的鉀、鈉、鈣也會增加，要多吃含羊肉、甲魚、桂圓、胡桃仁等等食品，在飲食的禁忌方面，不可吃過寒過冷之食，立冬後不吃冰是老一輩人會吩咐之事，也要少吃冷飯、冷粥、冷菜，以免傷胃傷身。

立冬節氣民俗——青山王遶境

立冬又稱交冬，是一年當中開始食補的日子，入冬補冬，台灣常見的藥燉補湯都在交冬後吃為宜。由於家中人口簡單，補湯準備藥材食材挺麻煩，我都習慣在入冬後去老街區吃補，除了可以吃到各種羊肉爐、當歸鴨、十全排骨湯等等，也可以在老街漫步，順便拜拜當地的神明。

我最常去的老城區在艋舺，我一向不喜歡叫此地萬華（日本人取的名字），覺得聽起來就不夠古意，而的確，萬華區涵括的地區很廣，包含南機場和西門町一帶，但小時候阿嬤口中的艋舺只在清代的老街一帶。

我會在艋舺的華西街、廣州街、貴陽街一帶吃我的立冬進補，有一家專賣當歸鴨的老店，我都吃了快三十年了，貴陽街祖師廟的排骨湯更是吃了快四十年，因為常去那一帶，對在艋舺三方鼎立的龍山寺、祖師廟、青山宮自然很有感情。

青山宮是這三座廟宇中，較不知名的一座，卻是我最喜愛的，主要是此廟人氣指數不高，幾乎沒觀光客，信徒平日也寥寥無幾。此廟在貴陽老街上（即古老的漢番交易番薯的番薯街上），離華西街較不熱鬧的後段相交不遠處。我每小吃祭完自己的五臟廟後就會去青山宮看看，有時曾看到一提著公事包的上班族，站在廟口也不進廟，就雙手合十口中念念有詞拜了起來，也看過提著菜籃的婦女進得廟門在裡殿放下菜籃拜拜，還有一回看某老人腳踩單車也沒下車在廟外隨意拜兩三秒就翩然走人。我看著這些普通老百姓和青山宮的關係，心想他們一定是住在附近的人，青山宮就是這個社區的社廟，即使裡面供奉的不是多麼有名的神佛，卻是照顧地方鄉里的自己神。青山宮是道教廟，有一回黃昏我看到道士在幾乎無人的前殿大做法事，其衣著之華麗、儀式之繁複，讓落單觀禮的我看得心馳神搖十分感動。

青山宮信奉的是靈安尊王（看吧！很多人沒聽過的），全台只有五座廟宇拜俗稱青山王的靈安尊王，其中最有名的就是艋舺的青山宮。靈安尊王的本尊在福建的惠安，青山宮的這尊是分靈，據說此神在清咸豐四年（西元一八五四年）從唐山過黑海峽來到清代的艋舺，從此成為艋舺泉州府三邑人重要的廟宇。

靈安尊王的神格並不高，本來只是泉州一帶的地方神，信奉的人也不如觀音或媽祖那麼多，但青山宮卻有台北最熱鬧的兩大民俗祭典之一（另一是大稻埕的霞海城隍廟），為什麼？據說有一年古艋舺大鬧瘟疫，當地人為此求青山王，結果瘟疫立即驅除，地方人士為了感恩青山王，就定在祂生日的陰曆十月二十二日之前兩天與誕辰當天，舉行三日的青山王暗訪與遶境祭典。

我參加過幾回青山王遶境（還會遶到西門町），遶境在陰曆十月二十二日當天上午，青山王出巡有許多部屬跟著，如七爺、八爺、陰陽司，帶頭的是八家將，後面跟著陣頭、花車、藝閣等等，最特別的是這些神將胸前會圍著一圈繼光餅（直到今天艋舺仍有幾家老餅店平日也會賣繼光餅），據說吃了神將出巡的繼光餅，可以除疫消災。

青山宮遶境多在立冬節氣之中，由於古代中國人相信冬季陰氣滋生，青山王在立冬後出來，滿街放鞭炮，的確有驅陰鬼之效，立冬在華夏傳統中，本來是該由天子帶頭三公九卿去北郊祭天迎冬神，但到了清代台灣，誰還管什麼滿人的天子啊！民間有自己保護地方的需要，於是艋舺立冬節氣間有了青山王遶境，天子的儀式變成庶民的民俗祭典，反而更親近百姓人家。

立冬節氣餐桌——孔子愛吃薑

二〇一五年陽曆十一月八日正值立冬節氣，立冬是冬季的開始，雖然俗話說「不到冬至天不冷」。中國人的節氣學問的奧祕就在此，立冬是冬之氣的肇端，就好像冬天受精卵已經在地球母親的子宮裡孕育了，還要等到四十五天後的冬至節氣，冬天嬰兒才真正呱呱落地現身於世。

立冬又稱交冬，民間有「入冬日補冬」之食俗，像薑母鴨、當歸鴨、羊肉爐等等具療效之食物，看重節令時序的人是不會在交冬前食用的，不像現在的人竟會大熱天在冷氣房中大啖。

在補冬的食材中，薑是常見之物，薑在中國食用的歷史甚早，在周代薑已被人工栽培，《論語》中就有孔子所云「每不撤薑食，不多食」的記載。民間有不少稱讚薑的說法，如「十月生薑小人參」、「薑辛而不葷，去邪避惡」、「夏天一日三片薑，不勞醫生開藥方」、「早吃三片薑，賽過喝參湯」。

在中國「醫食同源」的智慧中，薑是常用藥材，現代人常常把蔥薑蒜混為一談，但蔥蒜少見於食補中，想想看麻油雞、羊肉爐、薑母鴨放了蔥蒜會是什麼滋味？另外，佛門、修道之人多避蔥蒜，卻可食薑，可見薑之性平（蔥蒜是起陽物，薑不是）。

薑是南方產物，四川、浙江、台灣都是重要產區，台灣菜食譜中運用到薑的甚多，君不見紅燒滷肉上的薑絲，用乾薑片煎魚，煮麻油雞要先用薑爆香麻油、鵝肉下鋪的是薑絲、蚵仔湯、蛤仔湯、鮮魚湯都用薑絲清煮，薑母鴨更是以薑母為題。除了烹調用，台灣人還愛吃醃薑、五味薑、甜醬薑、蜜餞薑、糖薑、薑茶，雖然不到「每不撤薑食」，也算常常與薑同在。

立冬之後，帶外國朋友去台北孔廟參觀，之後到酒泉街上吃小食，選了一間賣鵝肉的老店，切了一盤鵝肉、鵝腸、米血粿等等，正當我挾起薑絲混合鵝肉沾醬時，來自法國對飲食文化深感興趣的皮耶突然問我是不是很喜歡吃薑，他說這幾天跟著我東吃西吃，看我不管叫什麼菜，似乎都有薑。

我這才回想起來，這幾天不管是帶皮耶去吃鹹粥早餐，叫的紅燒肉中有薑絲，中午去吃滷肉飯，切的黑白切，不管是豬心、豬肝等等，都灑上大量的薑絲，晚上去吃客家菜，叫的薑絲大腸，酸菜肚片湯也都有薑絲，第二天早上去吃米粉湯，油豆腐旁也有薑絲，中午吃的切仔麵，叫的花枝、鯊魚煙又有薑絲。如今坐在這吃鵝肉，吃來吃去，一直重覆的食材就是薑絲，難怪皮耶會這麼問了。

平常不怎麼想薑的重要性的我，因為剛好坐在孔老夫子的廟前，忽然想到了他老人家在論語中提到的「不撤薑食」，哎呀！原來這幾日我餐餐中都有薑，正是延續著春秋以來的食典。

我想著如果孔仲尼跨越時光隧道回到人間，他恐怕來台灣吃夜市，比回山東老家還對味吧！如今的魯菜較少用薑，當然更不會盤盤菜上都擺薑，台灣料理因沿襲閩菜河洛文化（奇怪的是，我去福建時反而不見當地人這麼大量使用薑），許多菜中都會放薑，連炒青菜都用薑絲炒，煮湯也都要撒薑絲，黑白切當然盤盤中墊薑絲，薑幾乎無所不在，還有來自中原的客家料理也很愛用薑。另外會執行「不撤薑食」最徹底之處恐怕就是日本人，想想他們餐桌上永遠放著的那一罐醃薑，吃壽司時配薑片、吃鰻魚飯有薑、吃拉麵也放薑，每一份日式定食中一定都有薑。

薑、蔥、蒜是東方料理中的三大香辛料，都有去腥除菌的功能，但其中只有薑非五葷，是出家人不必忌口的，也只有薑吃了後口不臭（台灣民間的傳說中就有孫悟空吃薑後口是香的故事），這點和吃完蔥、蒜後的感受大大不同，薑的運用又比蔥、蒜廣，薑絲可以炒肉片，可以煎魚，也可以煮蛤蜊湯，燉麻油雞，換成是蔥、蒜，用來炒肉片可，但用來煮清湯則不如薑。在廚房中如果在薑、蔥、蒜中只能選一樣做去腥的配料，我一定是挑薑，這個道理孔老夫子恐怕也同意吧！

一般人可能不太注意，薑其實是秋季作物，中秋後嫩薑上市，深秋後老薑出場，薑有補肺氣的功能，做成薑糖可以治咳，熬成薑茶可以預防感冒，入冬後進補禦寒，薑更是主角，從簡單的地瓜煮老薑湯到豐盛的薑母鴨、羊肉爐，都需要老薑來去風邪治寒熱。

在中國最古老的中藥典籍《神農本草經》中記載，生薑久服可去臭氣，通神明，而今天西歐科學家研究，發現薑可以防止血栓，還可以降低膽固醇，通神明恐怕是古代所謂防中風之說吧！在唐代藥王孫思邈的《千金方》中也記載薑可以止嘔，怪不得中國的漁人會嚼生薑來防止暈船，英國人有名的漁夫暈船糖吃來也有薑味。明代李時珍更建議登山的人要隨身帶生薑，以不犯霧露清濕之氣及山嵐不正之邪。

薑是華夏文明的寶物，在傳說中神農大帝發現了薑的妙處，幾千年下來，我在孔廟前小吃，想著孔子「不撤薑食」的說法，如今還在台灣的飲食中牢牢實踐著，立即有一份歷史的貼心。薑心比心，陽曆九月二十八日孔誕日若要為孔子辦一場壽宴，每一道菜都有薑的薑宴，或許是不錯的選擇。

立冬節氣旅行——京都紅葉情緒

趁著小休到日本旅行，選定了京都的紅葉季。日本人算出楓火的速度以一天二十七公里由北向南蔓延，每年約十一月二十日左右抵達京都，會有為期約十天左右最燦爛的旬之楓。雖說如此，但大自然變化無常，深秋楓樹燃燒的方式有其限制，要日夜溫差達十五度以上，楓紅才會夠透夠濃，而且期間還不能有秋風秋雨來煞風景。風雨一來，不管紅葉黃葉都會凋零，楓火盛景即宣告結束。

我在十一月二十日抵京都，當地朋友說我來得正好，經過了數日白晝熱入夜涼，正是繽紛紅葉鬧枝頭的時刻，京都近郊數處紅葉名所正絢爛上演奪目的楓戲。

當天去了東福寺，從通天橋上眺望橋下溪澗上怒放的楓火，從跳動的金黃色，到橙色、橘紅色、洋紅色、赤紅色、酒紅色、紫紅色，各種色澤千變萬化的紅葉在眼瞼上閃爍，直搗內心深處，原來深秋天地以如此狂野耀眼的方式宣告落幕，想著人生由中年步入晚年時是否也該有生命的壯麗演出？

由通天橋遙視對岸的臥雲橋間的楓景，是京都第一觀楓所，可惜賞楓人潮太多，而且奇的是一條橋上眾人皆向北望，我湊了一會熱鬧後，轉身回望橋南側的山谷，雖不如北側豐富，但反見清幽，尤其是臨山坡地的楓葉有的已經掉落，更顯出正在枝頭燦放的楓火的脆弱。我站在南側的橋上許久，身邊無人擠來擠去，享有剎那的清心，

立冬

陽曆11月7日～11月8日交節

更能領會楓火的熱與冷，人世的鬧與靜。

第二天去了洛北的曼殊院，遊人較稀，站在野地的紅楓樹下，微風一吹，偶有乾脆的紅葉掉在衣襟上，腳下的紅葉鋪地，走在紅葉路上，是一趟天地時空之旅，四季推移是旅程的印記。

曼殊院的庭園造景四季皆佳，秋季園中以一長青松柏為中心，四周環繞變色楓，這是有禪意的造景，讓人悟得人生如變色楓來來去去，但生命本質卻是長青樹永恆不變。另一角假山上置了紅葉樹和秋芒並列，一絢麗一蕭索，是秋季兩心，也是人生之秋苦樂參半之提醒。

看了兩天楓火熱情演出，第三天上午去大原三千院看阿彌陀寺前的紅葉，沒想到中午就下起雨來了，雨愈下愈大，眼前的楓火如同烈焰被澆熄般，雨中紅葉情緒劇變，霎時最後的燦爛變成了遺憾，紅葉掉落濕泥中，萬紫千紅已過，美好紅葉時光化回塵泥。

京都一場觀楓，竟如一趟人生遊園，春櫻雖短，有夏綠等待，秋楓匆匆，更要加緊把握，秋去冬來，不必再留戀盛景了。京都紅葉情緒，也是中年的滋味了。

立冬節氣詩詞

〈立冬聞雷〉宋・蘇轍

陽淫不收斂，半歲苦常燠。
禾黍飼蝗螟，粳稻委平陸。
民飢強扶耒，秋晚麥當宿。
閔然候一雨，霜落水泉縮。
薈蔚山朝隮，滂沱雨翻瀆。
經旬勢益暴，方冬歲愈蹙。
半夜發春雷，中天轉車轂。
老夫睡不寐，稚子起驚哭。
平明視中庭，松菊半摧禿。
潛發枯草萌，亂起蟄蟲伏。
薪槱不出市，晨炊午未熟。
首種不入土，春餉難滿腹。
書生信古語，洪範有遺牘。
時無中壘君，此意誰當告。

〈立冬夜舟中作〉宋・范成大

人逐年華老，寒隨雨意增。
山頭望樵火，水底見漁燈。
浪影生千疊，沙痕沒幾稜。
峨眉欲還觀，須待到晨興。

〈立冬前一日霜對菊有感〉宋・錢時

昨夜清霜冷絮裯，紛紛紅葉滿階頭。
園林盡掃西風去，惟有黃花不負秋。

〈立冬〉宋・陸文圭

早久何當雨，秋深漸入冬。
黃花猶帶露，紅葉已隨風。
邊思吹寒角，村歌相晚春。
籬門日高臥，衰懶愧無功。

〈次韻古愚立冬日觀菊〉宋・沈說

閑繞籬頭看菊花，深黃淺紫自窠窠。
清於薝蔔香尤耐，韻比猗蘭色更多。
九節番疑今日是，一樽未覺晚秋過。
從教白髮須簪遍，且任當筵作笑歌。

〈立冬〉明・王稚登

秋風吹盡舊庭柯，黃葉丹楓客裡過。
一點禪燈半輪月，今宵寒較昨宵多。

冬

節氣20

小雪

陽曆11月21日～11月23日交節

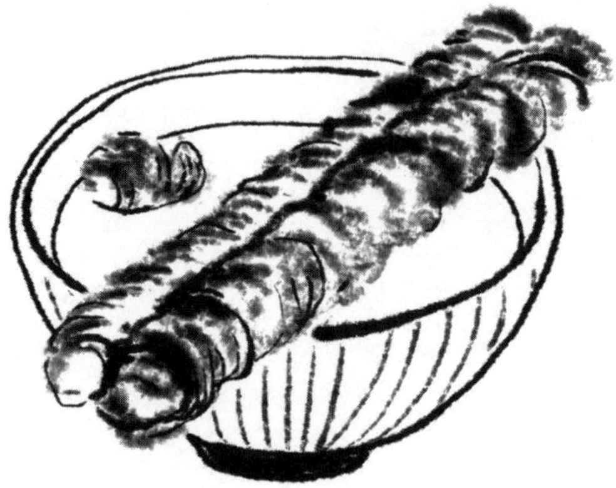

小雪節氣文化

每年陽曆十一月二十一日至十一月二十三日之間（二〇二五年為十一月二十二日），當地球繞著太陽公轉至黃道二四〇度，為小雪節氣。在北半球高緯度地區，因氣溫下降而開始下雪。農諺云「小雪小到，大雪大到」，是對天氣物象變化的形容，如果在北方地區，「小雪不見雪，便把來年長工歇」，意味著沒了小雪，冬麥就無法生長，隔年不只會缺水，而且土地的蟲卵不能減少，第二年就會產生蟲害過多的問題。

黃河以北在小雪開始降雪，但黃河以南的降雪卻要等到冬至才會下雪，緯度的變化對應著節氣的轉折，大自然有著此起彼伏的交響節奏，帶領著天地萬事萬物的規律。

在古籍《群芳譜》中記載：「小雪氣寒而將雪矣，地寒未甚而雪未大矣。」指的是天氣寒冷，使得空氣中的水氣從雨凝結為雪，但因還不太冷，只見像米粒般的小雪，這些雪常是半冰半融的狀態，降到地面後很快就會融化，也就是氣象上說的濕雪，有時雪花會夾在雨中，讓人分不清是雨還是雪，也有人稱之為雪雨。這些新雪像白糖粉般飄飛在大地上煞是好看，提醒人冬天的腳步正加快來到（我在英倫五年過冬時會觀察到這些景象）。

《月令七十二候集解》中記錄小雪有三候現象「虹藏不見、天氣上升、地氣下降、閉塞而、成冬」，說的是由於北方不再降雨，彩虹便不再會出現了，彷彿彩虹躲藏了起來，天空中陽氣上升，地面中陰氣下降，導致天地不通，陰陽不交（原本天地的氣理是空中的陽氣下降，地中的陰氣上升，天地陰陽相交），致使天地閉塞，萬物失去了氣機，才形成了冬。冬即終止，收藏之意，大地彷彿把自己收藏了起來。

小雪字形意都美，自然宜於入詩，唐代詩人元稹有首〈雪天〉：

故鄉千里夢，往事萬重悲。
小雪沉陰夜，閑窗老病時。

獨聞歸去雁，偏詠別來詩。
慚愧紅妝女，頻驚兩鬢絲。

用小雪寓意人之初老，紅妝遇老病，雪絲與白鬢對照，真叫人驚見萬重悲。
宋人李復有一首描寫山寺禪者的小雪詩〈山寺禪者〉：

敗屋數間叢萬笴，虎豹到庭門下鑠。
自種石田一飯足，與語略能言瑧可。
天昏霏霏小雪墮，拾薪吹爐勸親火。
葉藏巨栗大如拳，撥灰炮栗來饋我。

此詩既見禪者之清寂，亦見生動之趣，一句「撥灰炮栗」的情趣叫人生羨。
宋人陳庭光的〈小山見梅〉亦十分雅趣：

小雪梅香已破緘，羅浮春信許先探。
松林酒肆知誰醉，石壁題詩只自慚。
未放翠禽呼夢覺，待教黃野縱鸞驂。

行當看我飛雲頂，並取春魁壓斗南。

小雪是初梅時節，靜掃寒花徑，花雪隨風不厭看。

小雪是先人農活中最重要的醃菜時節，從小雪開始醃冬菜，才能一直吃到立春。除了冬菜外，也開始製作各種臘肉，農人開始殺豬宰羊，用花椒、丁香、大茴香、八角、桂皮等香料，將生肉醃於土缸中醃十五日，之後用繩索掛起來風乾後，再用柏樹枝、甘蔗皮、椿樹皮、柴草點火慢慢燻乾，製好的臘肉可以經年不壞。（如今憶起童年家中自製燻臘的情景，真懷念啊！）

小雪節氣中適逢陰曆十月中旬，亦是陰曆十月十五日的下元日水官大帝的誕辰。下元節是重要的民間祭典，各地神壇要建醮還願，謝謝一年家畜平安渡過，農作豐收，台灣民間會準備「紅龜粿」（紅色龜狀包豆沙的米食）來祭祀神明。

小雪食療之道，香蕉是很常見的食方，因為香蕉會對人腦產生「5—羥色胺」的物質，有助於對抗冬日憂鬱。另外要多吃豆漿、蛋黃、雞肝、胡蘿蔔、蘋果、枸杞、橘子、葡萄、蜂蜜等等，都可改善冬季肌膚乾燥、面容憔悴、身體虛弱等等症狀。

小雪時節，人體因受太陽熱能不足，特別容易產生情緒鬱悶的現象，尤其是在高緯度地區的人們，要特別注意要適當地運動、曬太陽，偶而喝一些咖啡或紅茶等含咖啡因的飲品也有助於振奮精神，像英國人喝的下午茶就可對抗英國冬日的陰沉天氣。

此外，冬日喝一些溫酒也對身心有益，如東方人的溫黃酒，西方人的熱紅酒都好。台灣人喝的米酒桂圓茶，也有助於身體的活絡。

小雪節氣要特別小心受寒引起的經絡病變所導致的關節腫痛、腹腫、疝氣、足內翻等等不適，多做用手掌搓全身的乾洗澡，直至全身發熱，可幫助身體經脈的活絡，尤其要注意下肢的保暖，下肢容易虛冷者，從小雪起就要養成在室內也要穿襪子的習慣，腳暖全身暖，全身暖經絡活。小雪要特別注意腳的保養，洗熱水腳，腳底按摩、做腳運動等等都可。

小雪節氣民俗——下元節祭水官大帝

陰曆十月十五日，是下元節，和上元節（陰曆一月十五日的元宵）、陰曆七月十五日的中元節，同為道教的三元節，因為都在陰曆的望，都是月圓之夜。

道教在三元節拜三官大帝，上元節拜天官，中元節拜地官，下元節拜水官。三官大帝的職守是掌管人間禍福，各有其場域，水官大帝以管理水域為主。水域包括水田，台灣多水田，下元節夜晚農民會去水田祭水官大帝。

民間以堯、舜、禹為三官大帝的化身，大禹因治水而成為水官大帝，民間又派給三官大帝不同的超能力，如天官大帝可賜福納吉，地官大帝可解厄，水官大帝可救苦，在天地水三官之中，平民百姓最依賴的是水官大帝，達官貴人則多祭拜天官大帝，除鬼避瘟則求地官最靈。

小雪節氣、下元節日左右，是最晚的秋收日期，過了小雪天地閉塞成冬（終），農人忙完一年田裡的農事，開始謝秋收、謝平安，台灣各地會舉辦建醮的活動，酬謝各方神祇保佑農作豐收，各地廟臺前也會開始搭臺演酬神的戲碼。

下元節這一天，亦是消災日，要特別帶紅龜粿到廟裡拜水官大帝，在泉、漳、客三族群中，保有最多中原信仰的客家人最尊崇三官大帝，因此台灣的三官大帝廟宇多是客家人所建。

小雪節氣餐桌——冬日熱甜湯

進入小雪節氣，台灣不下雪，但天氣慢慢微寒，又到了可以喝熱甜湯的季節了。台灣街頭巷尾，不時會看到一些小攤，在冬日中冒著白白的熱氣，有些人縮著身子坐在攤前吃喝著，走近一看，不少人正喝著熱紅豆湯或花生湯，臉上露出幸福的表情。

香港人愛喝糖水，台灣人愛喝甜湯，尤其是天氣一冷，一碗熱呼呼的甜湯下肚，暖胃暖手暖腳又暖心。

最受歡迎的甜湯，目前大概就是紅豆湯了。別以為只是紅豆加糖煮煮，選紅豆可有學問，講究的人一定要用台灣屏東萬丹產的小紅豆，煮前要先泡八小時的水，之後用中小火煮六小時，時間的拿捏很要緊，過短則紅豆不夠鬆軟，過長則太爛太沙，所謂恰恰好，就憑老饕的口感決定。紅豆湯可單吃，有人喜歡下地瓜圓、芋圓，我則是傳統派，只喜歡下古早的紅白小圓子。台灣人認為紅豆性溫，適合在冬天吃，吃熱的才適宜，夏天就改喝冰綠豆湯退火。

冬天還盛行喝花生湯，閩南話叫土豆仁湯，最好的土豆產自北港、花蓮、宜蘭，煮花生湯也要先泡花生，要泡得比小紅豆更久，至少要十二小時，之後要煮八小時以上，花生湯要煮到花生仁軟綿綿的，整鍋湯色白如奶，且濃厚如漿。花生湯配膨餅是台灣本省人傳統的早餐，吃時把餅浸在湯內泡軟，黏呼呼地吃著，小孩老人最愛這種口感。

杏仁茶加油條則是另一種熱甜湯的選擇，杏仁茶的製法，要泡杏仁外，還要用石磨把杏仁磨成漿。杏仁生津益肺，被認為是秋冬補元氣的甜湯，加油條的吃法則如台灣人早餐愛吃的熱豆漿配油條。

台灣還有一款冬日的熱甜湯，是否可能是西班牙人殖民時留下的影響？即是用炒焙過的糙米加花生一起製成的米漿，色澤黃褐，口感十分稠密，很像西班牙人愛喝的厚巧克力濃漿，也如西班牙人般會加油條一起吃。

冬日熱甜湯中還有一款這幾年十分流行的熱地瓜湯，這原本是昔日平常人家喝的祛寒甜湯，煮時一定要加薑，手腳冰冷的人一喝就解決了問題。早年在台北冬日爬郊山的人，常會看到農家在家門外煮熱地瓜薑湯，不僅可貼補家用，還服務了山友。如今走在冬日街頭，聞到地瓜薑湯的味道，就會想到從前爬山的日子。

冬日熱甜湯中最令我懷念的就是童年阿嬤常煮的熱福圓茶，福圓就是桂圓，可加糖熬煮成桂圓滋味豐厚的熱茶，喝時要加一點點台灣米酒，熱氣逼出酒香不會醉人只會醉心。賣熱福圓茶的小販早年常見，現在卻多消失了，跟桂圓和米酒的成本都變貴了有關，但我只要聞到福圓茶的味道，就會回想起阿嬤冬夜在廚房煮米酒桂圓茶的身影。

小雪節氣旅行——黑松露的心魂

十幾年前的十一月小雪冬日，我到法國西南區的佩希高（Périgord）旅行，那是我第一次見識到奇妙的黑松露。

黑松露是長在地下的野生塊菌，每年從十月下旬，採集的農夫就會前往森林尋找黑松露。在此之前，我雖然早已耳聞甚至在巴黎吃過盤中少少如碎屑的黑松露，卻從未看過完整的一整顆黑松露，更別說看過如何從大地上採集黑松露。

佩希高是法國黑松露最重要的產地，我所下榻的旅館，只在每年的十一月至一月間舉辦特殊的黑松露之旅，民眾不僅可以親眼看到採集的過程，還可以到鎮上參觀黑松露買賣市集，最後會在一家擅做黑松露料理的小館飽餐一頓。

我參加的黑松露小旅行團，只有十人左右，在十一月下旬一個亮麗的藍天出發。我們一行人先到達一個叫高耳的小村，在一片樹葉凋零的榛木林前，等待我們的是一位頭戴法式貝雷軟帽的老先生，和一頭機伶活潑的豬。

能看到豬可真稀奇，因為當時大部分採集黑松露的農人都已改用忠心的狗來工作了，因為狗的天性並不愛吃黑松露，只因嗅覺佳，被人們訓練了會聞出黑松露，但豬的本能受黑松露的吸引，雖然比狗更會找到黑松露，但往往主人就得和豬搶奪獵品了。

我們一行人跟著嚮導——老人和豬，走進了林間，只見豬哥四處嗅聞，突然在一處地面停下，開始用鼻臉、雙足猛掘泥土，這時只見老人立即搬出一袋剝好殼的花生，引開豬哥的注意，而老人也立即用鏟子剷出土中的松露。

掘出的黑松露，有如一顆小網球，皮耶嘆息說太小了，還好後來陸陸續續挖出像嬰兒小拳頭大小般的黑松露，皮耶才露出滿意的笑容。那個上午，老人的運氣不錯，掘到了一整個提籃大大小小的黑松露。

黑松露藏身於大地之中，其實是有記號的，每一年可以發現黑松露的場所往往在差不多的地方，因此採集黑松露可以是世襲的行業，由懂門道的老人指引最快入行，熟門熟路的人也都會懂得在大地留下一些私人的標記，提醒自己來年注意。

黑松露雖然是野生的，自己採來吃可以，但拿來販賣，政府卻規定要繳稅，但農人那裡肯交這種野外稅，才使得買賣黑松露成為地下黑市交易。

我們回到高耳小村，看到市集上，一些老人提著用布蓋著的黑松露，他們只跟熟客買賣，以免碰到巴黎來的查稅員。高耳的黑松露市價比巴黎便宜一半以上，除了巴黎的餐廳外，也有老饕級的觀光客專程來買。當時的黑松露，像嬰兒小拳頭大小的約美金五十元，但到最近兩年，同樣大小的卻要賣到美金兩百元以上（若在巴黎、倫敦買更貴）。

當天中午，我們在高耳的小館中，從黑松露炒蛋吃到黑松露牛排，黑松露奇異而獨特的香氣，據說飽含類似性費洛蒙（動情激素）的氣息，怪不得會引起豬哥的誤會。

從黑松露之旅後，我似乎就和黑松露結上了緣，有不少機會品嚐黑松露料理，其中最驚人的一次是在澳門，由米其林三星的主廚，被喻為法國黑松露之王的侯貝松廚神親自主廚的黑松露盛宴。

黑松露向來是侯貝松的拿手菜，當天下午在參加盛宴前，我還訪問了侯貝松處理黑松露的祕訣是什麼？侯貝松回答我世界上沒有任何一顆黑松露是完全一樣的，黑松露受生長年分、季節、溫度、濕度、土壤、樹木的影響都不同，因此每顆黑松露都有獨特的生命。

侯貝松還說，因為黑松露如此珍貴，他會依據手上拿到的不同的黑松露的現況，找出最適合表達出這顆黑松露美味的方式。侯貝松強調，在廚房工作的人，都必須殺生，在奪取動物、植物的生命時，為了尊重這些生命，必須要以最好的創造（廚藝），來彌補生命的損失。

那天的晚宴，從各地聚集而來的十位客人，坐在侯貝松美食殿堂華麗的圓桌前，等待年度的黑松露盛宴的開始。

包廂內的空氣飄盪著黑松露特殊的薰香，身旁的廚櫃上放了一大籃的黑松露，籃內每一顆的黑松露都散發大地生命的氣息。

當天的晚宴，我們吃了黑松露豬肉派、黑松露肉末鵝肝千層酥等等，其中最讓我難忘的是先後兩整顆的黑松露，先上場的是用波特紅酒高湯燉煮的黑松露之心，一個人吃一整顆，真是奢華得不可思議。本以為黑松露之心已經擄獲了我的心，接下來卻是更令我驚心動魄的黑松露之魂，一整顆完完整整的，像初生嬰兒的拳頭的黑松露坐在白盤中，上方挖了洞，洞中是雞蛋以及蛋白霜，黑松露和蛋本來就是最經典的搭配（像黑松露炒蛋），但誰會想到用黑白兩色，恍如黑火山上的白雪的意象來表現？烤過的黑松露，吃來有淮山的口感，但香氣撲人，珍貴的黑松露以如此平凡如馬鈴薯的姿態供人享受，讓黑松露回歸大地的平常心。

我想起侯貝松下午告訴我的一段話，他說，黑松露在二十世紀二次大戰之前都是很廉價的食材，就像日本人曾經把如今貴同黃金的鮪魚肚肉（Toro）丟給貓吃，人們只吃鮪魚精肉，二次大戰前的法國窮人家的小孩也曾把黑松露當馬鈴薯吃。

我看著黑松露之魂，這正是侯貝松美食哲學的展示，不要管食材本身的價格，他對黑松露仍有一份初心，只關心怎麼吃最好吃，就像愛吃黑松露的豬，腦中只有美味，哪有昂不昂貴這回事。（事後主辦餐會的主人說，他所付的價格根本連付一人兩顆黑松露的錢都不夠，侯貝松身為大廚那個晚上有如電影《芭比的盛宴》的芭比，肯定為了廚藝的表現而賠了錢。）

一場黑松露盛宴下來，不管是視覺、胃口、情感、心靈都得到了異常的滿足，沒想到當天晚上卻有更奇妙的事情發生。

喝了好酒、吃了大餐的我們，照以前經驗，晚上一定睡得不安穩，沒想到我卻意外地一夜好眠，而且醒來情緒十分歡欣，一點都沒起床氣。更神奇的是，和我一起用餐的夫婿全斌醒來後告訴我他一夜有不可思議的怪夢，而且不是普通的夢，是那種被稱為清明夢的夢，就是夢中你可以看到自己，知道自己一半醒著一半在夢中的狀態。他看到自己眼前展開了一個巨大的銀幕，銀幕上演出他的前世今生，一場又一場清晰的景象，他飛越過不同的時代，看到自己幾世的遭遇，他感受到巨大的悲傷和歡喜的同時，又覺得無比的平靜。

我先生從來不是神神鬼鬼型的人，他說他也從未做過這種夢，發生了什麼事？難道是黑松露的效用？但我為什麼不會？世界上吃黑松露的人那麼多，為什麼別人不會？難道是個人體質不同，還是和吃的分量有關（吃兩顆對我先生夠了，也許我得吃加倍才行）？

回台北後，我查資料，發現人類吃黑松露的歷史源起甚早，美索不達米亞古文明、古埃及文明、古希臘文明都曾記載把黑松露當神聖食物吃食的紀錄，但後來的基督教文明卻禁止人們吃，並說黑松露是魔鬼的東西，會不會就因為黑松露有喚起深層潛意識的能力（某種類似天然迷幻藥的化學作用）？在法國普羅旺斯的民間傳說中也說黑松露可以讓人回到時間的過去，這種前世今生的說法的確違反基督教義。

黑松露在美索不達米亞的名稱是「Kama」，和梵文的業力之音相似，世人常說黑松露有春藥的功能，能喚起性的能量，其實性只是生命能量的低層表現，會不會黑松露喚起的是生命更高層的源頭能量，能帶領人們穿越生死邊界，找回心魂的活力？

原本只是一場黑松露盛宴，如今彷佛變成一場聖宴，上天賜予的大地上野生的黑松露，也許正包含著自然的奧祕與奇蹟。只是野生的黑松露如今價格太高了，大部分的人都負擔不起，黑松露的奇幻心靈旅程，也就不容易發生了。

小雪節氣詩詞

〈小雪〉唐・戴叔倫

花雪隨風不厭看，更多還肯失林巒。
愁人正在書窗下，一片飛來一片寒。

〈除日〉唐・張子容

臘月今知晦，流年此夕除。
拾樵供歲火，帖牖作春書。
柳覺東風至，花疑小雪餘。
忽逢雙鯉贈，言是上冰魚。

〈東溪杜野人致酒〉唐・錢起

萬重雲樹下，數畝子平居。
野院羅泉石，荊扉背里閭。
早冬耕鑿暇，弋雁復烹魚。
靜掃寒花徑，唯邀傲吏車。
晚來留客好，小雪下山初。

〈臘後一日雪晴西郊〉宋・范祖禹

臘後寒威壯，春回歲律窮。
薄雲霏小雪，愛日解嚴風。
銀闕千門迥，瑤林萬里同。
誰能拂毫素，移入畫屏中。

冬

節氣21

大雪

陽曆12月6日～12月8日交節

大雪節氣文化

每年陽曆十二月六日至十二月八日之間，進入大雪節氣（二〇二五年為十二月七日），此時正是地球公轉運行至黃道二五五度。在中國大陸北方，降雪量開始變大，古人說大者即盛也，大雪即雪盛矣。

大雪的雪，不像小雪往往落地就融化，大雪會形成積雪現象，積雪可滋養越冬植物，因此，才有農諺「瑞雪兆豐年」之說。大雪時節的自然景觀也形成冬天的美景，如「千里冰封、萬里雪飄」

的形容。

大雪的雪雖大，但氣溫往往並不太嚴寒。大雪是物候現象，冬天的氣溫還要等到大雪過後的冬至才真正寒冷，再過了小寒到了大寒，才會到冰霜寒徹骨，因此民間才有「下雪天不冷」之說。

大雪在《月令七十二候集解》中有三候現象「鶡鴠不鳴、虎始交、荔挺出」，指的是天氣冷了，連鶡鴠寒號鳥都不再鳴叫，此時因大雪時陰氣最盛，但進入陰盛而衰，陽氣亦已開始觸機。喜陽的老虎感受到陽萌，也開始有了求偶行為。至於荔挺是一種喜陽的蘭草，此時因陽氣的出現，也抽出了新芽。

大雪是古代詩人極喜入詩的節氣，因大雪紛飛的情景容易牽動感懷。白居易就為大雪寫下了三首長詩，其中在元和十年冬作的〈放旅雁〉詩云：

九江十年冬大雪，江水生冰樹枝折。
百鳥無食東西飛，中有旅雁聲最饑。
雪中啄草冰上宿，翅冷騰空飛動遲。
江童持網捕將去，手攜入市生賣之。
我本北人今譴謫，人鳥雖殊同是客。
見此客鳥傷客人，贖汝放汝飛入雲。

雁雁汝飛向何處？第一莫飛西北去。
淮西有賊討未平，百萬甲兵久屯聚。
官軍賊軍相守老，食盡兵窮將及汝。
健兒饑餓射汝吃，拔汝翅翎為箭羽。

詩人以大雪物景比喻社會疾苦，語調清寒鏗鏘，讀來寒透心脾。一句「我本北人今譴謫，人鳥雖殊同是客」，寫出了大雪時節的詩人博物人道的心境，而「中有旅雁聲最饑」、「見此客鳥傷客人」，天地與人間的疾苦同時展現。

善以自然入詩的陸游寫下了〈大雪歌〉：

長安城中三日雪，潼關道上行人絕。
黃河鐵牛僵不動，承露金盤凍將折。
虯鬚豪客狐白裘，夜來醉眠寶釵樓。
五更未醒已上馬，沖雪卻作南山遊。
千年老虎獵不得，一箭橫穿雪皆赤。
拏空爭死作雷吼，震動山林裂崖石。
曳歸擁路千人觀，髑髏作枕皮蒙鞍。

人間壯士有如此，胡不來歸漢天子。

這首詩讓今日動物保育人士讀來真是心痛，陸游可說是動保人士的先行者，一句「千年老虎獵不得，一箭橫穿雪皆赤」，寫出了人性的殘忍，大雪紛飛時，正是老虎應陽萌而開始交配，天地一片白，全身斑紋的老虎不易藏身，反而給獵人絕佳的打獵瞄準的機會。

大雪雖然天地閉，居家過起苦寒的日子，田裡的冬麥卻十分歡喜大雪，所謂「冬天麥蓋三層被，來年枕著饅頭睡」。冬季無雨，靠的就是大雪帶來的滋潤，地處南方的台灣不下雪，大雪節氣則需要有雲有雨，台灣民諺有「大雪無雲是荒年」、「大雪雨，甘蔗喜」之說，大雪節氣不僅和來年的農事有關，亦是重要的農產、漁產採收期，如南方的花生就在大雪盛產，北方則開始採收根莖類植物，如白蘿蔔。此外，烏魚群會在大雪順著寒流從北方返入台灣海峽，大雪可大量捕獲烏魚、魟魠等魚類，而雄烏魚的精囊（烏魚膘）此時成了男性食客冬補的珍餚，雌烏魚的卵巢（烏魚子）也開始醃製、曬乾，到了農曆年前也成為民間最珍貴的送禮自用兩相宜的年節食品。

大雪可開始溫熱食材的冬補，如老薑麻油燉雞、鵪鶉，燒酒雞與燒酒桂圓糯米粥也開始上市，熱呼呼的糖炒栗子和鹽水煮花生也是冬令的街頭零食，薑母鴨、薑母茶是祛寒聖品。

大雪節氣中氣溫變化大，要特別小心呼吸系統和心腦血管疾病，尤其是位在北方嚴寒地區的老人要特別預防中風。保寒要先保頭，頭部乃諸陽之會，最怕陰氣侵入，因此老人在冬季要養成戴帽習慣（記憶中我爸爸冬日都會戴著毛呢鴨舌帽），不可讓寒風吹，像位處寒帶地區的英國，老人在冬日大雪後在室內也會戴軟帽，甚至睡覺時還戴睡帽，就是為了保頭保平安。

除了保頭外，保腳部的溫暖也很重要，俗話說「寒從腳下起」，冬天穿上毛襪可讓全身溫暖血管暢通。

除了頭、腳外，凡身體皮膚特別薄弱之處也要在大雪節氣後注意保養，像人的嘴唇四週，由於冬季乾燥寒冷容易發乾，常用嘴舔，再加上冬季新鮮蔬菜攝取不足，導致維生素Ｂ２缺乏，會引起口角炎。

冬季要養成補充蔬菜、水果的飲食習慣，可以選擇平性及溫熱性的植物，如大蒜、生薑、辣椒、洋蔥、香菜、桂圓、栗子、山藥等等，在飲食禁忌方面，冬季自然不宜食過冷、過寒的冰品及水果，一邊吃火鍋一邊吃冰飲當然是大忌。

大雪節氣民俗——大雪大根焚祭

十二月初的京都到耶誕節前，大概是一年之中觀光客最少的月分，賞楓季結束不久，楓紅都已經落地，殘枝孤椏映照著冬日清澈的藍天，雖是大雪節氣，但京都在此時不常下雪，通常要等到大寒前後京都才會下雪。

天氣雖然清朗，但寒風依然冷冽，京都在此時有個窩心的民俗祭典，算是京都的冬日風物詩，在陽曆十二月七日、八日兩天，於西陣的千本釋迦堂舉辦「大根焚祭」，大根指的是長條狀的白蘿蔔，切成一段一段，用大鐵鍋（釜）燉煮，供參拜者食用。

京都人在陽曆十二月八日紀念釋迦牟尼的悟道日，其實是個誤會，因為釋迦牟尼的悟道日是陰曆十二月初八，但明治天皇改陰曆為陽曆後，原本陰曆日全都直接換成陽曆日。我曾參加過一回大根焚祭，好在京都此時已出產大根，但大根要過了冬至後才更甜，但我在一群執事甚為莊重的京都人之中，看他們誠心正意地在那焚煮大根，我也無言以對，只能暗怪明治天皇為了脫亞入歐，把日本曆法大肆更改，但為何沒有其他日本的有識之士倡導恢復東方的陰陽合曆？讓陽曆歸陽曆，陰曆歸陰曆吧！

大雪節氣中原是一年中最少民俗祭典的月分，彷彿連神明都因大雪而休假了，台灣民間在此節氣前後的陰曆十一月二十九日為新竹的都城隍舉行例祭，全省各地都城隍的分靈也會一起來慶祝，是新竹地區一年之中最熱鬧的民俗祭典。

我因為弟弟住在新竹多年，不時會去探望他順便拜訪新竹城隍廟，才慢慢知道新竹的城隍廟來歷不凡，一般的城隍爺只管一市的城郭與隍濠，地位相當於市長，管大一點的如一府是府城隍爺，管理一省的叫都隍爺（如以前的台灣省省長），管理一國的如總統是天下都城隍。

像台北的城隍廟只有市格，台南曾是府城才有台南府城隍，但新竹憑什麼可以成為管理早年台灣全省的都城隍呢？

原來傳說在清代，曾有清朝皇太子海上落難於新竹海岸的香山，借宿於天后宮，新竹的城隍托夢告訴淡水同知此事，皇太子才得以平安回朝，皇帝為了感謝新竹城隍的義舉，賜其都城隍，成為當時全台階級最高的城隍爺了。

大雪節氣餐桌——冬日吃蘿蔔

大雪節氣一到，又到了吃蘿蔔的好季節，小時候，每到天氣轉寒，爸爸總是會做幾味蘿蔔菜，像把白蘿蔔先切成薄片，再切成細絲，加了香油、醬油、醋微拌，再攙一些青蒜絲，就成了冬日極好的開胃菜。

爸爸也喜歡用白蘿蔔燒牛腩，大家都喜歡先吃燒得極入味的蘿蔔，反而牛腩會剩下一大堆，尤其紅燒後的白蘿蔔最受歡迎，用來配白飯真好吃。

還有白蘿蔔煮排骨湯，也是冬日的美味，寒冷的黃昏，捧著一碗撒了些芫荽的白蘿蔔湯，滋味鮮美極了。

我們小孩常說白蘿蔔好吃，爸爸卻說他小時候在老家蘇北，吃一種水蘿蔔，又嫩又甜，好像梨子一樣。爸爸的話，我並未全信，總覺得他思鄉心切，一定有些誇大。但幾年前冬天去上海，在菜市場看到有人掛著牌子賣蘇北白蘿蔔，買來生吃，果然又脆又甜又多汁，真是不輸天津水梨，才覺得以前不信爸爸的話真不應該。

韓國人也很會吃蘿蔔，冬天醃一大缸蘿蔔金漬（泡菜），可以吃一整年頭，但最好吃的還是寒冬裡現醃現切的辣味蘿蔔。有一年在韓國古都慶州，住當地有大火炕的民宿，早餐就是民宿主人剛醃好的辣白蘿蔔，又辣又香又爽口，忍不住多吃了一碗白飯。

西方人冬天也懂得吃蘿蔔，最難忘有一年十二月大雪隆冬，在法國的羅亞爾河谷地旅行，有一天在布洛瓦小鎮過夜，晚上在小鎮四處找吃時，看到一處民家開的迷你餐館，只有三張桌子，當晚我吃到了法國農家菜中極平常，卻是餐館不容易吃到的生蘿蔔片拌法式醬汁，不過是當季的鮮嫩蘿蔔切成細片，澆上迪戎芥末醬、油、醋、蜂蜜拌成的醬汁，這道偶遇的家常蘿蔔滋味，比起我在米其林三星餐廳吃過的許多大菜，更常讓我思念不已。

英國人冬天裡常吃一種叫蕪菁的青蘿蔔，和羊腩一起慢火燉，吃來竟然和廣東人的蘿蔔羊腩煲有些相似，有一次我用蕪菁切細絲，做成了廣東人的蘿蔔絲餅，請英國友人吃，他們大為讚賞，紛紛跟我要食譜。

還有一年十二月冬日去波蘭的古城克拉考（Kraków）玩，住在友人亞麗桑卓家，她買了一些絳紅色的櫻桃蘿蔔（台灣如今也有賣），稍微洗洗後就沾著溶化的奶油吃，再配上在冰箱凍過的伏特加竟然十分好吃，我回台北後，偶爾在家吃奶油小紅蘿蔔，都會想起亞麗桑卓。

日本人是北方民族，也很愛吃蘿蔔，他們取名為大根，有一道大根焚煮，把白蘿蔔、蒟蒻和味噌同煮，很適合冬天在居酒屋喝燒耐時當下酒小菜。日本人認為冬天吃蘿蔔可以補元氣，是因為有秋收冬藏這種觀念，認為大地的天氣在冬天都藏在土裡，而蘿蔔吸收的正是大地的冬日精華啊！

大雪節氣旅行——冬日回鍋湯之旅

一到了十二月天氣逐漸變冷，慢慢地有冬天的味道了。又到了我在爐上燉一鍋冬天的湯的時候了。也讓我回想起冬日在義大利旅行時喝到托斯卡尼人最喜歡的「Ribolita」，即一再重複燉煮的回鍋湯，主要就是用冬天盛產的各式蔬菜雜煮而成的蔬菜湯，最常用的就是紅蘿蔔、洋蔥、芹菜、大蔥、馬鈴薯、大蒜、番茄、白菜豆、節瓜等等。這些菜大都在冬日盛產，尤其是根莖類蔬菜，冬日特別甜，只有番茄，北義冬天缺貨，因此一般人多用罐頭的水煮番茄取代，但在台灣或其他亞熱帶地區，買得到新鮮番茄時還是用鮮貨滋味較好（義大利友人的媽媽告訴我，傳統的回鍋湯其

實是不放番茄的）。

這式雜煮蔬菜湯，愈煮愈好吃，因此，義大利媽媽在冬天的廚房裡常常放上這麼一鍋，每天回鍋煮，喝上一個星期都不膩，而且義大利人相信冬天是調裡身體的重要時節，多吃根莖蔬菜，有助於聚積身體的元氣。

典型的托斯卡尼蔬菜湯，起鍋才加一些鹽，白胡椒（這點很特別，托斯卡尼人可能受阿拉伯人影響，因此像中國北方人一樣喜歡白胡椒，而非西歐人愛用的黑胡椒），最後再加上當季秋末剛榨好的精純橄欖油，再掰幾小塊隔夜發硬的托斯卡尼無鹽的農夫麵包混在湯裡，最後再撒上托斯卡尼人愛死了的現磨的帕瑪森起司。

第一次「吃」而不是「喝」這式蔬菜湯時，我有點不習慣，因為湯很少，完全不像中國廣佬煲湯以湯水為主，吃料為輔。義大利人的蔬菜湯要做得道地，得湯匙放在湯中央都不會倒下來，可見得湯料有多厚實，回鍋湯其實是托斯卡尼人的一道主菜，而不只是附帶的湯。

但和義大利人熟了後，才知道他們也喝回鍋湯的湯的，但不是在飯桌上喝，而是在廚房喝，由於冬日裡回鍋湯一直燉著，回家的人覺得手腳冰冷，又有一點餓時，就去火爐上盛一碗湯呼嚕喝起來，這樣東喝西喝，怪不得上菜時湯永遠比料少。

除了蔬菜回鍋湯，冬天裡我也常燉爸爸小時候常煮的羅宋湯，材料和回鍋湯差不多，只不過多了高麗菜和牛肉（義大利人用白菜豆的植物性蛋白取代），喝時不加橄欖油。記憶中，這鍋羅宋湯常常在冬天出現在新北投家的廚房中，天氣冷時常常一天喝上六、七碗，也是以喝湯為主，喝下去身體暖呼呼的，再跑出去吹寒風玩，就不怕冷了。

有一年冬天在西班牙北方旅行，在塞哥維亞山城喝到了當地的冬日農民湯，蔬菜放的也是高麗菜、馬鈴薯、洋蔥、紅蘿蔔、大蔥，還放很像上海人醃篤鮮湯裡的陳年火腿和家鄉肉似的一塊老、一塊新的醃火腿肉，再加上一段血腸。煮這道湯用的是大陶鍋，也像砂鍋一樣有個氣孔，好喝的湯要用慢火燉足六個小時，這道湯也適合一煮再煮，滋味更濃郁。

回到了馬德里，和當地友人瑞美談起，她說這道湯是馬德里人心目中的媽媽的湯，凡是北方來的人從小都喝這道湯長大，而馬德里還有一家開了上百年的老店，就以賣這道湯出名。

後來我又去了這家位於馬德里老城區的老店，一進門就看到好幾個傳統柴火爐上擺著噴著水氣的陶鍋，空氣中瀰漫著香濃的，彷彿老家廚房傳來的味道。這些冬天的回鍋湯，帶來的不只是身體的暖和，還有心靈的溫暖啊！

大雪節氣詩詞

〈送令狐岫宰恩陽〉唐・韋應物

大雪天地閉，羣山夜來晴。
居家猶苦寒，子有千里行。
行行安得辭，荷此蒲璧榮。
賢豪爭追攀，飲餞出西京。
樽酒豈不歡，暮春自有程。
離人起視日，僕御促前征。
逶遲歲已窮，當造巴子城。
和風被草木，江水日夜清。
從來知善政，離別慰友生。

〈大雪三絕句〉宋・蘇轍

閏歲窮冬已是春，當寒卻暖未宜人。
陰風半夜催飛霰，稍淨天街一尺塵。

〈飢雪吟〉唐・孟郊

饑烏夜相啄，瘡聲互悲鳴。
冰腸一直刀，天殺無曲情。
大雪壓梧桐，折柴墮崢嶸。
安知鸞鳳巢，不與梟鳶傾。
下有幸災兒，拾遺多新爭。
但求彼失所，但誇此經營。
君子亦拾遺，拾遺非拾名。
將補鸞鳳巢，免與梟鳶並。
因為飢雪吟，至曉竟不平。

〈庭松〉唐・白居易

堂下何所有，十松當我階。
亂立無行次，高下亦不齊。
高者三丈長，下者十尺低。
有如野生物，不知何人栽。
接以青瓦屋，承之白沙臺。
朝昏有風月，燥濕無塵泥。

疏韻秋槭槭，涼陰夏凄凄。
春深微雨夕，滿葉珠蓑蓑。
歲暮大雪天，壓枝玉皚皚。
四時各有趣，萬木非其儕。
去年買此宅，多為人所咍。
一家二十口，移轉就松來。
移來有何得，但得煩襟開。
即此是益友，豈必交賢才。
顧我猶俗士，冠帶走塵埃。
未稱為松主，時時一愧懷。

冬

節氣22

冬至

陽曆12月21日～12月23日交節

冬至節氣文化

冬至是古代一年八大節（立春、春分、立夏、夏至、立秋、秋分、立冬、冬至）之一，冬至始於陽曆十二月二十一日至十二月二十三日之間（二〇二五年為十二月二十一日），當天太陽光幾乎直射南回歸線，是北半球白日最短，黑夜最長的一日。過了冬至這天，太陽就逐漸返北，到了春分時直射赤道，又到了日夜等長的日子，再往北到了北回歸線，則是白日最長、黑夜最短的夏至，這就是四季陽光循環的原理。

冬至時，地球公轉運行至黃道二七〇度，天文學上這一天是北半球冬天的開始，亦是黃道山羊星座的起點，也是西洋人認為的冬之初。民諺也有「冬至不過不寒，夏至不過不暖」之說，但中國人從遠古卻視立冬是冬日之始，天子會親率百官到北門六里處外迎冬拜天，要等到冬天走了一半的冬至這一日，才在城殿中央之社祈冬祭天。

冬至是二十四節氣中最重要的一個節氣，因為古人用日圭測日影，發現冬至這天中午時分日影最長，因此古人把冬至日立為一年之始，周代的新年正月即冬至始，正月初一即冬至當月新月初生的一天。

由於冬至在古代是一年之始，如今民間仍存有冬至大過年之說，冬至是一陽生的日子（夏至剛好相反是一陰生），《月令七十二候集解》中記載冬至的三候分別是「蚯蚓結、麋角解、水泉動」，指的是蚯蚓會陰曲陽伸，冬至時雖然一陽生，但地底蚯蚓受強盛陰氣影響仍然曲結著身體，但地上的麋的角卻開始脫落。古人視角向前伸的鹿為陽性，但角向後伸的麋卻是陰性，由於冬至一陽生，麋感受到陰氣漸退而解角，而此時山中的泉水也開始流動了。

冬至是五行養生重要的節氣，在八卦之理中，冬至一陽生，正是地雷復卦，卦象中上面五個陰爻，下面一陽陽爻。冬至是子月，即一年之始，在一天十二個時辰中，子時也是人體一陽生的時辰。

冬至天冷，古人從冬至起開始數九，創出了〈九九消寒歌〉，過了九九八十一天的冷日子就春回大地了：「一九二九不出手，三九四九冰上走，五九六九沿河看柳，七九河開，八九雁來，九九耕牛遍地走」。

冬至是大日，自然有不少冬至詩，像杜甫寫的〈小至〉就表現了詩人的博物感懷：

天時人事日相催，冬至陽生春又來。
刺繡五紋添弱線，吹葭六琯動浮灰。
岸容待臘將舒柳，山意沖寒欲放梅。
雲物不殊鄉國異，教兒且覆掌中杯。

冬至陽生春又來，若不懂節氣冬至一陽生之理，就不會看得懂此詩，而從陽生起盼望春又來，詩人不僅在盼望天地的回春，其實也暗喻著期望政治世事的回復清明吧！

杜甫不只這首冬至詩，還有〈至後〉：

冬至至後日初長，遠在劍南思洛陽。
青袍白馬有何意，金谷銅駝非故鄉。
梅花欲開不自覺，棣蕚一別永相望。
愁極本憑詩遣興，詩成吟詠轉淒涼。

可見詩人受天地一陽生之氣影響，內心又有了陽動之氣，思洛陽（注意洛陽的「陽」字）亦代表志在中原的鴻圖，無奈身在劍南。之後又寫了更見悲涼的〈冬至〉一詩：

年年至日長為客，忽忽窮愁泥殺人。
江上形容吾獨老，天邊風俗自相親。
杖藜雪後臨丹壑，鳴玉朝來散紫宸。
心折此時無一寸，路迷何處見三秦。

冬至日晝夜反轉，自然惹人心生天地變異之感，但身在異鄉的杜甫仍然「路迷何處見三秦」，真是想不開啊杜甫。中國文人向來既喜愛又心疼杜甫，和文人素有懷才不遇、無法報國之憾有關，因此易與杜甫相知。但在二十一世紀今日全世界都官不聊生時，學學陸放翁的心境，也許才能活得愉快些。

冬至天冷，獨眠最感悽涼，白居易有兩首短詩都和冬寒心涼有關，〈冬至宿楊梅館〉寫下：

十一月中長至夜，三千里外遠行人。
若為獨宿楊梅館？冷枕單床一病身。

另一首〈冬至夜懷湘靈〉：

豔質無由見，寒衾不可親。

何堪最長夜，俱作獨眠人。

真是漫漫長夜難獨過，冬至當天夜最長，是為長至夜，長夜獨眠，冷枕單床，寒衾不可親，這等情狀，只有真正寂寞過的人才可領會。

冬至是古代的大日子，有不少食俗與冬至相關，如吃白肉，即源於古代天子祭天後會用祭祀的豬肉煮成白肉分給百官。此外冬至有北方吃餃子，南方吃餛飩之俗，此食風起於漢代，傳說因為冬至天寒，不少人必須在戶外活動因風寒而凍傷了耳朵，漢末河南南陽有個醫神張仲景有感於此，就搭起了醫棚，熬起了去寒嬌耳湯，所謂嬌耳，即用羊肉、花椒做成耳朵形狀麵食，水煮嬌耳就成了日後北方的水餃。

至於南方則有「冬至吃餛飩」的食俗，冬至一陽生，此時天地從陰中生陽混沌初開，餛飩之名即從混沌由來，廣東人的雲吞亦借此音，但福建人把餛飩叫成扁食（象徵天地之間扁扁隆起的形狀）。相傳餛飩是西施創造的，據民間傳說，春秋吳王夫差因胃口不佳，西施用麵粉和水製作成了薄薄的皮包少少的肉餡，再下水煮，放入高湯中，就做成了夫差讚不絕口的小食，夫差問此物為何，西施答混沌，可見餛飩是越人的小食，吳王才會不識。這個故事也說明西施收服吳王夫差的心不只是靠美色，這大概是中國「征服男人的心先征服他的胃」的最早版本。

紹興古城本是越人之地，紹興人在越諺飲食中就記載紹興人在古代冬至時不僅食肉餡的鹹餛飩，亦食芝麻糖餡的甜餛飩，此食俗後來亦轉為冬至吃芝麻湯圓，湯圓亦名陽圓，也有冬至吃陽圓慶祝一陽生之意。

台灣人迄今冬至都有吃紅白湯圓之食俗，紅色湯圓是金圓（陽圓），白色湯圓是銀圓（陰圓），金銀圓即象徵天地的陰陽相合，冬至用金銀圓祭拜神明，吃完金銀圓後就長一歲，由此可看出臺灣民俗和中原古禮的緊密關係，台灣人的文化基因中還有冬至是一年之始的記憶。

陝西人在冬至吃紅豆粥，亦是傳自遠古的食俗，相傳共工的兒子在冬至日死，死後成疫鬼（陰鬼），但疫鬼怕紅豆（代表陽性的力量），因此冬至日吃紅豆粥可驅災避邪。

冬至節氣民俗——冬至和耶誕節本一家

二十幾年前我剛到倫敦居住時，英國友人就警告我要小心「冬日憂鬱症」。我這個人天性樂觀開朗，根本不相信自己會患上什麼憂鬱症，更何況起因是天氣造成的憂鬱。

但當我在倫敦定居下來後，才知道英國冬日的可怕，位居高緯度地區的倫敦，每年一過晝夜等長的秋分節氣，當太陽慢慢從直射赤道移往南迴歸線，每日的白晝就一天短過一天。每天太陽晚升起早降落，陽光一天比一天少，從九月下旬的秋分節氣，每十五天過一節氣，寒露過霜降再來是立冬，再到小雪，少雪的倫敦只偶而飄些雪花飛絮，半夜飄上午陽光一出就融化。小雪時的白天很陰沉，往往上午七點多才天亮，但下午四點多就天黑，再到了太陽直射南迴歸線那一天，是北半球日最短夜最長的一天，這一天在陽曆十二月二十一日至二十三日之間，即天文學上的冬至節氣，西方人則稱冬至為「Winter Solstice」。

中國人古代視冬至是一年二十四節氣中最重要的節氣，因古人用土圭測日影，冬至是一年中日影最長的一天，因此成為第一個也是最容易測出的節氣。商代時冬至是一年之始，直到今日民間仍有「冬至大過年」之說。

冬至在天地陰陽五行之中，是陰極之至，陽氣始生的日子，古人有冬至一陽生之說，即冬至過後，陽氣回升，又是另一個天地節氣循環的開始。從冬至過後，太陽光從南迴歸線南至點北返，到春分時日夜等長，再到夏至則到了北半球白晝最長、黑夜最短的一天。

在倫敦生活的我，在時序進入十二月後，每天能見到的陽光一天只剩下七、八小時，每天上午八點天才亮，每天下午三、四點就天黑，這樣的日子第一年熬過去了，到了第二年我開始感受到什麼是冬日憂鬱了，也開始明白為什麼英國人到了十二月就會學候鳥南飛，許多人開始冬之旅了，而且旅行的地點都選擇西班牙南部、希臘、北非這些還充滿陽光的國度。

不能出門旅行的英國人，則從十二月起就開始迎接十二月的大日子，即耶誕節的來臨，街上從十二月一日起就掛滿了大大小小的燈泡，從太陽降落的下午四點開始，晶亮的燈光就閃爍在大街小巷。看著這些燈火，我才真正明白了耶誕節對英國、德國、北歐這些歐洲高緯度國家的重要性，耶誕節的燈光原來是人類創造出來取代陽光的小太陽啊！

有些研究基督教歷史的學者主張，耶穌是不是真的生在十二月二十四日並不可考，但早年的基督教徒選定這一日為耶穌誕生日是有理由的，因歐洲文明源自美索不達米亞，在遠古時代，美索不達米亞、巴比倫等地早有祭拜光神的原始信仰，這種信仰後來也傳為波斯的火神信仰，而光神和火神的生日就在十二月二十四日。這個日子有天文學上的意義，因為是在冬至後一日，正代表冬至一陽生，即太陽光的力量將逐日滋長增強至陽氣最盛的夏至那一日。

因此耶穌誕生的日子可不能隨便選的，耶穌說：「我是光，我是生命」，其實是古代太陽光神信仰的化身，因為陽光是地球生命的源頭，耶穌選在冬至後一日誕生，正好回應了人類對冬至一陽生的集體意識。

冬至是中國人的冬節，但如今卻因西風當道，大多數的人到了十二月下旬，都只記得耶誕節，而忘了中國人本來的節日。其實在天文學的意義上，耶誕節和冬至節本一家，中國北方在冬至時也是天寒地凍，白晝太短，古人會升起冬至火來驅除黑暗，而冬至日的慶祝，也正代表著冬至近了，春回大地還會遠嗎？冬至日過，陽光每天增加，人們只要對未來的陽光有希望，黑夜就不再漫長。

西方人過耶誕節也是這個道理，其實本意是慶祝「Winter Solstice」帶來的陽光旅程，但卻變成了基督教的大日子，不管是教堂的燭光，耶誕樹上的燈泡，乃至於從耶誕市集到百貨公司熱賣的各種節慶禮物，都是為了消除黑暗冬日的心理消沉。慶祝耶誕節，可帶來精神的療癒和物質的滿足，都有助於克服冬日憂鬱的低潮。

飲食是過耶誕節的重要大事，而且不只是吃耶誕大餐這件事，歐洲人早年是從十二月開始就會陸陸續續準備各式各樣的耶誕應景食材，像荷蘭人會在自家製作蛋酒（eggnog），蛋酒又名「律師的舌頭」，意思是喝多了會讓沉默寡言的荷蘭人打開話匣子，像律師般能說善道。對於身處陰鬱的十二月天氣的荷蘭人而言，蛋酒當然是對抗低潮的良品。北歐人會醃製各式魚子，魚子富含荷爾蒙和多樣礦物質（台灣人則醃烏魚子），早就證明可幫助腦部活動分泌血清素，也等於是抗憂鬱的天然食品，英國人會從十二月初開始用綜合乾果（杏仁、栗子、核桃、腰果等）加上葡萄乾、蔓越莓以及白蘭地酒製作成耶誕布丁糕點，這種可以吃十二月一整個月的糕點，所用的乾果蜜餞也都可以對抗冬日憂鬱症。

在歐洲過耶誕節，明顯地可看出位於北半球高緯度十二月陽光不足的國家，如北歐、德國、奧地利、英國等地區對十二月耶誕季都特別重視，一整個月活動不斷，這些地區也是基督新教盛行之處。反觀位於歐洲較中緯度的西班牙、葡萄牙、希臘、義大利等國，卻較重視三月春分時天主教的復活節，兩者的區別，就和陽光在地球照射長短的不同有關。

天主教徒重視復活節大餐，吃的是代表春分圖騰的烤羔羊（春分是牡羊星座），基督教徒看重的是冬至耶誕大餐，冬至的圖騰是山羊星座，耶誕大餐中的烤羊，烤的不是羔羊而是成熟的山羊，但因英國清教徒到了美洲沒羊吃，就改成吃印地安人送的火雞。英國人除了吃烤羊外，耶誕大餐中還要吃燻鮭魚，因為鮭魚會迴游到出生之處，也代表著生命季節的循還。

我在倫敦第一年，就被邀請到好客的愛爾蘭家庭中去過耶誕，女主人準備了烤羊腿沾薄荷醬、燻鮭魚冷盤沾蛋黃醬、各種羊起司、生菜沙拉和澆上白蘭地酒、可以起火點燃的耶誕布丁糕點。

後來我回請這一對愛爾蘭夫婦和兩位華人朋友，一起吃東方的冬至餐。我在唐人街買了在荷蘭種的大白菜和韭黃，包了大白菜豬肉水餃和韭黃蝦仁豬肉餃，又煮了雞湯餛飩，再加上兩款西方人喜歡吃的中式炒菜（糖醋肉、蔥爆牛肉），還在唐人街買了一隻烤鴨加麵餅、蔥醬，最後甜點吃紅豆湯小圓子，六個人吃得賓主盡歡，在十二月陰沉的季節中，果然，藉著節慶大吃大喝、開懷聊天，的確可以點亮我們內心的燈，讓我們看清世界的光明。

我在倫敦，因為十二月的天氣，深深了解到天下本一家，人心的需要是如此回應天地，不管是冬至還是耶誕節，都是出自太陽崇拜的源頭，我們之所以過節，就是在回應陽光生命能量和地球的神聖關聯。

冬至節氣餐桌——冬至大啖餛飩與烏魚子

台灣人在冬至節氣時除了吃湯圓外，也會吃餛飩，吃餛飩其實更有古風，因為冬至正值天地混沌陰陽分際，以包好的小麵食來當祭天地混沌的祭品，因此這種壓扁的小小麵皮包著的肉餡才有了餛飩這樣的名詞，但閩南人卻喜歡根據形狀叫這樣的小食為扁食。

不管叫扁食或餛飩，和餃子最大的不同就是要皮薄餡少，麵皮要煮起來浮著像隻透明的小水母般玲瓏剔透，餛飩皮散開像綢紗般輕盈，入口滑溜，才對口感。

好吃的餛飩，麵皮一定要自己做，而且一定要現包現下，放久了（皮會濕）或冷凍過的（皮會乾）煮起來就不夠好吃，但這種講究如今少人在乎了，更令我懷念從前台北東門信義路上那家專賣現包現煮餛飩的小店，後來包餛飩的老阿嬤退休了，我就再也吃不到極品的餛飩了。

小餛飩外，還有大餛飩，通常都叫溫州大餛飩，在台北到處可看到賣溫州大餛飩的店家（溫州人愛吃餛飩，原因是古代溫州和福建有密切的通商關係，使得溫州食風近似閩），早上十點半就開張，可當早餐吃，若是當中餐或晚餐吃，就得加麵成為餛飩麵或配碗乾拌麵，這樣的店家都流行附送辣極了的老虎醬。

不管是大小餛飩，都要有好高湯，要用大骨慢熬，絕不能加味精壞事，熬高湯是做好小食的基本功，但現今肯熬好高湯的店家也少了，碰不到好高湯，餛飩就成了混水摸魚了。

除了細皮的大小餛飩外，還有粗皮的菜肉大餛飩，皮較類似餃子，但又比餃子皮較薄些，菜肉大餛飩很抵食，一碗八大個就可以吃飽，有菜有肉有澱粉就是一餐。

餛飩本來就是祭品，祭天地之後才祭人的五臟廟，吃餛飩是讓人感知天地運行的陰陽之氣，餛飩要包得好，也要肯用點氣力與心思，揉麵團要用夠氣力，但捏得薄而透又不破的細麵皮卻需要輕巧的心思與手工才行，餛飩之道亦陰陽調和之道啊！

◇◇◇

臺灣人叫烏魚為信魚，意思是有信用的魚，會在每一年冬至前後抵達台灣海峽。

但過去十年，無法守信的烏魚愈來愈多了，因為地球的暖化，海水溫度年年昇高，很多烏魚就不來台灣了，只剩下少數的烏魚還是不爽約，漁民都盼望著冬至能帶來一波寒流，也帶來被台灣人稱為烏金的烏魚。常說梅花是愈冷愈開花，烏魚也是愈冷愈豐收，只是漁人都知道天下事有一好就沒二好，烏魚在寒流盛產，養殖的虱目魚卻因過寒而凍死。

台灣人很懂得吃烏魚，吃的都不只是烏魚的魚身，在十二月初時開始補獲到烏魚時，人們就會看到不少台菜小館掛出當令的烏魚膘、烏魚胗的美味上市。

烏魚膘，是公烏魚的精囊，因顏色的關係，又叫魚白，白白嫩嫩的魚膘，最適合配上冬季當令的嫩蒜苗用麻油簡單爆炒，吃入口中十分柔軟，比豆腐還嫩，入口即化，是台菜老饕的私密美味，每年當令的時間不到兩個月，錯過明年再來。魚膘一定要新鮮現殺現吃才可口，也不能吃冷凍貨，因此很多館子都不賣此味，但台北麗水街上幾家台菜館有老客人支持，一入冬就有魚膘上市。

烏魚胗是烏魚的胃，口感脆脆的如雞胗，可簡單汆燙後用蒜苗清炒，但更受歡迎的吃法是曬乾後用小火炭烤來吃，是下酒的聖品。台南人很愛吃烏魚胗，市內仍有不少小店用小炭爐烤烏魚胗，有閒心閒空者可以一塊烏魚胗嘴裡慢慢嚼一小時。

最有名的烏魚吃法，就是烏魚子了，烏魚子是母烏魚的卵巢，要用鹽醃製曬乾，吃當季野生的烏魚子的時令比吃魚膘、魚胗要晚，約莫在大寒節氣之後到過年間，各地新鮮曬製好的烏魚子就紅豔豔地掛出來了。

老一輩的人吃烏魚子都很講究，會先在烏魚身上塗上一層台灣米酒，然後才放在炭火小爐上慢慢烤，要烤到有外酥內糖心的口感，切成厚薄適中的一小片，再夾上冬季當令的爽口清甜白蘿蔔一小片，兩者合一吃來十分配對。

除了現烤烏魚子外，也有烤好真空包裝的烤烏魚子，打開包裝就可以直接吃，當然沒現烤美味，卻是我出國旅行時最喜歡攜帶的零食。在異國的長途火車上或旅館夜泊時，隨時切上幾片來吃，真是解鄉味之饞喲！鹹鹹甘口的烏魚子在口中慢慢細嚼，就安慰了旅人的心。

冬至節氣旅行——阿爾薩斯味覺之冬

耶誕節前在巴黎辦完公事後，還留下近一週的時間，也許是在巴黎的「Brasserie Lipp」吃阿爾薩斯菜吃出了癮頭，就決定搭TGV高鐵去阿爾薩斯重溫舊夢一番。我上回去阿爾薩斯，當時從巴黎東站還沒有TGV直通歐盟議會所在地的史特拉斯堡，原來是因為阿爾薩斯省民屢屢在公民投票時否決了高鐵的興建，理由是不想縮短和巴黎的車程距離。這種心態當然有歷史上屢屢做兩面不討好的夾心人有關，我有位住在史特拉斯堡的朋友就對我說，現在阿爾薩斯人的肉體是屬於法國的（在法國國境內），腦子卻屬於德國（這裡人的種族特性較接近德國人），但靈魂卻誰都不屬於，只屬於阿爾薩斯。

冬日太冷，並不適合拜訪酒鄉，幾年前的耶誕節前我曾去史特拉斯堡和科瑪過冬，這一回重返阿爾薩斯也是想回憶上一次旅程，因為喜歡耶誕節的人一定不能錯過史特拉斯堡十二月的耶誕市集，在史特拉斯堡大教堂前會擺上兩百多個攤子，賣各種耶誕飾品、服裝、玩具、農產品、糕餅、巧克力、酒等等，在將近一個月的時間內，天天都有活動，像大教堂音樂會、教堂廣場上木偶戲、夜晚的煙火會、穿中世紀服飾的遊行等等，遊客都可以參加，簡直是北方的嘉年華會。

為什麼要在十二月辦嘉年華會？表面上是宗教節目，慶祝耶穌誕生，其實是歲時活動。基督教宣稱耶穌的生日剛好在重要的天文節日冬至後，冬至是北半球白晝最短、黑夜最長的一日，這個白日縮短現象從十一月下旬到十二月下旬就一直在進行，整個十二月北半球高緯度地區（如阿爾薩斯），每天早上不到八點看不到天亮，下午四點不到天就黑了，住在北方高緯度地區的人，十二月天天面對著又濕又冷的天氣，心裡也鬱悶起來。這時又是農閒的日子，如果天天不出門待在家裡是會產生冬日憂鬱症的，但光鼓勵大家去教堂崇拜主兼散心也不見得有效，還不如在大教堂前擺攤賣東西，弄點五彩繽紛、燈火通明，加上唱歌、跳舞、演戲、吃喝等等，整個十二月的憂鬱不知不覺就度過了，又可以增加地方的經濟活動，商人口袋裡麥克麥克，這一套耶誕節大消費可說是自古以來物質與精神雙贏的設計。

我到每個城市，都會有一份必吃必喝名單，在史特拉斯堡的清單上寫著的首選即吃鵝肝配麗絲玲白酒，接著是酸白菜、火腿肉、培根、豬頰肉、豬大排、豬小排、大小豬肉香腸等等。阿爾薩斯以擅長處理豬肉出名，還會尊稱豬為豬大爺，像中國人吃豬肉一樣會把肉品分各種部位精心烹飪，也擅長製香腸。我平常是不愛吃西方一般無味的香腸，但阿爾薩斯香腸除外，因為肉味十足，口感又佳。接著是吃蝸牛，一般人以為勃根地蝸牛是正宗，卻不知吃阿爾薩斯葡萄葉長大的蝸牛滋味更新鮮。名單上還有吃阿爾薩斯的燉鰻魚，因阿爾薩斯水路充沛，河鮮料理自然豐美，做法多是用白葡萄酒加各式蔬菜高湯清燉，這裡吃魚都連魚頭一塊吃，很對華人的胃，常吃的魚有各種淡水魚，像鮭魚、鯉魚、梭子魚、鱒魚、鱸魚、白斑狗魚等等。一般人都知道阿爾薩斯有酸白菜什錦豬肉盤，卻少人知道這裡的酸白菜什錦魚肉盤也很有名。日人常說味覺之秋，我卻愛阿爾薩斯的味覺之冬。

冬至節氣詩詞

〈邯鄲冬至夜思家〉唐．白居易

邯鄲驛裏逢冬至，抱膝燈前影伴身。
想得家中夜深坐，還應說著遠行人。

〈冬至日遇京使發寄舍弟〉唐．杜牧

遠信初逢雙鯉去，他鄉正遇一陽生。
樽前豈解愁家國，輦下唯能憶弟兄。
旅館夜憂姜被冷，暮江寒覺晏裘輕。
竹門風過還惆悵，疑是松窗雪打聲。

〈冬至夜寄京師諸弟兼懷崔都水〉
唐．韋應物

理郡無異政，所憂在素餐。
徒令去京國，羈旅當歲寒。
子月生一氣，陽景極南端。
已懷時節感，更抱別離酸。
私燕席雲罷，還齋夜方闌。
邃幕沉空宇，孤燈照床單。
應同茲夕念，寧忘故歲歡。
川途恍悠邈，涕下一闌干。

〈贈潘高士二首之一〉宋．白玉蟾

冬至鍊朱砂，夏至鍊水銀。
常使居士釜，莫令鉛汞分。
子母既相感，火候常溫溫。
如是既久久，功成昇紫雲。

〈冬至後三日與羅楚入倅廳兩松下梅花盛開取酒〉宋．朱翌

老松鱗甲待拏雲，俯視梅花意亦親。
粉色上參冬嶺秀，虬枝下挽越溪真。
乘閒到此能終日，與我來遊盡可人。
今代華光古韋畢，生綃一幅兩傳神。

〈冬至齋居偶閱舊稿志懷〉清・乾隆

靜聽迢迢宮漏長，齋居暫屏萬機忙。
那無詩句娛清景，恰有梅梢送冷香。
案積陳編閑檢點，志期舊學重商量。
灰飛子夜調元律，又喜天心復一陽。

冬

節氣23

小寒

陽曆1月5日～1月7日交節

小寒節氣文化

冬至不過天不冷，到了陽曆一月分的小寒與大寒，往往是一年中最冷的時候，許多人都會有這樣的經驗，冬天總是愈來愈冷，夏天也是愈來愈熱，因為地球就像個大冰箱或大烤箱，累積的冷熱能都是漸進的。

小寒始於陽曆一月五日至一月七日之間（二〇二五年為一月五日），此時地球公轉運行到黃道二八五度。小寒在《月令七十二候集解》中的三候現象是「鴈北鄉、鵲始巢、雉雊」，指的是古人認為候鳥中的大雁會順著節氣中的陰陽能量而遷移，小寒時陽氣已動，大雁也開始向北飛翔，喜陽的喜鵲開始築巢，而雉鳥也因陽氣而開始鳴叫，這些物候現象在今日的都市水泥叢林間恐怕不容易見到！

夏天有三伏天，冬天有三九天，小寒還在二九之中，要過了小寒，才進入三九天。三九天中國北方因「小寒大寒凍成一堆」，農作物也無法生長，但在中國江南一帶，從小寒開始，帶來了冬春花期的資訊，所謂的二十四番花信風，指的是經小寒、大寒、立春、雨水、驚蟄、春分、清明、穀雨等八個節氣中當令開的花。古人會依據節氣種花，花期也彷彿節氣曆般，一看到花開，就知道處於什麼樣的節氣之際。

二十四番花信風挺美的，來看看我們現今的生活還可以依節氣賞得到這些花嗎？小寒三候梅山仙，指的是梅花、山茶、水仙；大寒三候則是瑞香、蘭花、山礬；立春三候是迎春、櫻桃、侯望春；雨水三候菜花、杏花、李花；驚蟄三候桃花、棣棠、薔薇；春分三候海棠、梨花（記不記得一樹梨花壓海棠之說）和木蘭；清明三候是桐花、麥花、柳花；穀雨三候牡丹花、荼靡花、楝花。所謂「開到荼靡花事了」，指的就是二十四番花信風的結束。

小寒一詞字義皆雅，詩人當喜入詩，好詠自然的陸游有一首詩名為〈微雨〉：

哺後氣殊濁，黃昏月尚明。

忽吹微雨過，便覺小寒生。
樹杪雀初定，草根蟲已鳴。
呼童取半臂，吾欲傍階行。

寫的是陸放翁在冬日小寒心境的清明，「呼童取半臂」的老態真可愛，活生生看到一老下階時傍著小童的情狀。「便覺小寒生」是放翁自覺已老的寒涼，但因「樹杪雀初定，草根蟲已鳴」，其實小寒雖然冷，但離立春不遠了，老年的陸放翁還想出外散步，亦是對天地人生積極達觀的生命態度。

小寒正值臘月，古代有所謂臘月臘祭的風俗，臘有合之意（湘菜中有一道臘味合），臘祭指的是百神一起合祭，這一習俗在周禮中分為小臘，祭的是祖先，大臘則是祭天上的百神。

臘月有食臘八粥的食俗，卻不是始於臘祭，而是東漢後受佛教的影響，因佛祖釋迦牟尼在陰曆十二月初八悟道成佛，當天有好心的牧女用自己的午飯混合野果煮成粥救了他，後人為紀念佛祖，便在每年的陰曆十二月臘月初八煮臘八粥。

臘八粥該用哪一些果子雜料，民間倒沒定見，根據《燕京歲時記》一書所記的臘八粥食材有：黃米、白米、紅米、小米、菱角米、栗子、紅豆仁、棗仁，合水煮熟，再加上染紅桃仁、杏仁、瓜子、花生、榛穰、松子及白糖、紅糖、瑣瑣葡萄。這樣的臘八粥和今日常見的臘八粥並不太一樣，我從小家裡會煮的臘八粥用的是大小紅豆、紅棗、薏仁、葡萄乾、蓮子、桂圓、花生、松子、栗子等等和糯米、冰糖合煮。

除了臘八粥外，如今已逝的父親，在八十多歲時還固定每年在臘月製臘八醋蒜，不管是在過年時配餃子吃或單獨吃，都好吃極了，是我每年都會期待從父親手中收到的家庭自製食品，如今只能在心裡懷念父親的臘八蒜了。

小寒時人體疾病會多出現在太陰脾經，因此地處北方的人就不宜吃傷脾胃的食物，像北方人的臘八粥裡就沒有蓮子與桂圓即為此理。同時，小寒節氣要補陰，因此可吃鵝肉來養陰，但有皮膚病的人卻不宜。

小寒天氣冷，天冷自然要小心血壓上升的問題，可吃些降血壓的食膳，如麻油拌菠菜、海帶綠豆粥、白菜豆腐湯、銀耳蓮子湯、山楂梨絲等等。

小寒節氣民俗——臘八節日

小寒節氣中，最常遇到的民俗節日即陰曆十二初八日的臘八，又稱臘日。

臘八的風俗源起甚早，古代先民在年末以臘物祭祖先，稱為臘祭，後來佛教稱佛祖釋迦牟尼在臘月初八因一位牧羊女用大米粥解其饑才得以修道成佛，從此佛門便在臘八日舉行浴佛祭典，施粥濟眾。佛門不殺生，臘八粥是用八種不同的米、乾果煮成的粥。

但中國民間一向神佛無差、道佛雙修，我爸爸不是佛教徒，平日以拜祖先為主，但他也信觀音菩薩，會為祖先做佛門法事，但也做道教的法會，他是什麼神佛都寧可信其有，只要覺得對祖先（後來是比他早逝的媽媽），做了會心安的神佛儀式他都會做。

爸爸在臘八日一定會煮臘八粥，還會拿臘八粥祭祖。爸爸煮的臘八粥會放北方人不放的蓮子和桂圓，這是南方食俗，但生長於南北合的江蘇北方的他，也受北方人在臘八做臘八蒜的影響。爸爸走了，我很懷念每年他用新蒜泡的臘八醋蒜，可以讓我在冬至吃餃子時，一粒水餃一粒醋蒜，真美味啊！真思念爸爸的臘八蒜。

小寒節氣餐桌——冬日圍爐之樂

每到天冷，就會情不自禁地想起圍爐之樂，記憶中最早體驗的火爐烹食，是童年時爸爸準備的涮羊肉。顏色漂亮的紫銅爐，身型又那麼優美，往餐桌上一放，就立即有華麗莊嚴之感，銅爐下方放著在戶外燒得通紅泛白的煤炭，爐中央的白蒸氣向空中吹著，盆中的清水冒著魚眼泡，桌上琳瑯滿目地擺著大白菜、大蔥、羊肉片、凍豆腐、豆皮等等，最讓我歡喜的是豐富的調料，醬油、麻油、醋、糖水、芝麻醬、蒜末不說，還有平日不容易見著的韮菜醬、腐乳醬、蝦油，可以調出奇特的滋味，用來沾白水煮的各種食材都好吃。

圍爐吃火鍋有一種凝聚力，全家都專心地對著一樣物件，彷彿是集體的念力一般，大家的興奮喜悅之情是會互相感染的，往往也會愈吃愈開心，尤其在寒冷的日子裡，圍爐帶來的溫暖不只是身體的，更是精神的慰藉。

長大後在世界各地旅行，才發現不同的國度有不同的圍爐之樂。冬天在日本時，最喜歡和親密的朋友窩在四方鋪著棉被的暖桌下吃壽喜燒，把沾著蛋汁的牛肉片放入甜滋滋的醬油鍋底一涮，和著白菜、大蔥一塊吃，最後再吃用肉汁燒得透味的豆腐，真是快樂無比。

圍爐往往在私密的家中才能得其妙，因為身心均能放鬆，換在公共餐廳大庭廣眾間圍爐，常常吃就吃累了，尤其和不夠熟的人一起圍爐更累，因為圍爐最好懂得沉默之趣，安安靜靜專心吃，此時無聲勝有聲，閒雜人等一逕寒喧交際最破壞滋味。

曾經在下大雪的隆冬在韓國友人家的炕上圍爐，一口喝真露，一邊吃著銅盤烤肉。韓國人很會處理牛的不同部位的肉，一邊聽友人解說彷彿在聽庖丁解牛，各式小菜更驚人，數數各類蔬食野菜金漬（泡菜）竟然有三十六小碟，吃飽撐著往炕上一躺，才發現韓國人頗懂古羅馬人在睡榻上吃大餐的享受。

西班牙北方人也有冬日圍爐，有一回到塞哥維亞的朋友的老家玩，才知道西班牙有一道用陶鍋煮的冬日家常火鍋，很像中國人的砂鍋，裡面用牛骨熬湯底，再放入陳年火腿和黑血腸、豬肉，再加入蕪青、高麗菜、馬鈴薯、洋蔥、胡蘿蔔、大蔥煮得熟軟，這樣的一道冬日鍋物，每每成為異鄉遊子在冬天最懷念的安慰食物。馬德里老城區中有家百年老店「Bodin」就以賣這道鍋物出名。這道食物也要圍爐吃，馬德里人只和夠熟的朋友一塊吃。

法國人有一道「波多福」，被喻為法國人的國民食物，平常餐廳是不賣的，因為這是標準的家庭食物。波多福也是鍋物，做法和西班牙的陶鍋很相似，蔬菜大抵相同，但法國人用的卻是牛肉而非豬肉，還會放入大塊的牛骨，煮透了用小湯匙吃膏狀的牛骨髓最好吃，吃時可沾芥茉醬。

第一次聽巴黎的朋友說著「好想吃 Pot au Feu」，一直不得其意，後來和朋友返鄉，和她的家人圍爐吃波多福時，我就明白了朋友的話就等同於我在倫敦時常常喃喃地自語著「好想吃火鍋喲」，不是在倫敦吃不到，其實我心中真正懷念的是想和遠在台灣的親友們一起圍爐。

小寒節氣旅行——寒冬溫泉日

節氣小寒一過，體內蟄伏的溫泉蟲就醒了過來，天母谷地清晨冬霧中飄盪著恍惚的硫磺氣息，當時住在高樓的我只要一開窗，冷冽的風就勾引著我思念起全身泡在熱溫泉中的柔軟狀態。

寒冬泡溫泉，絕對是人生一大樂事。尤其天氣愈冷，溫泉澡池內外溫差愈大愈冷，整個澡池升起的白霧氣旋愈大，更有幻境之感。

每到深冬，我的行程表中常常排滿了溫泉日。還好當時我住得離北投溫泉鄉不遠，車程不過十來分，興致一來就可出行。我常猶豫著要不要搬到台北市中心居住，每不能遷移都跟不想離溫泉地脈太遠，畢竟童年居住在溫泉鄉的生活習性，已經把泡湯當成日常生活儀式的一部分。

小時候，常常和阿嬤逛溫泉澡堂，對早年的北投溫泉旅館，從沂水園、南國、瀧乃湯、熱海、梅月等都如數家珍，阿嬤喜歡比較不同的旅館的溫泉水質和澡池建材，從青磺、白磺、碳酸、鐵泉的不同香氣和味道，到火山岩、觀音石、檜木澡池的不同觸覺和感受，都是換地方洗溫泉的行家樂趣。

如今我雖然已經交了不少的會費，加入了一家溫泉旅館當十年會員，但還是常常心有旁騖，只要看新的溫泉旅館開張，一定會去試試。這些年從春天、亞太、太平洋、水美到三二行館，北投的溫泉澡堂愈來愈高檔，設備愈來愈奢華，只可惜溫泉的香氣卻愈來愈少，從前洗過溫泉的我，可以到第二天都會聞到身上皮膚殘餘的溫泉氣味，那種在肉身上呼吸的溫泉幽微，如同情人的體味般深入靈魂，提醒著和溫泉纏綿時的情境。

我記得童年的黃昏洗完溫泉後，一整個晚上，我都會忍不住拉起自己衣口嗅聞脖子間的溫泉餘味，聞著時都會有種嗅覺的歡喜，和聞自己身上的香水味很不同，香水不會給我一種從皮膚滲透出來的感覺，香水是隔的，隔開了肉體和靈魂，溫泉卻可以將肉體與靈魂相連。

我最喜歡洗過溫泉的半夜，悠悠醒來時，聞到黑暗中自己身上飄忽的氣息，在寂靜中特別強烈，有一種和大地的生命氣息互通之感，那樣奧祕出神的體會，長大之後，再了不起的芳香療法都及不上。

或許是我的皮膚已經老了，也許是知覺遲鈍了，要不然怪罪現在的溫泉品質不佳了，童年的溫泉魔力已不再那麼強大，常常洗完澡後不到幾小時，就不太聞得出身上的隱約香氣，在黑夜中被自己的氣味催眠的經驗也不再有了。

但洗溫泉仍是必要的，如今人到中年，特別會在澡堂中觀察自己和他人的一身皮囊。看到青春少女如凝脂般的肌膚，在熱泉中染成緋紅，就看到了自己的昔日，再看看老嫗鬆弛的沙皮，也不得不看到自己的未來，溫泉澡堂是頓悟肉身無常之所。

洗溫泉，我喜歡洗大眾池，可以看可以聽，咖啡館和大眾澡堂，都是很奇異的空間，明明是公共的空間，當人一放鬆，又百無禁忌。咖啡館和澡堂中可以聽到的親密和隱私的對談，往往比電話竊聽還聽得多。

日本作家式亭三馬的《浮世風呂》中，記載了平日少言的日本人在澡堂中的高談闊論、大放厥詞，溫泉之所以有精神的療癒作用，也許正因此理，澡池比精神醫生的躺椅更讓人放鬆，當然也更便宜。

小寒節氣詩詞

〈早發竹下〉宋・范成大

結束晨裝破小寒，跨鞍聊得散疲頑。
行衝薄薄輕輕霧，看放重重疊疊山。
碧穗吹煙當樹直，綠紋溪水趁橋灣。
清禽百囀似迎客，正在有情無思間。

〈窗前木芙蓉〉宋・范成大

辛苦孤花破小寒，花心應似客心酸。
更憑青女留連得，未作愁紅怨綠看。

〈曉出古巖呈宗偉、子文〉宋・范成大

曉風生小寒，嵐潤裛巾屨。
宿雲埋樹黑，奔溪轉山怒。
東方動光彩，晃晃金鉦吐。
千峯森隱現，一氣澹回互。
平生癖幽討，邂逅飽新遇。
那知塵滿甑，晨炊午未具。
不愧忍飢面，來尋古巖路。
稻粱亦易謀，烟霞乃難痼。
持此慰龜腸，搜枯尚能句。

〈馬上口占三絕〉（其二）宋・鄭剛中

露濃紅透棠梨葉，風緊落疏蕎麥花。
馬首漸東京洛近，小寒無用苦思家。

〈送季平道中四絕〉（其一）宋・鄭剛中

霜風落葉小寒天，去客依依馬不鞭。
我最平生苦離別，可能相送不悽然。

〈夾得胡仲芳詩次韻〉宋・項安世

天遣清明作小寒，人從赤壁上青山。
頗宜書更形骸外，賴有詩猶意氣間。
一日水程無幾住，百篇火急莫令慳。
杖藜徑入漁樵去，從此因君得往還。

〈小園獨酌〉宋・陸游

橫林搖落弄微丹，深院蕭條作小寒。
秋氣已高殊可喜，老懷多感自無歡。
鹿初離母斑猶淺，橘乍經霜味尚酸。
小酌一卮幽興足，豈須落佩與頹冠？

冬

節氣24

大寒

陽曆1月19日～1月21日交節

大寒節氣文化

每年陽曆一月十九日至一月二十一日之間（二〇二五年為一月二十日），地球公轉運行至黃道三百度時，是一年中最後的一個節氣。二十四節氣由立春始，大寒終，季節循環黃道一週，一年復始。

大寒被認為是一年中最寒冷的時日，會出現全年最低溫，連長江流域都可能出現零下二十度的低溫，也是凍土最深的時日。

大寒凍土，對農事是好的，因為蟄伏在泥土中的冬眠蟲子若天氣不夠冷就凍不死，隔年農作的蟲害就多，農諺有「大寒不寒，人馬不安」，即為此理。

大寒時也不喜見雨雪，因為下雨下雪反而天氣不冷，農諺亦有「最喜大寒無雨雪，下步農夫大發財」。

大寒在《月令七十二候集解》中的三候現象為「雞乳、征鳥厲疾、水澤腹堅」，也就是看到大寒就可以孵小雞，而鷹隼之類的征鳥此時最強悍，在天空盤旋偵伺獵物，另外大寒時河流或湖泊的結冰狀態最厚實，因此古人存冰，都取大寒的冰塊保存以備夏用。

大寒天冷，懂民間疾苦的詩人自然會在此時擔心饑凍之民，白居易的〈村居苦寒〉就是這樣的詩：

八年十二月，五日雪紛紛。
竹柏皆凍死，況彼無衣民！
回觀村閭間，十室八九貧。
北風利如劍，布絮不蔽身。
唯燒蒿棘火，愁坐夜待晨。
乃知大寒歲，農者尤苦辛。
顧我當此日，草堂深掩門。

褐裘覆絁被，坐臥有餘溫。
倖免饑凍苦，又無壟畝勤。
念彼深可愧，自問是何人。

此詩讀來簡單明快，卻深擊內心，「坐臥有餘溫」的詩人，想到「布絮不蔽身」的農民，「自問是何人」一句，不僅是詩人愧然，寒夜讀此詩的我也頓覺愧然，也自問何德何能在此生此世不受饑寒苦。

大寒是一年之終，會遇到歲末幾個大日子，先是陰曆十二月十六日的尾牙，所謂做牙，指的是民間在陰曆初二和初十六拜土地公，因此一年之中的頭牙便在陰曆二月二日，尾牙在陰曆十二月十六日，一年扣掉正月不做牙，共做二十二個牙。台灣人至今在頭牙、尾牙都有吃刈包的食俗，台灣北部人也會在尾牙吃潤餅，但南部人卻在清明才吃潤餅。

除了做尾牙外，大寒節氣中還有祭灶。大陸北方人在陰曆十二月二十三日祭祀灶神，閩南人則在陰曆十二月二十四日晚祭灶。祭灶的信仰起於人們相信家中的灶神是玉皇大帝派來人間查看人們平日善惡的，每年底要回天庭報告民情，為了怕自己被打小報告，因此要祭灶討好灶神，同時還要用麥芽糖塗在灶神的嘴上讓他不好言語（小時候祭灶的麥芽糖我最愛吃了）。

祭灶後，就要準備過年了，大掃除、蒸年糕、做年菜、寫春聯等等，到了陰曆十二月三十日這天下午，還得辭年，在門上貼新的門神像、桃符，有宗祠的人要開祠祭拜，到了三十夜則是除夕祭祖，迎灶神、吃年夜飯，北方人的主食是餃子，為什麼是餃子？寓意是交子，過了三十晚的子時，就要交新的一年了。

大寒天冷，但人們活動多，反而就不覺得那麼冷了，再加上多吃多喝，也增加了身體的熱量。

大寒節氣補身可多吃補氣的大棗、糯米、雞肉，補血的豬肝、雞肝、當歸、桂圓，補陰的銀耳、芝麻、黑豆、鴨肉，補陽的核桃、枸杞、羊肉、蝦，每一種都不可多食，在一年之終，氣血陰陽都要均衡補。

民間在大寒節氣中吃的當歸生薑羊肉湯、涮羊肉、八寶飯、年菜全家福是大寒補身的好食方。

大寒節氣中，要特別小心血管緊縮、中風的問題，因此喝酒要特別節制，也不可吃太過度，尤其因油膩食物吃得多，更要多吃蔬果，這就是為什麼年菜中總有長命菜（芥菜）、菜頭（蘿蔔）、八寶菜等等，此外多吃應時應景的柑橘，對心血管尤佳。

大寒節氣民俗——做尾牙原不關公家的事

即使跨過了二〇一二年，但傳統生肖的龍年還未結束，當年的龍年上演的是全民揮刀大砍政府的各種恐龍預算，對改善政府的債務赤字會有多少成效猶未可知。但政府總算有點痛到了，對此年的屠龍記想必痛心，於是自請降罪，自動宣布當年政府各單位為了撙節開支不辦尾牙了。

沒想到消息一出，民間立即分成兩派意見，有人覺得政府懂得主動省錢是好事，但也有人覺得政府此舉打擊每年尾牙的餐飲商機，令當年的景氣寒冬更不好過，如何促進民間經濟復甦？政府如今不得民心，動輒得咎，但凡事也不該全怪政府，至少公道來說，尾牙這件事，政府辦不辦和民間辦不辦是橋歸橋、路歸路的兩碼事。

話說從頭，做牙本是民間自發的祭祀土地公拜財神的事，由於土地公以陰曆二月二日為神誕日，民間便以陰曆的每月朔望第二日的初二和初十六祭祀土地公，基本上都會準備三牲果物為供品。即使在現代都會中，市民還是會看到不少特別虔誠的商家，每月都會有兩次在都市大馬路旁的騎樓下擺上小神桌祭祀土地公。

商家如此敬奉土地公，當然是為了拜神求財，土地公代表是地頭財神，管理的就是在當地營利的商家，給的也是各商家各戶之財，此財是私人民間之財，和公家財一點都沒關係。

一年有二十二次做牙拜土地公財神的機會（陰曆正月不做牙），由此可見民間求財心之渴切，其中又有兩次大做牙，一是陰曆二月二日的做頭牙，求的是未來一年土地公庇護生意興隆家戶發財；另一日則是陰曆十二月十六日的做尾牙，感謝土地公一年來的照顧。

感謝了神，也要感謝一起打拚的同仁，因此商家老闆祭拜過土地公的三牲供品分給下屬員工，就成了打牙祭做尾牙宴的源起。台灣的民間風俗保留了不少華夏古禮，像過陰曆三月初三上巳和做頭牙、尾牙等等，尤其做尾牙最為盛行。

本來台灣做尾牙是小店家、小商家、小工廠之事，專屬工商業祭財神之民風，其他行業並不舉行，後來卻慢慢地延伸到各行各業甚至軍公教等政府機構，習以為常後，大家也就只記得做尾牙可以打牙祭好好吃一頓，卻忘記了做尾牙習俗的初衷，主要是謝財神，謝員工也是為了謝謝他們幫老闆求財。

今年政府在龍年末突然來個困龍擺尾，宣告不辦尾牙了，讓我們有個機會回頭來看看尾牙風俗的本意。

其實，做尾牙原不關公家的事，做牙拜土地財神求的是個人商號之財，是私財非公財，公家機構怎好求私人之財？政府過去常年辦尾牙求的是誰的財？怪不得許多政府機構老被批評是專門肥自家的肥貓，即使虧損連連還可以大拿績效獎金。

政府不是不能行古禮，但古代的公家是不會拜土地神做牙的，公家要求公家之財，拜的是社神，社神管區很大，管的是天地四方一國疆土，古代天子帶著文武百官在春分秋分拜社神時也會做社祭，吃吃喝喝之餘，心中要存著求天下百姓社稷之福，求國泰民安，民生樂利。

我不會不贊成政府辦社宴，但政府多年來是不是搞錯風俗了，別再把公家與私家之財分不清，也許從端正風俗、廢除公家尾牙宴開始也不錯，至於民間要不要做尾牙，本來就是民間之事，別牽拖政府當藉口了。民間求自家財，政府求公家財，百姓興旺，政府除弊，大家日子都好過。

大寒節氣餐桌——大寒吉祥年味

小時候過年是大日子，從陰曆十二月開始，就要開始準備各種年節的食物。我最喜歡和媽媽拿著家裡的一袋米和一袋糖，過了大寒節氣，到附近的農家去做年糕，四十幾年前的時代，物資並不充裕，農家不可能囤積米糖，只想賺做年糕的手工錢。

當年農家會依據米糖送來的先後，訂下做工的日子，顧客是否要來看工各憑己意，我可是非去看農家工作不可，並非怕偷工減料，而是做年糕的過程太好玩了，農家會先泡米，然後親手用石磨磨出米漿，再用大石塊把米漿壓成粿粉，之後攙和黃砂糖製成圓形糕狀，放進竹編大蒸籠去蒸出糖年糕。

農家只做這種最簡易的淺黃色的硬硬的甜年糕，在沒有冰箱的冬天，也可以擺放一個月以上，吃法更簡單，直接切片用油煎到表皮焦內柔軟就行了，再講究些，也不過是裹上些蛋汁去煎，吃時加了蛋的香濃味，口感也比較滑潤。

社會逐漸富裕了，街上出現各式各樣的年糕，農家貼補家用作活的小年糕工坊也不見了，人們買著各色年糕，台式的紅豆年糕、桂圓年糕、蘇式的桂花年糕、芝麻年糕，除了甜年糕外，還有鹹年糕，台式的菜頭粿、廣式的蘿蔔糕，過年家家戶戶一定要有年糕吃，討個年年高昇的吉利。

除了年糕外，早年家裡一定會在臘月做臘味，後院簷下高掛著醃製好的臘腸、臘肉、臘鴨等等，也不怕老鼠來，因為家附近的貓兒仰頭盯著守護這些臘味。不做臘味的人家，也會去傳統市場買臘味，江浙式、粵式、台式、湖南式，這四種臘味最受一般人的歡迎，年夜飯若沒放一大盤臘味雜拼，既少了下酒的好料，更少了一種經時間風吹而積累的生命厚味。吃臘味咀嚼的不只是食物，還有天地之氣。

以往的年夜飯，一定是家裡一年當中最豐盛的一頓家宴。父親主廚的年夜飯一定是江浙年菜，都是有吉祥作用的，每年一定會重複的有「十樣菜」（亦稱什錦菜），這道菜要將胡蘿蔔、豆干、香菇、黃豆芽、木耳、芹菜、韭黃等切成細絲，每樣各自炒妥後混在一塊，最適合當冷菜吃，吃時要灑烏醋、小麻油。十樣菜寓意十全十美、拾得拾樂。還會有炸藕盒，兩片藕中包肉餡裹蛋汁去炸酥，由於藕盒是兩片包在一塊，象徵好事成雙及闔（盒）家平安。還有蒜子紅燒大黃魚及煙燻大白鯧，而魚一定不能吃光，要年年有餘（魚），還要留有餘（魚）地。吃鯧魚也有吉祥意，對做生意的人尤其重要，象徵來年事業昌隆又有餘。當然紅燒蹄膀也不可少，蹄膀代表元（圓）肉，年夜飯吃了來年可圓圓滿滿，還要有一鍋香菇栗子土雞湯，雞求吉、栗求利。

阿嬤是台南人，她主廚的就是台式年夜飯，一定會有烏魚子夾白蘿蔔片，烏魚子代表烏金（財），白蘿蔔閩南語叫菜頭，代表彩頭，還有滷豬腳，閩南人相信豬腳可驅災除疫，還有乾煎金目鯛，代表來年有金有木有綢，吃穿住都不愁錢（金）。此外，阿嬤還會白煮一塊切得方方正正帶皮的三層肉，說是「正肉」。小時候不明白，長大了才知道是代表陰曆一月的正月之肉，也有寓意做人做事要方正之意。後來我從古籍中看到中國在唐朝時，元旦會吃陰陽脔，即切成正方塊的白肉，我那生於台南的阿嬤，父親是漢學家，她是否知曉這個典故呢？另外，除夕夜阿嬤也一定會煮魯麵，是拜天公用的，要先祭神才能吃，我們就是沾老天的口福才能吃隆重的魯麵，魯麵內菜式繁多，也都是象徵富貴天恩之意。

守除夕夜的點心爸爸一定會熬紅棗蓮子甜湯，一紅一白代表陰陽交合，棗子屬陽補氣，蓮子屬陰清心，吃下去可保一年身體陰陽和諧。阿嬤則會蒸米酒桂圓米糕，桂圓亦名福圓，吃了有福氣又圓滿，米糕求長高、高中、高昇，孩子大人都有用，米酒則象徵年壽長長久久。

這些帶有吉祥意的年味，小時候聽長輩說時，都有種八股老套之意，但等到自己年歲長了，世事看多了，才知道人生不容易，能夠平安吉祥過每一個年是多麼幸福的事，也才明白吉祥年菜帶來的人心安慰。

小時候跟著長輩過年，等自己翅膀硬了的二十多歲之後，過年常常是在海外。有一陣子常去日本過年，日本原本傳承中國民俗食俗甚多，本是研究中國古代風俗禮失而求諸野的好地方，但可惜日本明治天皇一心想脫亞入歐，硬把中國陰陽合曆的曆法改成了不三不四的陰曆變陽曆，雖然時令不對了，但習俗卻依然保留了下來，例如中國古代從南北朝到宋代，長江流域一代的人在陰曆正月（一月）一日都會飲屠蘇酒，如今日人卻在陽曆的一月一日新年飲屠蘇還在屋前掛柏葉和桃枝，真有中國古風，只是日子不對了。

日人在陽曆新年吃素麵的食俗，也是源自中國古代陰曆正月吃索餅（麵條），《東京夢華錄》中也記載元旦人人會吞食鹽鼓七粒。鹽鼓即豆鼓，如日人京都大德寺的納豆，今日京都人依然有新年食鹽鼓之風，原由來自中國古代深信黃豆與紅豆均有驅鬼除疫的作用。

我曾經在倫敦居住五年，西洋過的是太陽年，陰曆年除了唐人街會舞龍舞獅掛春聯外，其他地方都看不到年景，但我都堅持要過陰曆年，因此會邀外國朋友到家中包餃子。餃子是北方年節食俗，餃子有更歲交子之意，又因為形似小元寶，也有招財進寶之意。我還會照古風選一粒餃子中放個洗乾淨的銀錢，吃到這顆餃子的人可以拿到一個紅包，西方朋友對這個遊戲都很開心，有個法國朋友告訴我，他們在太陽曆新年時會吃國王餅，吃到餅中有小陶蠶豆的人，立即就可帶上紙做的王冠，命令身邊的親朋好友為他做三件事，過過做國王的癮。我說可見法國人愛權，中國人愛錢，紅包比王冠實惠。

有時陰曆年在異地過年，像有一年在西班牙馬德里過，還好我旅居之處是附有小廚房的寓所，我就在行李中預備了一些臘腸、烏魚子、紅豆年糕，在除夕夜請了西班牙朋友來吃臘腸飯、烤烏魚子、炸紅豆年糕，還告訴他們這些年節食品的吉祥意，朋友聽了都很開心，因此吃得更津津有味。之後老友瑞美跟我說，她覺得吃每樣東西都有故事聽真好，而且這些又可口又有寓意的食物，可比西方醫生們開的安慰劑有人味多了。

過年吃吉祥年味，也可當成是中國人一年一次心理食療的大日子，吃年食盼好年，是古代庶民的集體安慰，吉祥年味好食光，祝大家年年如意。

大寒節氣旅行——再晤奈良東大寺

想想都快十幾年不曾重遊奈良了，雖說每回到京都，人閒心閒時間也多，都有可能坐趟火車，即使是慢車，一小時也可以到奈良，但不知為什麼，在京都愈閒，人也愈懶得動，天天在京都城內那些古寺老鋪打轉，也就忘了奈良。

其實我對奈良的印象非常好，二十多年前還曾一個人在那住了一個多星期，那麼小的地方，你怎能住那麼久？有日本朋友不解地問我，因為他知道我在大阪待不到三天就嫌煩。

我一直喜歡奈良那種古都兼小鎮的風情，下了近鐵奈良站，走路不到五分鐘就到了奈良公園，整個園裡都是不怕生的鹿群，睜著溫柔無辜的靈眼望著你，再多走幾步路就是美極了的東大寺，唐代宏偉的木造建築讓人一看心就開闊了。

今年二月初在京都過冬，適逢天氣最冷的大寒節氣，某日晨起，拉開窗簾一看，滿天鵝毛大雪飛舞，忽地想起十多年前在奈良遇大雪，突然就很想再看若草山被白雪遮蓋的美景。

一下雪，心反而動了，走在積雪盈尺的街上，東本願寺前銀杏枯枝已成雪樹冰花，這場雪來得又急又大，從昨夜下到今晨還意猶未盡。

京都去奈良，比台北去淡水還方便，從近鐵奈良車站走出，一種強烈的懷舊之情掩面而來，沿途慢慢走向公園，發現奈良變得不多，真不容易，比起來京都一蓋新車站後的市容變化反而更大。到了公園中，倒發現不少鹿都老了，從前好像沒這麼多老鹿，這些老鹿會是我十幾年前抱過的小鹿嗎？世事多變，能在今日與鹿相逢，也是人

間難得的情緣了。

進得了東大寺，繞寺行走，看到了大佛身後兩尊護法，往前仔細觀賞，才發現早年忽略了這身後二尊，一尊是廣目天，一尊是多聞天，而大佛左右亦有一如意輪觀音，另一虛空藏菩薩。

原來我十幾年沒來，今日因大雪心動前來，就為與此相晤，生命如法輪常轉，今日我忽然悟得了道理，我佛慈悲，讓世人向如意輪觀音求人間圓滿，但同時又不忘提醒我們別忘了虛空藏菩薩宣示的世事轉頭空。

真好，我如今立在生命中年，如意與虛空，都懂得了半分情了。

大寒節氣詩詞

〈大寒步至東坡贈巢三〉宋・蘇軾

春雨如暗塵，春風吹倒人。
東坡數間屋，巢子誰與鄰。
空牀斂敗絮，破灶鬱生薪。
相對不言寒，哀哉知我貧。
我有一瓢酒，獨飲良不仁。
未能赬我頰，聊復濡子脣。
故人千鍾祿，馭吏醉吐茵。
那知我與子，坐作寒蛩呻。
努力莫怨天，我爾皆天民。
行看花柳動，共享無邊春。

〈元沙院〉宋・曾鞏

昇山南下一峯高，上盡層軒未厭勞。
際海煙雲常慘淡，大寒松竹更蕭騷。
經臺日永銷香篆，談席風生落麈毛。
我亦有心從自得，琉璃瓶水照秋毫。

〈冬行買酒炭自隨〉宋・曾丰

大寒已過臘來時，萬物那逃出入機。
木葉隨風無顧藉，溪流落石有依歸。
炎官後殿排霜氣，玉友前驅挫雪威。
寄與來鴻不須怨，離鄉作客未為非。

〈大寒吟〉宋・邵雍

舊雪未及消，新雪又擁戶。
階前凍銀床，簷頭冰鐘乳。
清日無光輝，烈風正號怒。
人口各有舌，言語不能吐。

〈和景仁噴玉潭〉宋・司馬光

昨朝景氣如暑天，僮僕流汗衣裘單。
安知向曉暴風作，一變陽春成大寒。
此時結友尋名山，伶傳徒步水石間。

棘刺罥衣行路難，枯藤壽柏同攀援。
驚沙擊眼百箭攢，時得閃爍窺林巒。
景仁年長力更孱，牽衣執手幸不顛。
仍聞旁谷有伏虎，賴得與君俱早還。

〈大寒〉宋・陸游

大寒雪未消，閉戶不能出，
可憐切雲冠，局此容膝室。
吾車適已懸，吾馭久罷叱，
拂塵取一編，相對輒終日。
亡羊戒多岐，學道當致一，
信能宗闕里，百氏端可黜。
為山儻勿休，會見高崒嵂。
頹齡雖已迫，孺子有美質。

〈永樂沽酒〉宋・方回

大寒豈可無杯酒，欲致多多恨未能。
楮幣破慳捐一券，瓦壺絕少約三升。
村沽太薄全如水，凍面微溫尚帶冰。
虆僕篙工莫相訝，向來曾有肉如陵。

〈用夾谷子括吳山晚眺韻十首〉
（其九）宋・方回

極目無窮六合寬，仰天如以渾儀觀。
日躔箕斗逢長至，月宿奎婁屆大寒。
肘後方多難卻老，杯中物到莫留殘。
來年七十身猶健，容膝歸歟亦易安。

樂活在天地節奏中——過好日的二十四節氣生活美學

看世界的方法 269

作者	韓良露
攝影	朱全斌
特別協力	網路基因資訊股份有限公司 WEBGENE
封面設計	江孟達
內頁插畫	陳采瑩
詩詞校勘	徐瑞鴻、羅凱瀚
圖片提供	達志影像(38)、shutterstock(125, 164, 307, 338, 354)、林煜幃(19, 218, 248, 280)
責任編輯	林煜幃
編輯協力	羅凱瀚
內頁設計	洪于凱
發行人兼社長	許悔之
總編輯	林煜幃
設計總監	吳佳璘
企劃主編	蔡旻潔
行政主任	陳芃妤
編輯	羅凱瀚
藝術總監	黃寶萍
策略顧問	黃惠美・郭旭原・郭思敏・郭孟君・劉冠吟
顧問	施昇輝・宇文正・林志隆・張佳雯
法律顧問	國際通商法律事務所／邵瓊慧律師
製版印刷	鴻霖印刷傳媒股份有限公司
出版	有鹿文化事業有限公司
地址	台北市大安區信義路三段106號10樓之4
電話	02-2700-8388
傳真	02-2700-8178
網址	www.uniqueroute.com
電子信箱	service@uniqueroute.com
總經銷	紅螞蟻圖書有限公司
地址	台北市內湖區舊宗路二段121巷19號
電話	02-2795-3656
傳真	02-2795-4100
網址	www.e-redant.com

國家圖書館出版品預行編目(CIP)資料

樂活在天地節奏中：過好日的二十四節氣
生活美學 / 韓良露著. 一二版 一臺北市：
有鹿文化, 2024.11　360面；　17x23公分
一(看世界的方法；269)
ISBN 978-626-7603-05-5(平裝)
1.節氣 2.生活美學
538.59　　113015930

初版：2014年11月
二版第一次印行：2024年11月
ISBN：978-626-7603-05-5
定價：450元